W0328414

DICTIONNAIRE DE PÉDAGOGIE

Franc Morandi
René La Borderie

Nathan

Dans la même collection

1. *Entrer à l'IUFM, professeur des écoles*, Franc Morandi
2. *Préparer le concours de professeur des écoles*, Franc Morandi
3. *Les Difficultés d'apprentissage*, Jean-Luc Chabanne
4. *Les Grands Noms de l'éducation*, René La Borderie
5. *Le Travail scolaire*, Nicolas Sembel
6. *Lexique de l'éducation*, René La Borderie
7. *Modèles et méthodes en pédagogie*, Franc Morandi
8. *Pratiques et logiques en pédagogie*, Franc Morandi
9. *Philosophie de l'éducation*, Franc Morandi
10. *Psychologie de l'éducation*, Jean-Noël Foulin, Serge Mouchon
11. *Sociologie de l'éducation*, Anne Barrère, Nicolas Sembel
12. *Éducation et Sciences cognitives*, René La Borderie, Jacques Paty

Conception couverture : Arnaud Lhermitte
Conception maquette : Aude Prunet-Foch
Mise en page : Maryse Claisse

© Nathan, 2006
ISBN : 209-121913-4

DANGER LE PHOTOCOPILLAGE TUE LE LIVRE

Ce logo a pour objet d'alerter le lecteur sur la menace que représente pour l'avenir de l'écrit, tout particulièrement dans le domaine universitaire, le développement massif du « photocopillage ». Cette pratique qui s'est généralisée, notamment dans les établissements d'enseignement, provoque une baisse brutale des achats de livres, au point que la possibilité même pour les auteurs de créer des œuvres nouvelles et de les faire éditer correctement est aujourd'hui menacée.
Nous rappelons donc que la reproduction et la vente sans autorisation, ainsi que le recel, sont passibles de poursuites. Les demandes d'autorisation de photocopier doivent être adressées au Centre français d'exploitation du droit de copie : 20, rue des Grands-Augustins, 75006 Paris. Tél. : 01 44 07 47 70.

SOMMAIRE

1. Le système éducatif

Introduction 12
Adaptation et Intégration scolaires (AIS) 14
Apprentissage professionnel et Alternance 16
Autonomie des établissements et Décentralisation 18
Citoyenneté, Civisme 20
Collège 22
Culture 24
Dispositifs pédagogiques 26
Droit à l'éducation 28
École (sens et histoire) 30
École (établissement scolaire) 32
École élémentaire 34
École maternelle 36
Éducation 38
Éducation prioritaire 40
Égalité des chances 42
Éthique et Valeurs 44
Finalité de l'éducation 46
Instruction 48
Laïcité 50
Orientation des élèves 52
Parents d'élèves 54
Programmes 56
Projet d'école, d'établissement 58
Scolarisation précoce (en maternelle) 60
Socialisation, Civilité 62
Socle commun 64
Vie scolaire 66
Violence et École 68
Bibliographie 70

2. L'enfant et les apprentassages

Introduction 72
Apprendre 74
Apprendre à apprendre 76
Apprentissage (Théories de l') 78
Apprentissages scolaires 80
Autonomie de l'élève 82
Autonomie (Travail) 84
Autorité 86
Cognition et Fonctionnement de l'esprit 88
Connaissance et Compétence 90
Développement et Apprentissage 92
Droits et valeurs de l'enfant 94
Enfant et École 96
Groupes et Apprentissages 98
Jeu 100
Motivation 102
Représentations et Apprentissages 104
Bibliographie 106

3. Les modèles et méthodes

Introduction 108
Classe 110
Contrat pédagogique 112
Didactique 114
Différenciation 116
Éducation Nouvelle 118
Évaluation 120
Évaluation formative 122
Méthodes «naturelles » 124
Modèles pédagogiques 126
Notation 128
Obstacles pédagogiques 130
Pédagogie : les origines 132
Pédagogie différenciée 134
Pédagogie de groupe 136
Pédagogie magistrale 138
Pédagogie de maîtrise 140
Pédagogie négative 142
Pédagogie par objectifs 144
Projet en pédagogie 146
Relation pédagogique 148
Savoirs, Disciplines, Études 150
Situations pédagogiques 152
Situations-problèmes 154
Transdisciplinarité 156
Bibliographie 158

4. Pratiques professionnelles

Introduction 160
Accompagnement pédagogique 162
Compétences professionnelles : professeurs des écoles 164
Compétences profesionnelles : professeurs des collèges et des lycées 166
Décrochage scolaire 168
Difficulté d'enseigner 170
Difficultés scolaires 172
Enseignant, maître, professeur 174
Formation des enseignants (IUFM) 176
Gestion de la classe 178
Illettrisme 180
Lecture (Apprentissage de la) 182
Maîtrise de la langue 184
Manuels scolaires 186
Métier d'élève 188
Méthodes pour apprendre 190
Planification 192
Polyvalence 194
Professionnalisation 196
Travail à la maison 198
Travail personnel et Pratiques accompagnées 200
Tutorat 202
Bibliographie 204

5. Médias et technologies

Introduction 206
Bibliothèque centre documentaire (BCD) 208
Centre de documentation et d'information (CDI) 210
Éducation à l'image 212
Éducation aux médias 214
Éducation par les médias 216
Espace numérique de travail (ENT) 218
Information et Cognition 220
Information et Savoir 222
Maîtrise de l'information (infolettrisme) 224
Pédagogie documentaire 226
Technologies de l'information et de la communication (TIC) 228
Bibliographie 230

6. Quelques grands pédagogues

Alain 232
Bachelard 234
Comenius 236
Durkheim 238
Ferrière 240
Freinet 242
Kergomard 244
Montaigne 246
Montessori 248
Neill 250
Pestalozzi 252
Piaget 254
Platon - Socrate 256
Rabelais 258
Rousseau 260
Vygotski 262
Wittgenstein 264

Sigles 268
Index 269

Préface

Aucune approche de l'éducation ne peut faire impasse sur la pédagogie ; même ceux — et ils sont nombreux de nos jours — qui centrent leurs propos sur la transmission des connaissances à l'école reconnaissent *de facto* qu'il s'agit là d'une activité professionnelle qui se déroule dans un cadre institutionnel spécifique où les enseignants exercent leur métier, lequel ne se limite pas à la maîtrise de savoirs disciplinaires.

Quel est donc ce métier ? La réponse est claire, c'est celui d'enseigner. Même si le terme « éducation » s'est souvent substitué dans l'usage officiel à celui d'enseignement ou d'instruction (on est passé d'Inspecteur général de l'instruction publique à Inspecteur général de l'Éducation nationale), les objectifs sont restés du même ordre et les examens (brevet, baccalauréat, diplômes universitaires) valident la maîtrise des connaissances, c'est-à-dire le profit tiré des activités d'enseignement.

Enseigner, c'est certes transmettre des connaissances, mais selon des démarches spécifiques qui se différencient de la simple exposition d'un savoir. S'il n'en était pas ainsi, c'en serait fini de la fonction de professeur, et sites internet, CD-Rom ou autres remplaceraient avantageusement (économiquement surtout) les maîtres. Les polémiques des années soixante, au sujet de la télévision scolaire : « Remplacera, remplacera pas le maître », puis celles sur l'enseignement programmé, montrent bien qu'il existe un consensus sur ce point : l'enseignement, c'est la rencontre entre un enseignant et un élève, au sujet d'un secteur donné du savoir.

On est aussi convenu de nommer « pédagogie » (action sur les enfants) l'ensemble des modalités de cette rencontre. Car il existe bien des modalités ; variables selon les situations, les disciplines, les objectifs, les moments, les dispositions des groupes, les particularités des élèves… Selon, aussi, les exigences sociales du moment. Chacun conviendra encore qu'on n'enseignera pas de la même façon pour amener 10 % des élèves au baccalauréat ou 60 %, ou en ZEP et dans un milieu urbain résidentiel, ou encore en 6e et en troisième année de licence.

La pédagogie dans ces conditions pourrait-elle prétendre au statut de science ? S'il n'est de science que du général, et si le propre des propositions scientifiques est à la fois la « falsificabilité » (comme dans le domaine de l'astrophysique, une théorie est venue se substituer à l'autre) et la « répétibilité » (une expérience *n* fois répétée donne *n* fois le même résultat), à l'évidence non. Tout enseignant sait bien que « une fois ça marche, une fois ça ne marche pas ».

La pédagogie relèverait-elle dès lors du « don » ? On naîtrait pédagogue comme, a-t-on parfois pensé, on naissait poète (« *Nascuntur poetae* »). Rien n'interdit de penser que dans ce domaine où la qualité de la relation est dominante, certains d'entre nous soient plus « doués » que d'autres. Mais peut-on également penser que l'on pourra recruter un million d'enseignants selon ce seul critère, en admettant qu'il soit aisément repérable et mesurable ?

Art d'enseigner, plus probablement ; mais aucun art n'échappe à la définition, à la maîtrise de concepts et de techniques, à l'inventaire des possibles. Michel-Ange, au sujet de son art, n'écrivait-il pas : « *Le meilleur artiste n'a aucun concept qu'un bloc de marbre ne puisse contenir.* » ? Cette liaison de l'art et du concept donne, à notre sens, la dimension à la fois théorique et pratique de la pédagogie et de la profession d'enseignant.

L'histoire de l'éducation nous montre que les idées, les expériences, les recherches, les innovations, globalement tout ce qui constitue le corps de la pédagogie, constituent une vaste fresque des tentatives effectuées par l'homme pour rendre l'enseignement plus efficace, plus conforme aux réalités sociales et aux capacités des différents partenaires. Aujourd'hui, cet art d'enseigner est riche d'une grande variété de travaux qui permettent à la fois de cerner les fondements philosophiques de certaines approches (que signifient « *Réussite pour tous* », « *Élitisme républicain* », « *Centrage sur l'enfant* », « *Évaluation somma-*

tive », « *Évaluation formative* »... ?), de maîtriser les aspects structurels et les moments d'une démarche (*Tutorat, Pédagogie différenciée, Groupes de niveau, Travail de groupe*...), de comprendre enfin les différents mouvements ou techniques qui ont affecté l'histoire de l'éducation (*Maïeutique socratique, Éducation nouvelle, Pédagogie par alternance, Enseignement assisté par ordinateur, Nouvelles technologies, Éducation aux médias*...). Nombre d'entre eux ont en outre fait l'objet de dispositions réglementaires, de textes officiels sous forme de décrets ou de circulaires.

Le plus souvent, tous ces termes sont employés aisément dans le milieu enseignant : ils recouvrent donc bien une réalité de l'exercice du métier.

L'ambition de ce dictionnaire, rédigé par Franc Morandi, est précisément non seulement de lister et d'ordonner de façon particulièrement accessible les termes du « langage pédagogique » et les concepts auxquels ils renvoient, mais aussi de les classer de façon thématique, de manière à faciliter une lecture continue, et pas seulement une recherche comme dans un dictionnaire usuel.

Le choix des termes et des thèmes (dont on n'a exclu ni les approches institutionnelles, ni les aspects techniques, ni la dimension philosophique) permet donc une lecture suivie, autant qu'une lecture critèriée. On cherchera un terme dans l'index (*Laïcité*), mais on pourra aussi se livrer à une lecture suivie d'un thème (*Modèles et Méthodes*).

Ce dictionnaire comprend une dernière partie intitulée « Quelques grands pédagogues » ; son objectif est de donner une épaisseur historique aux principales idées, techniques ou mouvements décrits dans l'ouvrage.

Ainsi conçu, le *Dictionnaire de pédagogie* sera utile aux étudiants et futurs enseignants pour appréhender de façon systématique la réalité du monde professionnel auquel ils se destinent, mais aussi aux enseignants en exercice pour consolider aisément leurs connaissances théoriques ou empiriques et préciser les contours de leurs façons d'enseigner. Il sera également très utile dans l'élaboration du projet d'école ou du projet d'établissement pour aborder les différentes situations alternatives dans la définition d'une démarche ou la visée d'un objectif.

Enfin, ce dictionnaire est une œuvre ouverte ; il ne prétend en rien à une vaine finitude ; il donne des pistes pour approfondir, pour aller plus loin ou ailleurs ; c'est un outil à disposition de ceux qui enseignent ou enseigneront ; c'est – modestement – sa seule ambition.

René La Borderie

1

LE SYSTÈME ÉDUCATIF

Introduction

L'expression « système éducatif » recouvre plusieurs sens : celui de « *somme de pratiques éducatives* » (Durkheim), celui de « *construction d'un ensemble cohérent à partir de noyaux éloignés et disjoints* » (Lesourne) ou celui d'organisation de l'enseignement, « *architecture scolaire du déroulement général des études* » (Durand-Prinborgne, 1992).

Le **système éducatif** français qualifie l'organisation globale de l'enseignement en France et un projet commun de toutes les institutions et de tous les acteurs qui y participent pour définir et assurer la transmission des connaissances. Le terme de « système » est entré définitivement dans les politiques éducatives depuis 1975 (réforme Haby). La réalité en est un ensemble d'institutions, qui ont chacune leur culture, leur histoire, des statuts de personnels différents, leurs pratiques et leurs valeurs. La « chaîne éducative » (primaire, collège, lycée) constitue un **système d'enseignement** au sens où, de la maternelle au lycée, elle réalise une fonction commune avec des objectifs interdépendants : transmission des connaissances, des savoirs, des cultures, réussite scolaire, préparation à la vie professionnelle, formation à la vie démocratique, tout en contribuant à l'égalité des chances.

L'**institution scolaire** se définit comme un lieu, un temps, un contenu (les programmes) et par la spécificité d'une relation sociale, la **relation pédagogique**. « Enseigner » et « apprendre » s'inscrivent dans une histoire dont un moment particulier a été la naissance de la forme « école » telle que nous la connaissons, avec son principe défini par la Révolution française et sa réalisation principale, celle de l'école dite « de Jules Ferry ». Elle appartient aujourd'hui à un ensemble plus large, un système de fonctions éducatives lié à l'état de la société et à ses besoins.

Des logiques plurielles font partie de notre manière de concevoir et de conduire les actions d'enseignement, de formation et d'apprentissage. Ces logiques peuvent interférer ou s'opposer, tout en construisant des liens forts qui donnent un sens à l'activité pédagogique. La logique de l'**éducation** est liée au développement des potentialités, individuelles et collectives, et à l'action que les adultes exercent sur les plus jeunes pour assurer ce développement. La logique de l'**instruction** est plus limitée et concerne l'accès à un corps de connaissances à donner. Elle prend un sens particulier comme instruction publique et condition politique d'une citoyenneté. Hannah Arendt suggère qu'« *on ne peut éduquer sans en même temps enseigner* ; [...] *l'éducation sans enseignement est vide et dégénère aisément en une rhétorique émotionnelle et morale. Mais on peut très facilement enseigner sans éduquer et on peut continuer à apprendre jusqu'à la fin de ses jours sans jamais s'éduquer pour autant* ».

SOMMAIRE

Adaptation et Intégration scolaires (AIS)	Éducation prioritaire
	Égalité des chances
Apprentissage professionnel et Alternance	Éthique et Valeurs
	Finalité de l'éducation
Autonomie des établissements et Décentralisation	Instruction
	Laïcité
Citoyenneté, Civisme	Orientation des élèves
Collège	Parents d'élèves
Culture	Programmes
Dispositifs pédagogiques	Projet d'école, d'établissement
Droit à l'éducation	Scolarisation précoce (en maternelle)
École (sens et histoire)	
École (établissement scolaire)	Socialisation, Civilité
École élémentaire	Socle commun
École maternelle	Vie scolaire
Éducation	Violence et École

Adaptation et Intégration

Définitions

Le secteur de l'**intégration scolaire** s'adresse à des enfants qui pour différentes raisons (**handicaps**) ne peuvent suivre une scolarité ordinaire et font l'objet d'un **projet personnalisé de scolarisation** (PPS) (ou encore sont orientés vers une structure spécialisée).

Le secteur de l'**adaptation** concerne les aides spécialisées aux **élèves en grande difficulté scolaire** mais sans handicap, qui ont besoin d'un soutien pédagogique renforcé et font l'objet d'un projet d'aide. Différents types de besoins spécifiques sont traités, tels que la scolarisation des nouveaux arrivants, des enfants du voyage…, et font de ce secteur à la fois un lien et un lieu d'accueil au sein de l'école.

Informations

La **CLIS** (Classe d'intégration scolaire) est une classe qui a pour mission d'accueillir des élèves reconnus « handicapés » par les commissions spécialisées afin de leur permettre de suivre totalement ou partiellement un cursus scolaire ordinaire (CLIS1 pour les handicapés mentaux, CLIS2 pour les handicapés auditifs, CLIS3 pour les handicapés visuels, CLIS4 pour les handicapés moteurs).

Les **UPI** (Unités pédagogiques d'intégration) sont des structures pédagogiques d'appui à l'intégration scolaire des adolescents handicapés (déficiences sensorielles ou motrices) dans l'enseignement secondaire intégrées à l'établissement. Les **EREA** (Établissements régionaux d'enseignement adapté) prennent en charge des adolescents en grande difficulté scolaire et sociale, ou présentant un handicap.

Les **RASED** (Réseaux d'aides spécialisées aux élèves en difficulté), organisés à l'échelle d'une circonscription d'écoles primaires, ont une mission de prévention et de remédiation dans le cadre même de l'école. L'équipe pédagogique et les membres du RASED décident des modalités de l'aide spécialisée à apporter dans ces classes ou hors de ces classes : entretiens, suivi psychologique, aide à dominante rééducative ou à dominante pédagogique, en association avec un psychologue scolaire.

Les **SEGPA** (Sections d'enseignement général et professionnel adaptés) s'inscrivent dans le cadre des enseignements du collège ; elles

scolaires (AIS)

ont pour fonction d'assurer une formation adaptée et de permettre une insertion professionnelle et sociale pour des enfants en grande difficulté scolaire, mais qui restent dans le champ de la scolarité.

Les enseignements sont assurés par des professeurs des écoles spécialisés, titulaires du **CAPSAIS** (certificat d'aptitude aux actions pédagogiques spécialisées de l'adaptation et de l'intégration scolaires) ou du **CAPA-SH** (certificat d'aptitude professionnelle pour les aides spécialisées, les enseignements adaptés et la scolarisation des élèves en situation de handicap), auxquels sont associés selon les structures, des professeurs des écoles, de collège, de lycée et de lycée professionnel.

Analyse

L'enfant « arriéré » du début du XXe siècle devient dans les années quarante l'enfant « inadapté scolaire ». Différentes conceptions se sont succédé : de l'enfant « anormal » à la considération du « défaut d'efficience sociale » (OMS, 1986). Dès les années cinquante, une nouvelle force sociale émerge : celle des parents d'enfants handicapés, qui réclament une vie « comme tout le monde » pour leurs enfants. Le concept d'« intégration sociale » fait son apparition : il préfigure celui d'« intégration scolaire ». Les questions posées par l'éducation des enfants handicapés et des enfants en échec scolaire ne sont pas les mêmes mais agissent comme révélateurs des enjeux fondamentaux de l'intégration scolaire. La loi handicap du 11 février 2005 renforce les actions en faveur de la scolarisation des élèves handicapés et se traduira par des évolutions dans l'organisation des moyens dédiés à cette politique.

Citation

« Le service public de l'éducation assure une formation scolaire, professionnelle ou supérieure aux enfants, aux adolescents et aux adultes présentant un handicap ou un trouble de la santé invalidant. La continuité du parcours scolaire est assurée en recourant à différentes modalités de scolarisation. » Code de l'éducation, 2005.

Liens *Difficultés scolaires, Droit à l'éducation*

Définitions

Dans la voie professionnelle, on entend par **apprentissage**, une formation préparant à un diplôme dispensé dans une entreprise et dans un Centre de formation d'apprentis (CFA). Elle diffère de la filière professionnelle scolaire, dépendante de l'Éducation nationale, se déroulant principalement en lycée professionnel. Les deux sont maintenant liées par le plan de relance et de modernisation de la formation par apprentissage (2006).

L'**alternance** est la forme éducative de l'apprentissage. Elle repose sur un principe pédagogique de complémentarité de périodes de formation pratiques et de périodes « scolaires ».

Informations

Les **dimensions de l'alternance** sont pour Geay (1998) :

– **institutionnelle**, fondée sur le partenariat et la coresponsabilité de formation école-entreprise ;

– **didactique**, comme stratégie de formation « inversée » qui permet d'aller des savoirs pratiques aux savoirs théoriques, alors que l'école procède par application et savoir différé ;

– **pédagogique**, par le partage de rôles entre le savoir et le métier, la mise en scène d'une pratique et le mode d'accompagnement lié à cet aller-retour ;

– **personnelle**, comme mode d'apprentissage (au sens cognitif) par production de savoir et socialisation.

L'alternance pédagogique s'articule sur une alternance cognitive : *l'apprenti est un apprenant.* Il ne s'agit pas simplement d'un « bain » professionnel, mais, à partir du contact direct avec le champ des pratiques professionnelles, de faire apprendre en s'appuyant sur l'expérience du formé en « situation » de travail.

La **formation d'apprenti junior** (*JO*, 2 avril 2006) est une réorganisation de l'alternance : « *Les élèves ayant atteint l'âge de 14 ans peuvent être admis, sur leur demande et celle de leurs représentants légaux, à suivre une formation alternée, dénommée "formation d'apprenti junior"* [...] *visant à l'obtention, par la voie de l'apprentissage, d'une qualification professionnelle.* » Cette formation comprend une phase sous statut scolaire, dans un lycée professionnel ou un centre de formation d'apprentis qui permet de suivre un **parcours d'initiation aux métiers** et de poursuivre l'acquisition du socle de compétences et de connaissances commun à tous les collégiens, et une phase sous contrat d'apprentissage, accessible à partir de l'âge de 15 ans, alternant des périodes en entreprise et dans un centre de formation d'apprentis.

Analyse

L'idée d'école est née d'un temps libéré des temps de production (*skholè*, temps du repos, du loisir). À l'époque du compagnonnage, l'« apprentissage sur le tas » était une expérience de travail qui ne suffisait pas pour devenir source de savoir, si elle ne passait pas par une réflexion, une compréhension, symbolisée par le « Tour de France » et les cours donnés le soir à la « Maison de compagnons » (une des premières formes d'alternance). À l'opposé d'un « tout école », coupé des pratiques de référence (d'un « trop d'école » pour de nombreux jeunes), l'alternance redevient un principe de rééquilibrage et une réponse éducative. Le principe pédagogique de l'alternance concerne d'autres moments scolaires (par exemple les modules de découverte professionnelle en 4e et 3e).

Le **Guide pédagogique de formation d'apprenti junior** (disponible sur le site *eduscol.fr*) expose le cadre d'une démarche pédagogique spécifique et de méthodologie de découverte des métiers. La démarche doit être choisie, adaptée aux besoins du jeune. Le projet pédagogique personnalisé élaboré est réversible et accompagné par un enseignant tuteur.

Citation

« Dans une école de l'alternance, il faut inventer une didactique de l'expérience. » Geay, L'École en alternance, 1998.

Liens *Projet en pédagogie, Socle commun*

Autonomie des établissements

Définitions

L'**autonomie partielle** constitue un axe des politiques éducatives, comme alternative à un fonctionnement uniforme et vertical du système éducatif, répondant au besoin de solutions décentralisées, tenant compte de la diversité des établissements et des spécificités des publics qu'ils accueillent. Elle donne une grande latitude de choix quant aux façons d'atteindre les objectifs d'un plan cadre national (priorités et objectifs nationaux, programmes...).

La décentralisation territoriale consiste à transférer le pouvoir et les compétences de l'État aux assemblées élues ayant un budget exécutif propre : commune, département et région. Ces collectivités territoriales ont respectivement en charge les écoles, les collèges et les lycées (construction, maintenance des locaux et charge de certains personnels).

La décentralisation fonctionnelle consiste à transférer des compétences à des services dotés de personnalité juridique, tel l'EPLE (Établissement public local d'enseignement).

La déconcentration consiste en un transfert de compétences d'un certain pouvoir décisionnel à des représentants locaux soumis au pouvoir hiérarchique du pouvoir central – recteur, inspecteur d'académie – afin d'assurer une coresponsabilité avec les collectivités territoriales.

Informations

L'**autonomie fonctionnelle** est un principe de **pilotage,** supposant la participation de tous les membres de la communauté éducative à la vie de l'établissement.

L'EPLE dispose d'une **autonomie pédagogique** concernant l'organisation en classes et groupes d'élèves, l'emploi de la dotation d'heures supplémentaires, l'organisation du temps scolaire et des modalités de la vie scolaire, la préparation de l'orientation, l'ouverture sur l'environnement social, culturel, économique, ainsi que des activités complémentaires.

La mise en place de **politiques locales** s'appuie sur différents dispositifs contribuant à une continuité éducative : le CEL **(Contrat éducatif local)**, destiné aux élèves des écoles et des collèges, fixe l'organisation des activités périscolaires (immédiatement avant ou après l'école) et extrascolaires (mercredi, fin de semaine et vacances) ; le CLAS **(Contrat**

local d'accompagnement à la scolarité) contribue à une harmonisation avec l'ensemble des projets éducatifs locaux (par exemple autour de l'opération **École ouverte** hors des temps scolaires).

Analyse

L'**effet-établissement** est la valeur ajoutée du projet d'établissement, « toutes choses égales par ailleurs », en fonction du public qu'il reçoit. Différents travaux ont montré que des établissements placés dans des contextes identiques et scolairement comparables obtiennent des performances différentes. Le projet de l'établissement, moteur de la mobilisation et du climat de l'établissement, aurait sa propre efficacité.

Une organisation partagée entre le national et le local peut permettre d'ajuster l'action éducative, de différencier, de lier l'action quotidienne et les principes éducatifs et « d'aller chercher les élèves là où ils sont » (Loi dite « Savary », 1984). Mais cette « dérégulation » n'est pas sans écueils : celui du développement d'un marché de l'éducation et d'une clientèle de parents « *Consommateurs d'école* » (Ballion, 1982) ; ceux de la création de nouvelles disparités et de compromis locaux (Derouet, 1992). La question reste posée de la capacité du local à fabriquer de l'égalité (Derouet, 1992).

Citations

« *C'est sur la réflexion et la connaissance de l'effet-établissement que se tiennent les promesses de changement les plus sérieuses.* » Dubet, in Cahiers Pédagogiques, 1997.

« *L'autonomie dont peuvent bénéficier les acteurs individuels et collectifs est incontestablement source, par l'adaptation au terrain qu'elle autorise et par la mobilisation des ressources humaines qu'elle facilite, d'une amélioration du service éducatif.* » Ballion, *Consommateurs d'école*, 2000.

Liens

Différenciation pédagogique, Égalité des chances, Projet d'école - d'établissement

Citoyenneté, Civisme

Définitions

La citoyenneté a un sens juridique, le **citoyen** étant un sujet de droits individuels (liberté de conscience, d'expression...) et de droits politiques (participer à la vie politique, être candidat aux fonctions publiques...). Il est aussi sujet à des obligations ou devoirs : respecter les lois, contribuer aux dépenses collectives, défendre la société.

Les Grecs ont inventé l'idée du citoyen, différent de l'homme concret, qui appartient à l'ordre du politique distinct de la société, et met la loi et son respect au-dessus des intérêts particuliers. Rousseau donne au mot de citoyen son sens politique moderne : *« Né citoyen d'un État libre, et membre du souverain, quelque faible influence que puisse avoir ma voix dans les affaires publiques, le droit d'y voter suffit pour m'imposer le devoir de m'en instruire. » (Du contrat social.)* La citoyenneté est liée à une liberté sous la forme d'une égalité civile et la garantie de droits. C'est un principe de légitimité politique auquel l'éducation contribue en *« instituant le citoyen »* (Condorcet), celle de la **souveraineté**, source du pouvoir en démocratie, comme participation aux décisions et à leur contrôle, la collectivité de citoyens pouvant choisir ses gouvernants.

Informations

L'éducation du citoyen est (re)devenue un des leitmotiv de l'éducation. Éducation à la citoyenneté et projet citoyen de l'école dans notre société sont des modes d'instauration du lien civique et politique. Le « vivre ensemble » concerne des savoirs (connaître ses droits) et une pratique civique. Connaître ses droits, les pratiquer, mais aussi développer des « initiatives citoyennes », c'est-à-dire assurant la réalité du respect des droits de l'homme et du citoyen, de la participation aux décisions collectives, aux « problèmes citoyens » sont les principes de l'exercice d'une citoyenneté.

L'**éducation civique** (et non plus l'instruction civique) poursuit cet objectif de former l'homme et le citoyen tout au long de la scolarité. Elle ne se conçoit ni comme une leçon de morale, ni comme un cours de droit, mais comme une mise en relation des savoirs partagés entre

« contenus valeurs », « contenus savoirs » et pratiques : « *À partir de cas et d'exemples concrets que de jeunes adolescents peuvent comprendre et replacer dans une perspective plus large, cet enseignement s'appuie sur l'apprentissage du débat conçu comme un des éléments constitutifs de la démocratie républicaine : à partir d'une situation concrète, les élèves apprennent à argumenter, ce qui suppose tout à la fois l'exercice de l'esprit critique et du raisonnement, mais aussi l'écoute de l'autre et le respect de la pluralité des opinions.* » (*Cahier d'exigence des collégiens*, CNP, 2002.) La citoyenneté, conçue comme l'affirmation de droits, est une construction en cours, par exemple en ce qui concerne l'égalité homme-femme (la parité), le racisme, la violence…

Analyse

La particularité de l'idée républicaine, historiquement, est d'avoir lié instruction, instruction publique et citoyenneté, l'école étant fondée non sur l'éducation en cours de la société civile, mais sur l'universalité de la raison, idée conçue et formulée par la Révolution française. L'instruction est donc conçue comme universelle, c'est-à-dire pour tous les citoyens en assurant le lien politique d'une société. Aujourd'hui, on considère que si l'instruction est la voie incontournable d'une citoyenneté, son exercice est à définir dans ses dimensions politiques et la pratique citoyenne au sein même de l'école est conçue comme une « image » de la République.

Citations

« *On ne naît pas citoyen, on le devient.* » Spinoza, *L'Éthique*, 1677.

« *Une constitution vraiment libre, où toutes les classes de la société jouissent des mêmes droits, ne peut subsister si l'ignorance d'une partie des citoyens ne leur permet pas d'en connaître la nature et les limites.* » Condorcet, *Cinq mémoires sur l'instruction publique*, 1791.

Liens *Autonomie de l'élève, Droits et valeurs de l'enfant*

Collège

Définitions

Le collège, établissement d'enseignement secondaire (dont il constitue la première phase), accueille tous les élèves à l'issue de la scolarité élémentaire jusqu'à la classe de 3e. Il est le niveau le plus élevé de la scolarité obligatoire. Son but est de proposer une culture commune pour tous (*co-legum*, « qui a la même loi »). Aujourd'hui, le collège a le statut d'EPLE (établissement public local d'enseignement).

Dans sa forme actuelle, le collège est une institution récente, celle d'une école moyenne entre l'élémentaire et le lycée, le **collège unique** accueillant l'ensemble d'une classe d'âge au sein d'un cadre commun. L'enseignement au collège vise désormais à faire acquérir aux élèves un **socle commun** de connaissances et de compétences à la fin de la scolarité obligatoire.

Informations

En 2006, 7 010 collèges accueillent en France 3 203 277 élèves. Les quatre années de la scolarité obligatoire au collège sont organisées en trois cycles :

– le **cycle d'adaptation** (classe de 6e) : une évaluation nationale permet de mesurer les acquis des élèves en français et en mathématiques et de mettre en place des réponses adaptées à leurs besoins. Il a pour objet la transition école-collège (en organisant un accueil et un suivi des élèves) et l'initiation des élèves aux disciplines et méthodes de travail propres à l'enseignement secondaire.

– le **cycle central** (classes de 5e et 4e) permet aux élèves d'approfondir et d'élargir leurs connaissances et compétences. Sont introduits les **itinéraires de découverte**, mode d'enseignement prenant appui sur une approche interdisciplinaire et débouchant sur des réalisations, des **dispositifs en alternance** entre le collège et l'entreprise et/ou le lycée professionnel et une option de **découverte professionnelle** (des métiers et des activités en relation avec les milieux professionnels). En 4e, une **seconde langue vivante** étrangère (ou régionale) est étudiée et il est prévu d'instaurer une initiation en 5e. Des enseignements optionnels facultatifs (par exemple, le latin, qu'il est possible de débuter dès la 5e) sont proposés.

– le **cycle d'orientation** (classe de 3e) doit compléter les acquisitions des élèves, les aider à construire leur projet personnel et les préparer aux voies de formation ultérieures. Une option de 3 h (ou un module de 6 h) de **découverte professionnelle** leur est proposée.

Le **diplôme national du brevet (DNB)**, organisé en trois séries (collège, technologique et professionnelle), valide la formation dispensée au collège. Il comporte un examen (français, mathématiques, histoire-géographie, éducation civique) en plus du contrôle continu des connaissances (notes obtenues en classe de 3e et de 4e, dont la note de vie scolaire et l'option facultative de découverte professionnelle). À partir de 2008, le nouveau brevet attestera la maîtrise du **socle commun** de connaissances et de compétences.

Analyse

La mise en place du collège unique (réforme Haby, 1975) et l'abandon du palier d'orientation de fin de 5e, a traduit le souci d'intégrer tous les élèves à un système commun et l'abandon de filières d'études courtes (essentiellement d'enseignement technique). Mais il a probablement conduit au développement progressif de classes « hétérogènes ». Cette hétérogénéité suppose l'organisation d'une différenciation pédagogique. La massification du collège n'a pas, pour certains, abouti à une démocratisation réelle. Pour Dubet (2002), l'« *hypocrisie scolaire* » est celle de l'écart croissant entre les pratiques scolaires des privilégiés et les principes affichés par le collège. Les débats actuels portent sur ce qui doit être réellement collégial et garanti à tous les élèves.

Citation

« [Le collège] *doit réduire les distances sociales, non limiter la diversité des esprits. À travers une solide culture de base, le collège doit permettre à l'élève de révéler à lui-même et aux autres ses propres capacités, qu'elles soient littéraires, scientifiques, techniques, artistiques, pratiques.* » Jack Lang (préface de), *Qu'apprend-on au collège ?*, 2002.

Liens

Apprentissage professionnel et Alternance, Culture, Différenciation, Socle commun

Culture

Définitions

Le terme de **culture** désigne l'ensemble des connaissances, croyances, arts, lois et coutumes acquis par l'homme en tant que membre d'une communauté. Il concerne à la fois les connaissances, l'appropriation du savoir par un individu pour son propre développement intellectuel (l'homme cultivé), la communauté des savoirs, les comportements collectifs et leurs modes de diffusion (les manifestations intellectuelles, artistiques qui caractérisent une société). Trois sens sont articulés : celui de **civilisation,** intégrant les valeurs, les représentations et le symbole d'une communauté à un moment de son histoire ; celui de **création** et d'œuvre, culture d'excellence ; celui de **manières de vivre,** de styles, de savoirs quotidiens.

Informations

L'**acculturation** est le résultat du contact direct et continu entre des groupes développant des modes collectifs de représentations et d'actions. Culture et savoir s'articulent donc pour permettre d'accéder aux modes de compréhension et de représentation du monde. Cette **« culture générale »** est à la fois une forme de conscience collective et un moyen d'expression personnelle. Le lien avec l'éducation est donc central : il s'agit de donner à l'individu l'accès à l'expérience d'un monde commun, à son élaboration cognitive ainsi qu'à ses objets : arts, littérature, sciences…

Différentes exigences apparaissent à l'école : d'abord la culture n'est qu'inégalement transmise par les parents ou l'environnement culturel ; ensuite le renouvellement des connaissances est plus rapide que celui des générations, et l'école doit assurer le lien culturel entre les savoirs enseignés et les exigences nouvelles de la société. C'est cette tension qu'Hannah Arendt décrit dans *La Crise de la culture*.

La culture est aussi à l'origine de repères de sens : mais il y a *des* cultures, d'où la nécessaire approche multiculturelle et les « métissages » des divers modes culturels (Michel Serres).

Les activités culturelles sont un mode d'action pédagogique autant qu'elles répondent à un objectif précis : permettre l'accès des élèves à un patrimoine culturel, explorer différentes formes de culture (les arts visuels, la musique, les arts du spectacle), mais également la construction de la culture et de la mémoire, l'environnement et la science. La culture ne se dissocie pas de la « maîtrise des langages » et de l'apprentissage de la vie civique et sociale. Le souci actuel est de passer d'une culture *« élémentée »* (en référence à l'école élémentaire) à *« l'articulation des savoirs »* (Edgar Morin) pour comprendre et vivre le monde contemporain.

Analyse

Une autre signification, cognitive, est donnée à la culture en éducation : celles des institutions de l'« esprit », permettant d'accéder à l'outillage élaboré par la culture et mis en scène à l'école. *« Le programme d'une école ne se résout pas aux "disciplines scolaires" qu'elle enseigne. La discipline principale d'une école, vue sous l'angle culturel, c'est l'école elle-même. »*

L'école joue un rôle de solidarité et de consolidation de la culture. Son objet est la vie mentale vécue avec les autres, façonnée dans l'objectif d'être communiquée grâce à des rituels, à des codes culturels (tels ceux du récit, du jeu...), car, nous dit Bruner, *« la culture donne forme à l'esprit »*. La relation pédagogique elle-même n'est pas isolée : elle fonctionne au sein d'une culture et pour une culture.

Citations

« L'homme a besoin de soins et de culture. » Kant, *Réflexions sur l'éducation*, 1803.

« L'objet de la pédagogie ne doit et ne peut être que la culture. La culture, c'est selon nous, la totalité de toutes les influences qui développent et lui donnent une contemplation du monde plus large et des idées toutes nouvelles. » Tolstoï, 1862.

« Le fonctionnement humain dans un cadre donné, à la fois mental et manifeste, est façonné par l'outillage que lui fournit sa culture, par un ensemble de "prothèses". » Bruner, *Car la culture donne forme à l'esprit*, 1996.

Liens

Éthique et Valeurs, Représentations et Apprentissages, Socialisation - Civilité

Dispositifs pédagogiques

Définitions

La réalisation des missions du système éducatif passe par un cadre institutionnel. Celui-ci est composé de dispositifs pédagogiques, c'est-à-dire de moyens prévus pour que la pédagogie s'inscrive dans la logique et les priorités données au système éducatif. Les différents dispositifs définissent les niveaux d'organisation des enseignements, les modalités innovantes ainsi que les opérations nationales éducatives.

Informations

L'organisation des études se déroule selon des dispositifs adaptés aux besoins des élèves :

• **Les cycles** : les **programmes** et les **compétences,** références premières des études, sont organisés en cycles, permettant d'assurer une logique de continuité et d'adaptabilité aux besoins des élèves, au-delà du rythme annuel.

– À l'école primaire : cycle des apprentissages premiers à l'école maternelle ; cycle des apprentissages fondamentaux, de la grande section aux deux premières années de l'élémentaire ; cycle des approfondissements, les trois dernières années.

– Au collège : cycle d'adaptation (6e), cycle central (5e et 4e), cycle d'orientation (3e).

– Au lycée : cycle de détermination de la voie générale et technologique (seconde générale et technologique ou seconde spécifique) et de la voie professionnelle (seconde professionnelle et terminale BEP ou 1re et 2e année de CAP) ; cycle terminal de la voie générale et technologique (première et terminale générale et technologique ou première et terminale BT – brevet de technicien) ou de la voie professionnelle (première et terminale professionnelle).

• **Le socle commun** (2005) a pour objet de garantir à chaque élève les moyens nécessaires à l'acquisition d'une culture et de connaissances fondamentales communes (maîtrise de la langue française, des principaux éléments de mathématiques, culture humaniste et scientifique permettant le libre exercice de la citoyenneté, pratique d'au moins une langue vivante étrangère et maîtrise des techniques usuelles de l'information et de la communication. L'acquisition du socle commun est prise en compte dans la poursuite de la scolarité.

• **Les dispositifs spécifiques :**

Parmi les principaux dispositifs : à l'école élémentaire, **les dispositifs d'aide et de soutien (dont le PPRE), les études dirigées,** l'expérimentation des CP dédoublés… ; en collège, l'accueil et l'accompagnement du travail personnel des élèves, les **itinéraires de découverte** (IDD) ; au lycée, **les travaux personnels encadrés** (TPE) et **les projets pluridisciplinaires à caractère professionnel** (PPCP).

Les Programmes personnalisés de réussite éducative (PPRE) peuvent être mis en place à tout moment de la scolarité obligatoire (lorsqu'un élève ne maîtrise pas les connaissances et les compétences indispensables à la fin d'un cycle) sur proposition du directeur d'école ou du chef d'établissement.

Les actions éducatives sont organisées dans différents domaines à l'appui d'opérations nationales : l'éducation à la citoyenneté (par exemple le Parlement des enfants), l'éducation aux médias (Semaine de la presse) ; la maîtrise de la langue (Printemps des poètes, Goncourt des lycéens, Lire en fête), l'éducation scientifique (Semaine de la science, opération « La main à la pâte »)…

Les chantiers prioritaires de l'Éducation nationale, également mobilisateurs des différents projets, sont la lutte contre l'illettrisme, l'éducation aux arts et à la culture, l'intégration des technologies de l'information et de la communication dans l'enseignement scolaire (TICE).

Analyse

D'autres dispositifs – l'éducation prioritaire, l'éducation à l'orientation, l'intégration scolaire – relèvent, au-delà du champ d'activité des disciplines, des politiques éducatives. D'autres modalités, telles **les évaluations nationales** en CE1 et en 6e, aident les enseignants à déterminer les acquis et les faiblesses des élèves.

Liens

Bibliothèque Centre Documentaire (BCD), Développement et Apprentissage, Évaluation, Illettrisme, Programmes, Socle commun

Droit à l'éducation

Définitions

L'école se construit autour du droit de l'enfant à une formation scolaire complétant l'action de sa famille : « ***Le droit de l'enfant** à l'instruction a pour objet de lui garantir, d'une part, l'acquisition des instruments fondamentaux du savoir, des connaissances de base, des éléments de la culture générale et, selon les choix, de la formation professionnelle et technique et, d'autre part, l'éducation lui permettant de développer sa personnalité, d'élever son niveau de formation initiale et continue, de s'insérer dans la vie sociale et professionnelle et d'exercer sa citoyenneté.* »

Les missions de l'école sont fixées par le Code de l'éducation : « *L'éducation est la première priorité nationale. **Le service public de l'éducation** est conçu et organisé en fonction des élèves et des étudiants. Il contribue à l'égalité des chances. Outre la transmission des connaissances, la Nation fixe comme mission première à l'école de faire partager aux élèves les valeurs de la République. Dans l'exercice de leurs fonctions, les personnels mettent en œuvre ces valeurs.* » (Code de l'éducation, loi du 23 avril 2005.)

Informations

L'école a pour vocation d'accueillir tous les élèves, d'apporter les références communes à la vie sociale (dimension citoyenne de l'école) autant que les savoirs fondamentaux indispensables pour participer à la vie sociale et à la réussite de chacun. Pour cela sont définies les dispositions et les règles d'organisation obligatoire de l'action, autant sur le volet de la maîtrise du fondamental, que sur celui de l'adaptation aux besoins des élèves :

– La scolarité obligatoire doit au moins garantir à chaque élève les moyens nécessaires à l'acquisition d'un **socle commun** constitué d'un ensemble de connaissances et de compétences qu'il est indispensable de maîtriser pour accomplir avec succès… « *Ce socle comprend : la maîtrise de la langue française ; la maîtrise des principaux éléments de mathématiques ; une culture humaniste et scientifique permettant le libre exercice de la citoyenneté ; la pratique d'au moins une langue vivante étrangère ; la maîtrise des techniques usuelles de l'information et de la communication.* »

– Tout **élève en difficulté** dans l'acquisition du socle commun de compétences et de connaissances doit se voir proposer un **programme personnalisé de réussite éducative** (PPRE) qui fera l'objet d'un document signé par les parents de l'élève, le directeur d'école ou le chef d'établissement, le maître ou le professeur principal de la classe. Ce document précisera les dispositifs de soutien mis en œuvre pendant le temps scolaire ainsi que, le cas échéant, ceux qui seront proposés à la famille en dehors du temps scolaire ; il définira le programme individualisé qui devra permettre d'évaluer régulièrement la progression de l'élève ; les parents seront associés au suivi du programme.

Analyse

Le cadre de l'école et les missions d'un service public d'éducation lient le fonctionnement de l'institution scolaire, ses acteurs et sa dimension politique. Les enjeux éducatifs se mesurent à l'échelle personnelle pour chaque enfant, à l'échelle locale en fonction des contextes différents d'enseignement, à l'échelle nationale qui doit respecter le droit à l'éducation et garantir l'égalité des chances.

Citations

« C'est dans le gouvernement républicain que l'on a besoin de toute la puissance de l'éducation. » Montesquieu, *De l'esprit des lois*, 1758.

« Offrir à tous les individus de l'espèce humaine les moyens de pourvoir à leurs besoins, d'assurer leur bien-être, de connaître et d'exercer leurs droits, d'entendre et de remplir leur devoir. » Condorcet, *Cinq mémoires sur l'instruction publique*, 1792.

Liens

Difficultés scolaires, Droits et valeurs de l'enfant, Instruction, Parents d'élèves, Socle commun

École (sens et histoire)

Définitions

L'école est le lieu collectif d'éducation et d'instruction, le lieu de réalisation de la mission d'éduquer. Le terme original signifiait le repos, le loisir consacré à l'étude (*scholé* en grec) ; de son dérivé latin *schola* est dérivé le mot « *escole* » qui devient école. Loin des tensions de la scolarité d'aujourd'hui, l'école, à l'origine, dispense des contraintes matérielles et physiques et devient le moment libéré pour les exercices de l'esprit, la lecture, l'étude.

L'école désigne un lieu (un local, l'établissement dans lequel est donné un enseignement collectif) et un temps social pour l'enfance. Le terme, au figuré, désignera progressivement tout ce qui est objet d'instruction : école d'art, de pensée, d'architecture, collégialité de pensée et de faire. Dans son sens éducatif, l'école est ensuite l'institution, l'organe instauré par une société entre la famille et l'État pour préparer les individus à une vie sociale et civique.

Informations

La **scolastique** était l'enseignement des écoles sur le modèle grec et romain confirmé par Charlemagne. Son organisation scolaire a été maintenue : université, faculté, collèges, grades (tel celui de bachelier). Le plan d'étude était consacré aux sept « arts libéraux » (destinés aux hommes libres et non aux esclaves), réunis en *trivium* (rhétorique, grammaire, logique) et *quadrivium* (arithmétique, géométrie, astronomie, musique). Au sens philosophique, elle désigne l'école soumise à l'autorité d'Aristote. Au Moyen Âge, elle a marqué la figure des « intellectuels » comme méthode, éducation systématique à la pensée fondée sur la grammaire, la rhétorique et la dialectique. Les travers des méthodes scolastiques ont été dépeints par Rabelais dans *Gargantua*, et plus récemment par Bourdieu (1997). Comme dispositif, **l'école « traditionnelle »** apparaît au XVIIe siècle, instituée au XIXe siècle comme école laïque, publique et obligatoire. L'ordre scolaire est devenu la discipline, ordre de travail autant que mode de distribution des connaissances.

Le terme de **scolaire** désigne autant la structuration d'un lieu, d'un temps, d'un contenu que la spécificité d'une relation sociale. Il qualifie l'ensemble des activités définies par la relation pédagogique : obligation scolaire, mode de travail, cursus… La « *forme scolaire* » (Charlot, 1999) devient le lien organisé entre activités d'enseignement et activités de l'élève. Les « apprentissages scolaires » ont leur propre objet, leur propre logique : ainsi l'apprentissage de l'écrit (lecture et écriture) constitue une réalisation produite par l'école.

Analyse

L'**école élémentaire** a été conçue en rupture avec l'ordre scolastique. L'idée en est une réflexion sur les sciences et une méthode d'analyse de l'entendement (sur le modèle mathématique) qui, pour ses fondateurs du Comité d'instruction publique (1792), est la méthode « normale » – normale n'étant pas la norme, mais « *la règle commune raisonnable qui légitime l'art d'enseigner* ». En procédant méthodiquement par éléments, fruits de l'analyse rationnelle, est assurée la rationalisation du métier d'enseignant par l'accessibilité aux savoirs par degré, la simplicité de langage garantissant la même clarté dans tous les genres d'idées. De Descartes à d'Alembert et Condorcet, l'école élémentaire a été conçue sous le double principe fondateur du rationnel en pédagogie et de la rationalité des savoirs.

Citations

« *L'école est l'atelier de l'humanité, art universel de tout enseigner à tous, sûr, rapide, solide, c'est-à-dire certain quant au résultat, assez plaisant pour éviter l'ennui des élèves et des maîtres.* » Comenius, *La Grande Didactique*, 1627.

« *L'école est une institution fondée sur l'axiome que l'éducation est le résultat d'un enseignement.* » Illich, *Une Société sans école*, 1980.

Liens

Apprentissages scolaires, Citoyenneté - Civisme, École (établissement scolaire), Instruction, Socialisation - Civilité

École (établissement scolaire)

Définitions

L'École désigne en tant qu'institution tout établissement où l'on enseigne, et l'ensemble des institutions, des codes et des fonctions scolaires et universitaires qui s'attachent à cette fonction. L'école, organe de l'instruction publique, s'est identifiée au service public d'éducation.

L'établissement (établir, c'est construire, instituer, entreprendre) constitue l'unité organisationnelle de base du système éducatif, au sein de laquelle sont mises en œuvre les actions éducatives et pédagogiques. L'établissement (école, collège ou lycée) constitue à la fois une organisation locale sous forme de communauté, une institution dans un système et un lieu de décision et d'action ouverte sur son environnement.

Informations

L'**école primaire** désigne le premier degré d'enseignement du système éducatif : elle comprend l'école maternelle et l'école élémentaire, et elle est organisée en trois cycles (apprentissages premiers, apprentissages fondamentaux, approfondissements). Elle désigne également le statut des établissements d'enseignement du premier degré, qui, juridiquement, ne sont pas des établissements publics autonomes et n'ont pas de budget de fonctionnement. Un directeur veille à la bonne marche de chaque école, maternelle ou élémentaire ; il assure la coordination nécessaire entre les maîtres. Les enseignants sont sous l'autorité d'un inspecteur de circonscription (Inspecteur de l'Éducation nationale, IEN) ; la commune a la responsabilité des bâtiments et finance les dépenses matérielles. Différents conseils – conseil d'école, conseil des maîtres, conseil de cycle – coordonnent la vie de l'école. Les écoles élaborent un **projet d'école,** voté par le conseil d'école, qui définit les modalités particulières de mise en œuvre des objectifs et des programmes nationaux, précise les activités scolaires et périscolaires prévues à cette fin et fait l'objet d'une évaluation.

L'établissement public local d'enseignement (EPLE) – collège, lycée, lycée professionnel de l'enseignement public (et non privé) – a un statut juridique d'établissement public, ce qui suppose une responsabilité et une autonomie financière et pédagogique. Le conseil d'administration, où sont élus des représentants des parents des élèves et des personnels, est présidé par le chef d'établissement. Il vote le budget, le règlement intérieur, le projet d'établissement. Différents conseils règlent la vie de l'établissement : conseil d'administration, commission permanente du conseil d'administration, conseil de classe, conseil pédagogique, conférence des délégués des élèves, conseil de discipline. Le projet d'établissement est l'expression de la communauté éducative définissant la politique éducative particulière de l'établissement. Le chef d'établissement est responsable de la mise en œuvre de la politique éducative.

Analyse

On n'enseigne pas tant dans une classe qu'au sein d'un établissement. Ainsi, le système éducatif s'est fondé d'abord sur la réalisation de la cellule-classe pour une société dans laquelle la connaissance était rare et son accès réservé à l'école. L'organisation nouvelle de la transmission des connaissances dans la société, les nouvelles compétences à y acquérir, l'évolution des missions et des représentations des acteurs en changent le sens et les équilibres.

L'établissement (l'école) devient une nouvelle cellule d'action dans le système éducatif autant qu'une dimension organisatrice. Ce modèle systémique identitaire (Obin, Cros, 1991) est celui d'une structure d'organisation liant les interactions avec l'environnement à la régulation des actions. Pour Obin (1993), le changement résulte de la mise en tension des « *exigences externes et des possibilités internes d'évolution* ».

Citation

« *L'établissement n'est plus défini comme une juxtaposition de classes et d'heures de cours indépendantes.* » Dubet, Les Lycéens, 1991.

Liens

Autonomie des établissements et Décentralisation, École (sens et histoire), Enfant et École, Projets d'école - d'établissement

École élémentaire

Définitions

L'école élémentaire accueille les enfants à partir de 6 ans (âge de l'instruction obligatoire en France) jusqu'à 11 ans. Elle constitue le deuxième maillon de l'école primaire après l'école maternelle. L'enseignement y est organisé autour de programmes nationaux obligatoires (compétences attendues des élèves par cycles, horaires en majorité sur la base d'une semaine de 4 jours et demi...).

L'école est dite « élémentaire » à la fois dans son principe fondateur d'élémentarité de la raison, par sa place dans le système éducatif et par sa mission de donner aux élèves les éléments indispensables pour réussir et devenir sujet d'une culture, d'une société et d'une citoyenneté.

Informations

En 2006, 38 454 écoles élémentaires accueillent en France 4 013 337 élèves. Il y a un siècle, chaque village avait son école et l'image de l'école et du cadre scolaire, de son intégration dans la vie sociale, est associée à cette proximité.

L'école élémentaire a cinq niveaux de cours : CP (cours préparatoire), CE1 et CE2 (cours élémentaire de première et deuxième année), CM1 et CM2 (cours moyen de première et deuxième année). L'organisation par cycle rassemble la Grande Section de maternelle, les CP, CE1 pour le **cycle des apprentissages fondamentaux (cycle 2)** et CE2, CM1 et CM2 pour le **cycle des approfondissements (cycle 3)**, le cycle 1 correspondant aux premières années de maternelle. L'organisation peut se faire par classe, mais une classe peut comporter plusieurs cours (classe unique, classes à plusieurs niveaux). Les classes à deux niveaux sont fréquentes, même dans les écoles à forts effectifs : elles permettent pour certains élèves d'assurer une meilleure continuité entre deux années.

Réalisées à l'échelle de l'école ou de l'établissement scolaire, les activités pédagogiques et éducatives s'inscrivent dans une action éducative collective (les dispositifs qui réglementent l'école), mais aussi dans des **projets pédagogiques**, autour des deux grands axes que sont la maîtrise du langage et de la langue française et l'éducation civique.

L'organisation des cycles doit permettre d'introduire une grande souplesse dans la gestion des diverses étapes d'apprentissage. Au cycle 2, on privilégie la maîtrise du langage et de la langue sous tous ses aspects, la lecture, la production d'écrits et la découverte du monde. Au cycle 3, l'élève renforce et consolide les apprentissages du cycle précédent, élargit les notions abordées, mais il entre aussi dans les apprentissages disciplinaires spécifiques (histoire, géographie, sciences). À la fin du cycle 3, il sera prêt à aborder la première année du collège en classe de 6e.

Analyse

Historiquement, le principe d'élémentarité est un principe rationnel, liant l'ordre des sciences, l'ordre de la pensée et l'ordre de l'apprentissage. L'école correspond au principe d'une méthode conçue comme universelle, celle de l'analyse, la « norme » étant la règle commune raisonnable permettant à tous d'accéder au savoir, devant en assurer l'universalité.

Le terme « élémentaire » prend aujourd'hui son sens dans l'articulation de deux étapes :

– au cycle 2, construction des savoirs élémentaires : parler, lire, écrire et compter, « socle de la réussite scolaire » ;

– au cycle 3, transformation de ces savoirs en instruments intellectuels (pour s'informer, construire des connaissances, se cultiver, dans le sens d'une première autonomie).

Citation

« Le mot "élémentaire" n'est plus approprié s'il est synonyme de simpliste. Pour bien prendre en compte ces finalités, l'école primaire ne peut qu'avoir des exigences élevées qui mettent en jeu à la fois mémoire et faculté d'invention, rigueur et imagination, attention et apprentissage de l'autonomie. »

BO hors-série du 14 février 2002.

Liens

Autonomie de l'élève, Collège, Dispositifs pédagogiques, École maternelle, École (sens et histoire), Maîtrise de la langue, Programmes, Projet en pédagogie

École maternelle

Définitions

L'école maternelle a dans le système éducatif français un rôle original de prise en charge de la petite enfance, de complément de l'éducation familiale et de préparation à la scolarisation élémentaire. Tout enfant doit pouvoir être accueilli dès 3 ans dans une école maternelle ou une classe enfantine annexée à une école élémentaire. L'accueil des enfants de 2 ans est en principe étendu en priorité dans les écoles situées dans un environnement défavorisé. L'école maternelle n'est pas obligatoire mais l'importance de l'éducation et de la socialisation dès le plus jeune âge est admise par tous : la quasi-totalité des enfants de 3 à 6 ans est scolarisée (3 ou 4 années). L'importance reconnue de l'apprentissage dès les premières années en fait un moyen de réussite scolaire.

Informations

En 2006, 17 662 écoles maternelles accueillent en France 2 613 120 élèves. Les **écoles maternelles** (1881) ont succédé aux **salles d'asile** et aux **écoles du premier âge** qui recevaient les enfants dont les mères travaillaient. Pauline Kergomard, inspectrice générale de 1881 à 1917, a joué un rôle central dans l'évolution des écoles maternelles dont elle définit la pédagogie : l'école maternelle n'est pas une simple garderie mais un établissement éducatif ; elle doit cependant tenir compte de la spécificité de la petite enfance, en privilégiant le jeu, le chant, l'activité physique, et en accueillant l'enfant dans une ambiance chaleureuse.

À l'école maternelle, on peut repérer trois logiques pédagogiques :

1. **la scolarisation précoce, l'accueil des enfants dès 2 ans**, assure une entrée accompagnée en matière de socialisation, de langage, d'expérience collective. La scolarisation précoce est un facteur de réussite scolaire ;

2. **le cycle des apprentissages premiers**, est organisé autour des principes de trois sections (petits, moyens, grands) ; ces sections peuvent se combiner pour s'adapter à la réalité des caractéristiques des enfants qui, pour la plupart, passent 3 ans à l'école maternelle ;

3. l'entrée dans **le cycle des apprentissages fondamentaux**, qui fait de la Grande Section de l'école maternelle une section particulière.

Analyse

Le **projet de l'école maternelle** est constitué autour de :

– la **prise en charge de la petite enfance** comme fait de société et élément de politique éducative (la France et la Belgique sont les seuls pays à accepter les enfants dès l'âge de 2 ans). L'école maternelle est à la fois une école, un lieu de vie et un mode de garde, ayant pour enjeu la protection, la réussite scolaire et l'intégration sociale.

– sa **dimension éducative**, comme lieu de rencontre entre l'école et l'enfant (dimension d'accueil), principe d'une coéducation avec les parents. Kergomard, après Montessori, en faisait d'abord la « maison de l'enfant », devant permettre son épanouissement et le développement de ses capacités sensorielles, motrices, relationnelles et intellectuelles.

– son **projet pédagogique** : il est celui d'une école véritable, avec une tradition de créativité et de pédagogie active permettant à l'enfant de se construire. Sont proposés : un mode de vie adapté aux besoins du jeune enfant (rythmes, aménagement matériel), un « milieu » au sens de Montessori, des périodes d'accueil particulières répondant aux besoins physiologiques, affectifs et intellectuels, des domaines d'activités spécifiques (vivre ensemble, apprendre à parler et à construire son langage, agir, découvrir le monde...), des instruments adaptés pour apprendre (matériel éducatif, outils de graphisme...).

Citation

« L'école maternelle n'est pas une école, c'est un établissement où l'enfant doit s'épanouir en santé physique et en santé morale, en force, en grâce, en intelligence, en esprit de conduite. » Kergomard, 1886.

Liens *École élémentaire, Kergomard, Montessori, Scolarisation précoce*

Éducation

Définitions

Les termes **éduquer** et **éducation** sont empruntés au latin :

• *e-ducare*, prendre soin, acte d'élever un enfant, de le nourrir, d'abord pour que l'individu subsiste, ensuite pour qu'il apprenne en s'assurant qu'il est « nourri de bons principes » ;

• *e-ducere*, faire sortir, conduire loin de, mais aussi tirer de lui-même ce qui est en germe, ses potentialités, comme accouchement (Socrate), de la puissance à l'acte (Aristote), par un développement propre ou des influences extérieures.

Selon l'idéal des Lumières au XVIIIe siècle, le sens d'« éduquer » deviendra celui de développement, d'orientation vers un état, tel celui de citoyenneté ou de progrès social. L'éducation exprime à la fois le processus et son intentionnalité : elle renvoie naturellement à l'idée de passage de l'état d'enfant à celui d'adulte, à ses enjeux et à ses valeurs.

Informations

La signification du terme s'étend à la fois au processus de développement de fonctions (par exemple pour Durkheim sous forme d'influence, *« d'action exercée par un individu ou un groupe sur un autre groupe »*) et au résultat de ce processus, à son aboutissement (le bien éduqué), ainsi qu'aux courants qui en animent la réalisation (éducation traditionnelle, éducation nouvelle). Sa signification est de rallier un sujet, d'abord individu attaché à son environnement proche, à un système plus général de société, de culture et de valeurs dans lequel prennent place les institutions éducatives.

La **relation éducative** est au fondement des actes d'enseignement et d'apprentissage. L'idée de conduction est au centre du rapport entre maître et élèves (médiation, accompagnement, autorité…).

L'éducation est liée au développement de potentialités individuelles et collectives et à l'action que les adultes exercent sur les plus jeunes pour assurer ce développement. L'instruction est plus limitée et concerne l'accès progressif à un corps de connaissances à donner de telle sorte qu'on en soit instruit. L'élève est le sujet de l'éducation, l'écolier étant le sujet de l'école.

Analyse

L'éducation est l'objet de nombreuses interrogations suscitant divers débats :

– celui des fins de l'éducation : a-t-elle pour but de développer dans l'individu toute la perfection dont il est susceptible (le développement personnel, Kant) ? D'habituer progressivement les enfants à se passer de l'adulte (l'autonomie) ? De réaliser l'homme que la nature a fait ou celui que la société souhaite qu'il soit ? Et qu'est-ce qu'être éduqué ? ;

– celui du rôle de l'école et du professeur entre instruction et éducation, vécu comme tension entre la fonction d'enseignant et la demande sociale d'une prise en charge plus grande des élèves. L'école doit non seulement instruire au mieux, mais aussi éduquer : au-delà des connaissances et des compétences, elle doit apprendre aux élèves des règles de comportement, leur apprendre à « vivre ensemble ». La question rejoint le problème d'une coéducation avec les parents ;

– celui des rôles éducatifs de l'école sur des questions de société : l'éducation à (à la citoyenneté, à l'information et aux médias, à la santé, à la sécurité, au développement durable…), l'éducation ayant pour objectif de développer « *l'aptitude aux transformations et à l'adaptation aux situations nouvelles* » (Mialaret, 2004).

Citations

« *La pédagogie est la science dont l'éducateur a besoin. Mais il doit également posséder de la science qu'il pourra communiquer à d'autres. Et je l'avoue dès maintenant, je ne puis me faire une idée de l'éducation sans instruction ; et inversement* […] *je ne connais point d'instruction qui ne soit éducative.* »
Herbart, *Comment élever nos enfants*, 1908.

« *L'éducation se distingue du fait d'apprendre.* »
Arendt, *La Crise de la culture*, 1968.

Liens

Autonomie de l'élève, Connaissance et Compétence, Éducation nouvelle, Finalité de l'éducation, Instruction, Relation pédagogique

Éducation prioritaire

Définitions

Les **zones d'éducation prioritaire (ZEP)** et les **réseaux d'éducation prioritaire (REP)** sont les dispositifs d'une politique d'éducation prioritaire (on parle de « discrimination positive ») visant à corriger les effets des inégalités sociales, économiques et culturelles en renforçant l'action éducative là où l'échec scolaire est le plus élevé. Les critères de détermination d'une ZEP sont sociaux et pédagogiques : 1 700 000 élèves étaient concernés par l'éducation prioritaire à la rentrée 2004, dont 557 000 collégiens (soit 21,4 % des effectifs des collèges du secteur public pour 14,5 % en 1997).

Informations

Le terme de **prioritaire** correspond à la recherche d'un nouveau principe d'équité : pour répondre à l'inégalité devant l'école (discrimination négative), il faut introduire une **école inégalitaire** (discrimination positive : « donner plus à ceux qui ont moins »). Cette idée est aussi à rapprocher de celle d'« *affirmative action* », pratiquée dans les pays anglo-saxons, ou, selon un principe de parité, à une **politique d'excellence** cherchant à « *donner ce qui se fait de mieux à ceux qui ont (le) moins* » (Chauveau, 2000) par exemple en réservant des quotas d'accès aux grandes écoles pour les élèves de ZEP.

Les ZEP sont fondées en 1981 ; la politique est relancée en 1997 et s'étend aux réseaux d'éducation prioritaire (REP) associant écoles et établissements à un collège de secteur. Les contrats de réussite scolaire passés entre les responsables de chaque réseau avec les autorités académiques en fixent les objectifs dans le cadre de priorités nationales. À partir de 2000, la constitution de **pôles d'excellence scolaire** a visé à encourager, au sein des REP, les **partenariats d'excellence** avec des établissements d'enseignement supérieur, des organismes de recherche, des entreprises, des institutions culturelles et sportives.

Depuis 2006, l'architecture est la suivante :

– **niveau EP1**, écoles et collèges accueillant les élèves confrontés aux plus grandes difficultés scolaires et sociales. Ce sont les collèges à « **ambition réussite** » et les « **réseaux ambition réussite** » (249 collèges et 1 600 écoles en 2006), avec les écoles primaires du secteur, qui reçoivent des moyens supplémentaires ;

– **niveau EP2** regroupant les établissements caractérisés par une plus grande mixité sociale, correspondant au reste du champ couvert par les ZEP actuelles, qui reçoivent les mêmes aides qu'auparavant ;

– **niveau EP3** concernant des collèges appelés à sortir progressivement de l'éducation prioritaire, dans un délai de trois ans, si certaines conditions sont remplies.

Analyse

Les notions d'équité puis de parité tendent à remplacer celle d'égalité qui profite aux favorisés. Pour Jules Ferry, l'égalité des moyens était le principe et le garant d'une égalité devant l'école (et non à l'école). La recherche de l'équité par l'« inégalité » suppose la différenciation de la forme scolaire, des moyens humains, d'encadrement et d'action pédagogique, autant au niveau de la zone qu'au sein de la classe (différenciation pédagogique). Cette recherche passe également par la reconnaissance d'autres formes de réussite, ou par l'acceptation à l'école des pratiques culturelles de référence des apprenants. Un débat est ouvert à propos des pratiques pédagogiques à développer en ZEP : soit celles de l'attractivité (stratégie du détour pour « intéresser » les élèves), soit celles de la valorisation des pratiques intellectuelles, au centre des difficultés que les élèves rencontrent à l'entrée dans leurs études (Rochex, 1999).

Citation

« Certes les questions de moyens sont importantes. Mais le plus important nous semble être le sens, c'est-à-dire la signification et la direction que les acteurs de l'École donnent à l'école en milieu populaire. »

Chauveau, *Comment réussir en ZEP*, 2000.

Liens *Différenciation, Égalité des chances, Enfant et École*

Égalité des chances

Définitions

Le principe d'égalité des chances vise à réduire les inégalités de réussite scolaire dues aux inégalités de position sociale.

La question scolaire est historiquement liée depuis la Révolution française à la **question démocratique** : promouvoir l'égalité des chances, assurer cohésion sociale et insertion sociale et professionnelle sont les priorités données au système éducatif. La question est celle du rôle et de la capacité du système éducatif à réduire les inégalités.

Les mesures relatives à l'égalité des chances et à la lutte contre les discriminations (loi de 2006), l'instauration d'un socle commun (2005) s'appliquent à la réalisation d'une **égalité à l'école** autant que **par l'école** comme fondement démocratique, ce qui suppose de rompre avec une égalité trop abstraite. Rochex (2001) remarque que jusqu'alors « *on a pensé la démocratisation en termes gestionnaires et non de façon cognitive* ».

Informations

Au sens quantitatif, la **démocratisation du système scolaire** a connu deux phases : entre 1960 et 1970, la première a abouti à la création du collège unique (Haby, 1975) et est liée à la croissance économique et à la promotion sociale par l'école ; la seconde, dans les années 1985-1995, a conduit à multiplier par deux l'accès au baccalauréat. De nouveaux publics (*cf.* Dubet : « *les nouveaux lycéens* ») accèdent à des savoirs, à un horizon des « *possibles envisageables* » (Rochex, 2001).

Au sens qualitatif, les écarts ne se sont pas réduits mais déplacés (Duru-Bellat, 2002). D'où un effet de désillusion sur l'école, la massification n'étant pas la démocratisation (Merle parle de « *démocratisation ségrégative* »). La production ou la **reproduction** des inégalités ne se fait plus de façon institutionnelle par l'accès à la scolarité (comme à l'époque des travaux de Bourdieu), mais par des stratégies et des parcours à l'intérieur de l'école. C'est à partir de ce constat que la question est posée de l'équilibre entre la poursuite de l'élévation des niveaux et la garantie d'un **socle commun** proposé par la loi de 2005.

D'autres formes d'inégalités sont liées à l'école :

– **les inégalités sexuées** qui s'inversent, y compris dans les filières « masculines » (médecine, droit, commerce…). Les garçons accèdent toujours aux positions les plus élevées par les études, mais ils sont aussi plus victimes de l'échec. Le pôle d'idéalité se déplace donc vers les filles et met en difficulté les garçons (Rochex, 2000).

– **les inégalités régionales et locales :** la disparité Nord-Sud des années soixante (le Nord ayant été scolarisé plus tôt historiquement) a été comblée par une politique volontariste, liée à la décentralisation. Mais les inégalités socio-économiques et scolaires ont augmenté à l'échelle locale (écart de niveau augmenté aux évaluations de 6e).

Analyse

Le paradoxe de l'école est d'être porteuse d'égalité (idéal d'une école juste) et, en même temps, distributrice (selon le principe du mérite) de positions sociales inégales : « *l'égalité des chances en vue de l'accès à des places inégales crée fatalement des inégalités* » (Dubet, Duru-Bellat, 2004). À cela s'ajoutent des inégalités spécifiques, telle l'affinité de la culture scolaire avec les modes de comportement (*habitus*, Bourdieu) des classes socialement et économiquement supérieures.

L'égalité formelle des chances n'est pas l'égalité de résultats et suppose l'idée d'une inégalité positive (l'éducation prioritaire) ; elle n'assure pas non plus à elle seule la multiplication des chances, la distribution sociale elle-même. Mais l'élévation générale de l'éducation reste, quels que soient les écueils et les critiques, une part forte de l'école dans l'évolution de nos sociétés et constitue à long terme le sens de toute dynamique éducative.

Citation

« *Le service public de l'éducation* […] *contribue à l'égalité des chances.* »
Code de l'éducation, L. 111.

Liens *Droits et valeurs de l'enfant, Éducation prioritaire, Socle commun*

Éthique et Valeurs

Définitions

L'**éthique** est l'ordre des valeurs choisies par une société et des conduites qui s'y attachent (en deçà ou au-delà du droit). L'école est porteuse d'« objets » éthiques (justice, vérité, égalité, tolérance, pluralisme...) comme valeurs vivantes. L'ordre éthique est celui de la recherche des fondements universels de ces valeurs. L'éthique est, pour Jonas (1997), *« la connaissance des conséquences de notre agir »*, la question des fondements autant que celle du futur.

Les valeurs constituent le principe de maintien d'une société humaine, ce qu'il est légitime d'exiger, comme les droits de l'homme ou les droits civiques (liés aux devoirs), les règles et les préceptes (ce qui est estimé bon et qui s'impose comme incontournable) des comportements individuels et collectifs.

Informations

La question des valeurs se pose par la réalité sociale – violence, inégalités, racisme –, mais aussi dans les évolutions technologiques liant par exemple les sciences aux questions éthiques (biologie, sciences de l'environnement...).

L'école est liée aux valeurs par sa mission d'œuvre éducatrice et par ses valeurs de service public d'éducation : laïcité, égalité des chances, droit à l'éducation sont des valeurs que l'école a pour charge de transmettre et de pratiquer sur le principe d'une **éducation aux valeurs** inscrite dans les programmes. Écoute, dialogue, reconnaissance du droit à la différence, tolérance, solidarité, prise de conscience des contraintes d'une vie collective (concessions, droits partagés...) sont les fondements de pratiques communes, les principes concrets de l'école. L'éducation aux valeurs s'intègre à la mise en place des savoirs.

Analyse

La pédagogie est liée à la responsabilité de l'œuvre éducative comme **éthique de l'Autre,** *« dialectique du soi-même et de l'autre que soi »* (Ricœur, 1990). L'éducation est une situation humaine où l'autre est dans une situation de dépendance, impliquant la responsabilité vis-à-vis de l'enfance. L'objet humain du travail enseignant en fait un travail à caractère éthique : l'évaluation (du jugement à la sanction), les activités de régulation et de normalisation dans la vie quotidienne de la classe, une centration équitable sur le groupe et pour chaque élève, le choix des moyens pédagogiques pour assurer la réussite des élèves, l'interaction avec des élèves de cultures porteuses de valeurs différentes… sont autant de points éthiques pour une pratique éducative.

Est supposé un principe intégrateur, non comme voie unique, mais comme universalité du respect des différences, éthique plurielle du respect et de la tolérance. On peut ainsi souligner la part du **débat** comme objet de l'expérience éthique. La loi sur l'éducation de 2005 précise la place de l'exigence éthique : « *Outre la transmission des connaissances, la nation fixe comme mission première à l'école de faire partager aux élèves les valeurs de la République. Dans l'exercice de leurs fonctions, les personnels mettent en œuvre ces valeurs.* » (Code de l'éducation).

Mais l'école est-elle une institution juste, garante de la « *vie bonne* » (Ricœur) ? Le décalage entre l'égalité formelle des chances et l'écart des résultats est souvent souligné : l'école pour tous n'est pas l'école pour chacun. Le « *rapport au savoir* » n'est pas naturellement assuré (Charlot, 1999). On demande justement à l'école de « réaliser » les valeurs de la République : mais le peut-elle à elle seule ? L'école ne se conçoit pas sans une interrogation sur ses propres valeurs.

Citations

« *Agis comme si la maxime de ton action pouvait être érigée en loi universelle de la nature.* » Kant, Fondements de la méthaphysique des mœurs, 1785.

« *L'éthique du futur ne désigne pas l'éthique dans l'avenir mais une éthique qui se soucie de l'avenir et entend le protéger pour nos descendants des conséquences de notre action future.* » Jonas, Pour une éthique du futur, 1997.

Liens *Culture, École (sens et histoire)*

Finalité de l'éducation

Définitions

Si éduquer est l'action de conduire, de diriger, et si la pédagogie constitue la logique de cette activité éducative, les deux ne se conçoivent pas sans une direction à suivre : la finalité, le sens que l'on donne à cette réalisation. L'éducation s'inscrit dans un mouvement, la signification donnée au passage, à la transformation du passé en avenir : valeurs, choix pratiques et humains sont liés. À quoi destine-t-on les élèves à qui l'on enseigne ? Quels rôles ont les savoirs que nous donnons à connaître ?

L'idée d'éducation est celle d'une auto-transcendance (Castoriadis parle d'auto-éducation de l'homme), c'est-à-dire la capacité de l'homme à attribuer les finalités de sa propre éducation. La finalité (fin) est ce but différé, ce que l'homme pense que l'homme doit être, ce « au nom de quoi » l'on éduque, liant le « pourquoi » et le « comment » on éduque.

Informations

L'**exigence éducative** a deux sens : celui d'une éducation positive qui consiste à donner à chacun l'accès et la possibilité de tenir un rôle dans une communauté, d'entretenir des rapports en sachant « ce qui se fait » et « ce qui ne se fait pas » ; celui de développement d'une faculté de compréhension, de sens critique, éléments de liberté d'une conscience. L'instruction n'est pas l'éducation et « *l'homme s'éduque à l'occasion de n'importe quelle étude* » (Weil, 1996).

L'éducation se conçoit aussi comme mode de pensée. Trois orientations, trois mouvements en donnent le sens :

– celui du monde « **ancien** » : en ce sens, l'école traditionnelle insiste sur la valeur du lien au passé. La recherche est celle d'un absolu, d'une nature donnée des choses qui fonde une autorité.

– celui de la **modernité**, d'une vue rationnelle et universelle sur le monde historique, la mission de l'éducation étant de contribuer à l'émancipation et au progrès (qui donne au nouveau sa valeur positive) figurés par cet idéal. C'est le sens des Lumières comme éducation de l'humanité et maîtrise rationnelle du monde et celui du fondement des valeurs de l'école (L'instruction est pour Condorcet un agent du progrès social : *Rapport sur l'instruction publique*, 1792).

– celui de la **postmodernité**, qui renonce au temps et à la métaphysique du progrès (le progrès serait l'ordre des choses), annonce la *Fin des certitudes* (Priogogine, 1996) concevant un monde complexe et morcelé ou l'homme doit établir ses propres valeurs, la vérité de son action propre, par exemple en concevant l'*Éthique du futur* (Jonas, 1993) ou un nouveau *Contrat naturel*, (Serres, 1990). Sur le modèle d'une construction, l'éducation se veut fondatrice.

Analyse

On éduque pour être, pour devenir, pour donner un sens à une exigence individuelle et sociale et non pas seulement pour éduquer. Ceci relie l'idéal à la pratique en posant la question sous le registre des fins. Quelles sont-elles ? Former des hommes libres, des citoyens, conduire l'enfance en préparant l'enfant à une vie à la fois individuelle et sociale, assurer le progrès de l'humanité, la situation de l'homme dans le monde, le sens de sa propre activité… Toutes ces questions naissent de l'éducation, qui se conçoit comme réalisation humaine : un « *chantier d'humanité* » nous dit Comenius.

Citations

« *La signification des actes d'enseigner et d'apprendre oblige à remonter aux finalités pédagogiques : tout comportement opératoire qu'on veut acquérir ou faire acquérir s'inscrit dans un comportement social général correspondant à une certaine conception de l'homme et de la société.* »
Postic, *La Relation éducative*, 1979.

« *La conception de l'éducation, en tant que processus social et fonction sociale, n'a pas de sens précis si nous ne définissons pas le genre de société à laquelle nous pensons.* » Dewey, *Démocratie et éducation*, 1916.

Liens *Éducation, Éthique et Valeurs, Instruction, Modèles pédagogiques*

Instruction

Définitions

Instruire, c'est informer et renseigner (instruire un sujet, une affaire), donner connaissance (enseigner à quelqu'un, lui apprendre quelque chose), connaître, être avisé (être instruit de ses droits). Le dictionnaire *Littré* définit l'instruction comme « relative à l'esprit et s'entendant des connaissances que l'on acquiert et par lesquelles on devient habile et savant ». Instruire *(in-struere)* signifie à la fois « élever » et « construire » (une maison par exemple). Instruire, c'est mettre en possession de connaissances nouvelles, et aussi être informé et savoir s'informer.

L'instruction marque l'action d'enrichissement des connaissances d'un individu. « Être instruit » constitue aussi un but qui dépasse l'accumulation des connaissances pour celui de construction d'un sujet à travers une culture. L'instruction s'attache au processus autant qu'au contenu de la connaissance à laquelle elle prend sa source. Associé à l'école, le terme rattache le chemin des connaissances au projet d'une **instruction publique** comme lien politique, garant d'une citoyenneté.

Informations

Montaigne ou Descartes parle de *« l'Institution des enfants »* pour désigner leur instruction, les deux termes étant parents *(in-statuere)*. L'instruction est historiquement liée à l'institution publique de l'éducation et au lien républicain entre l'école et l'État. Pour Condorcet, c'est *« l'instruction qui institue le citoyen »*. « Instruction » devient synonyme de « lumières », de diffusion générale des connaissances et de la raison, nécessaire à la liberté et au droit, et non pas d'« éducation », qui relève de la sphère privée. Condorcet conçoit une éducation publique *« où tous les individus puissent se former* [...], *des idées justes de leurs droits et de leurs devoirs, apprendre les principales dispositions des lois de leur pays ; acquérir enfin les connaissances élémentaires nécessaires pour la vie commune »*. L'instruction publique a été le fondement du système national d'instruction, assuré par l'État (loi sur l'Instruction publique, 1882). Le ministère de l'Éducation nationale s'est d'ailleurs longtemps appelé ministère de l'Instruction publique.

Analyse

Un saut culturel important est associé au projet d'instruire : deux écoles se sont succédé. La première, l'école de Jules Ferry (1882), a été l'instrument efficace pour vaincre l'analphabétisme, pour donner des connaissances minimales et un langage commun à tous les citoyens. Elle a fonctionné sur le principe d'une instruction publique monolithique s'accommodant assez bien d'un mécanisme de sélection sociale. Aujourd'hui, l'instruction est centrée sur le droit à l'éducation et la lutte contre les inégalités (Code de l'éducation, loi du 23 avril 2005). L'idée d'instruction rassemble l'idéal d'une justice dans la transmission des connaissances, des savoirs, des cultures, mais aussi dans la réussite scolaire et la préparation à la vie professionnelle : il s'agit de former à la vie démocratique, tout en contribuant à l'égalité des chances. Si la forme scolaire reste traditionnelle, le principe d'instruction évolue dans le contexte d'une société et de politiques éducatives changeantes.

Citations

« *Former d'abord la raison, instruire à n'écouter qu'elle* [...], *tel est le principe sur lequel l'instruction publique doit être combinée.* »
Condorcet, *Sur les Assemblées nationales*, 1788.

« *Avant de parler, avant que d'entendre, il s'instruit déjà* [...]. *Notre manie enseignante et pédantesque est toujours d'apprendre aux enfants ce qu'ils apprendraient beaucoup mieux d'eux-mêmes.* » Rousseau, *Émile ou De l'éducation*, 1762.

« *Vous dites qu'il faut connaître l'enfant pour l'instruire ; mais ce n'est point vrai ; je dirais plutôt qu'il faut l'instruire pour le connaître ; car sa vraie nature c'est sa nature développée par l'étude des langues, des auteurs et des sciences. C'est en le formant à chanter que je saurai s'il est musicien.* »
Alain, *Propos sur l'éducation*, 1932.

Liens *Droits et valeurs de l'enfant, Éducation*

Laïcité

Définitions

L'adjectif grec *laïkos* et le substantif *laos* désignent le peuple lui-même. Le terme de **laïc** servit d'abord à désigner tous ceux qui n'étaient pas du clergé (*kléros*, les clercs). Le concept de **laïcité** est né ensuite de la délimitation du spirituel et du temporel, de l'ordre religieux et de l'ordre public dans la gestion des institutions sociales. À la fin du XIXe siècle, l'enseignement étant essentiellement confié à des congrégations religieuses, l'affaire de l'école devient celui d'une exigence politique de laïcité. Elle y aboutit en 1905, après la loi organique de l'école (1882, loi associée à Jules Ferry), et la loi de 1905 sur la séparation des Églises et de l'État (pour toutes les institutions publiques).

Informations

Le principe de laïcité dans l'enseignement devient celui de la séparation du scolaire et du religieux, de l'instruction et de l'éducation (Condorcet), de l'ordre de la conscience individuelle et de l'ordre moral. La neutralité nécessaire de l'école repose sur cette séparation : elle garantit la liberté des consciences contre tout endoctrinement. La laïcité se comprend à la fois comme une exigence politique, une exigence rationnelle et une exigence de préservation de la vie privée (liberté de conscience). Elle est associée à une exigence de neutralité et de respect des croyances (par exemple dans l'enseignement du fait religieux). Cette neutralité (souvent liée au terme de laïcité) est un principe d'universalité de conscience et de liberté, d'égalité d'accès et de traitement d'un enseignement public, gratuit et laïc.

Analyse

Historiquement, l'« idée laïque » a été au cœur de conflits importants. Le problème posé est celui d'éviter dans l'instruction publique toutes formes de prosélytisme et de discrimination inconciliables avec les valeurs de culture, de liberté de conscience et de neutralité de l'école de la République. Ceci a été récemment redéfini. Les enseignants ont obligation de laïcité : l'école publique ne privilégie aucune doctrine et ne s'interdit l'étude d'aucun champ du savoir. Guidée par l'esprit de libre examen, elle a pour devoir de transmettre à l'élève les connaissances et les méthodes lui permettant d'exercer librement ses choix. Elle doit respecter de façon absolue sa liberté de conscience. Dans l'exercice de leurs fonctions, les enseignants, du fait de l'exemple qu'ils donnent implicitement, doivent éviter toute marque distinctive de nature philosophique, religieuse ou politique qui porte atteinte à la liberté de conscience des enfants et au rôle éducatif des familles.

Loi du 15 mars 2004

La loi du 15 mars 2004 est prise en application du principe constitutionnel de laïcité qui est un des fondements de l'école publique. Ce principe, fruit d'une longue histoire, repose sur le respect de la liberté de conscience et sur l'affirmation de valeurs communes qui fondent l'unité nationale par-delà les appartenances particulières.
L'école a pour mission de transmettre les valeurs de la République parmi lesquelles l'égale dignité de tous les êtres humains, l'égalité entre les hommes et les femmes et la liberté de chacun, y compris dans le choix de son mode de vie. Il appartient à l'école de faire vivre ces valeurs, de développer et de conforter le libre arbitre de chacun, de garantir l'égalité entre les élèves et de promouvoir une fraternité ouverte à tous. En protégeant l'école des revendications communautaires, la loi conforte son rôle en faveur d'un vouloir-vivre-ensemble. Elle doit le faire de manière d'autant plus exigeante qu'y sont accueillis principalement des enfants.
L'État est le protecteur de l'exercice individuel et collectif de la liberté de conscience. La neutralité du service public est à cet égard un gage d'égalité et de respect de l'identité de chacun.

Circulaire du 18 mai 2004 relative à la mise en œuvre de la loi n° 2004-228 du 15 mars 2004

Citation

« *L'éducation publique doit se borner à l'instruction.* [...] *L'État a le devoir de former des citoyens, sans pour autant créer une sorte de religion politique et violer la liberté.* » Condorcet, *Cinq mémoires sur l'instruction publique*, 1792.

Liens *Citoyenneté - Civisme, Éthique et Valeurs*

Orientation des élèves

Définitions

L'**orientation,** en référence au point cardinal d'orient où le soleil se lève, est l'art de savoir où l'on en est dans un parcours, dans un espace... Dans le domaine scolaire, elle désigne le but que fixe l'élève à ses études (on parle de « carrière »), les choix qu'il fait pour y arriver (le « parcours »).

Le projet personnel fait du processus d'orientation une dynamique, au carrefour de la représentation de soi, de l'univers professionnel et des systèmes de formation.

Informations

Le **conseil en orientation,** l'information sur les enseignements, l'obtention d'une qualification professionnelle sanctionnée font partie des droits des élèves. **L'éducation à l'orientation** est une mission de l'école, qui s'appuie, aux différentes étapes de la scolarité, sur tous les enseignements, les connaissances, les parcours de formation et l'environnement économique pour permettre à l'élève d'élaborer son projet.

À l'école, *« l'élève élabore son* ***projet d'orientation*** *scolaire et professionnelle »* (Code de l'éducation, Art. 8). Le projet individuel d'orientation est préparé au sein de la communauté éducative par l'élève lui-même, « acteur » de son orientation, son environnement familial, l'action éducative des enseignants, des personnels d'éducation et de documentation, et par l'action spécifique du **conseiller d'orientation-psychologue** (COP), en liaison avec les partenaires du monde socio-économique. L'éducation à l'orientation prend place dans le projet d'établissement dans les enseignements et les dispositifs spécifiques tels ceux, en classe de 3e (ou dès la 4e), d'**option facultative de découverte professionnelle** (3 h) ou de **module de découverte professionnelle** (6 h).

L'information scolaire et professionnelle à laquelle les élèves et les parents peuvent avoir accès joue un rôle particulier. Le CDI doit proposer un pôle d'information et d'autodocumentation sur les métiers et les professions en liaison avec les **centres d'information et d'orientation** (CIO) et l'Office national d'information sur les enseignements et les professions (ONISEP).

La **décision d'orientation** est prise par le chef d'établissement après avis du conseil de classe selon les **paliers d'orientation.** Elle porte sur les voies d'orientation : en fin de 6e ; en fin de 4e ; en fin de 3e, la décision statuant sur le passage en 2nde générale et technologique ou 2nde spécifique ou 2nde professionnelle (en lycée professionnel). Le choix d'une spécialité professionnelle appartient à la famille.

Analyse

On est passé d'une conception déterministe – orientation mécanique par filière liant les aptitudes des élèves et la fonction qu'ils peuvent occuper dans une organisation sociale –, à une conception éducative fondée sur le projet personnel et la connaissance des professions et des formations. Entre un programme (pour lui) et un projet (pour soi), l'éducation à l'orientation s'accompagne d'une aide (apprendre à s'orienter, à faire des choix, à élaborer un projet, dans l'idée d'une « éducation à la carrière » et d'une orientation « tout au long de la vie »).

L'orientation relève du principe d'égalité des chances. Mais l'estimation de soi (entre estime et évaluation réelle de ses possibilités et de la justesse de ses choix) est liée au contexte social. Un autre facteur différentiel opère entre garçons et filles qui, en moyenne scolairement plus performantes, font souvent des choix moins diversifiés et moins ambitieux, facteurs d'inégalités professionnelles (les effets sociaux et sexués se combinant).

Citation

« On s'attaque à une vraie question, mais postuler l'existence d'un projet personnel, et s'y référer, suppose le problème résolu, alors qu'appeler explicitement de ses vœux ce projet ne donne aucun moyen de le faire devenir. » Perrenoud, « Mettre la pratique réflexive au centre du projet de formation », in *Cahiers pédagogiques*, 2001.

Liens *Centre de documentation et d'information, Collège, Motivation*

Parents d'élèves

Définitions

Les parents sont des membres à part entière de la communauté éducative. Ils sont associés à la prise de décision dans le cadre de leur participation aux différentes instances pour lesquelles ils élisent des représentants. Ils participent au projet d'école et aux projets pédagogiques. Le rôle des parents d'élèves est de plus en plus lié au suivi et à l'accompagnement de la scolarité. École et parents ont en commun le projet de réussite scolaire.

Informations

En France, le projet d'une école d'État, supposant une séparation avec le milieu familial, a abouti au peu de pouvoir et à la faible représentation des parents : il est nécessaire aujourd'hui d'« ouvrir » l'école aux parents, de concevoir la réussite scolaire comme un projet mené conjointement avec les familles. Différentes dispositions sont prévues pour leur permettre d'exercer ce rôle (Code de l'éducation, Art. L. 111-4) :

• Assurer l'**information** nécessaire au suivi de la scolarité de leurs enfants : réunions chaque début d'année, rencontres parents-enseignants au moins deux fois par an, information sur l'orientation, sur les résultats et le comportement scolaire de leurs enfants, obligation de répondre aux demandes d'information et d'entrevues présentées par les parents ;

• Permettre aux **associations** qui ont pour but la défense des intérêts moraux et matériels des parents d'élèves et participent aux conseils par le biais des représentants élus, d'informer, de communiquer, de disposer de moyens matériels d'action et de diffusion (panneaux, affichages, éventuellement locaux) et d'intervenir, pour les organisations représentées au Conseil supérieur de l'éducation, au Conseil académique et au Conseil départemental de l'Éducation nationale, dans toutes les écoles et tous les établissements d'enseignement publics.

• Les parents d'élèves sont associés aux **décisions** concernant la vie de l'école et de l'établissement scolaire, notamment en participant, par leurs **représentants**, aux conseils d'école et aux différentes instances des établissements scolaires. Il est prévu d'adapter les heures de réunion pour faciliter leur participation, leur information et leur permettre de rendre compte à leur tour des travaux des instances dans lesquelles ils siègent. Ils peuvent assurer un rôle de médiation à la demande d'un parent d'élève.

Analyse

Le lien entre école et parents est celui d'une **coéducation** qui doit devenir active. L'école, au-delà des connaissances et des compétences, éduque, mais, en quelque sorte, « en second » après les parents, qui, responsables de l'éducation de leurs enfants, doivent éduquer « en premier ». Les familles ne sont pas toutes égales devant l'école. Si les parents sont défaillants ou éprouvent de grandes difficultés, l'école ne peut se substituer à eux mais peut devenir un relais vers ces familles, en instaurant des outils de dialogue et d'aide.

De plus en plus, les parents sont impliqués dans la scolarité de leurs enfants et construisent de véritables stratégies (*cf. Les Consommateurs d'écoles*, Ballion). L'accompagnement à la scolarité est un élément fort du projet parental : ce **métier de parent d'élève**, les adultes s'efforcent de le faire et de le faire bien, ce qui suppose qu'il soit coordonné avec l'école (voir le site internet *www.famille.gouv.fr* : Famille et école > Accompagnement à la scolarité > Fiches familiales).

L'école est le lieu d'un dialogue pour organiser les rôles respectifs : les enseignants ne souhaitent pas que les parents jouent les pédagogues, ajoutant à la maison du travail scolaire (alors que les devoirs écrits sont interdits en primaire) ; les parents ne souhaitent pas que soit remis en cause leur modèle éducatif. Ils veulent être informés de ce qui se fait à l'école afin d'accompagner au mieux leurs enfants. Les règles de ce dialogue doivent être établies dans chaque école et chaque établissement.

Citation

« Tout enfant a droit à une formation scolaire qui, complétant l'action des familles, concourt à son éducation [...] *Les familles sont associées à l'accomplissement de ces missions. »* Code de l'éducation, Art. L. 111-2.

Liens

Orientation des élèves, Projet d'école - d'établissement, Projet en pédagogie

Programmes

Définitions

Les programmes sont des **textes nationaux de références** qui déterminent les connaissances, les objectifs éducatifs ainsi que les méthodes que les élèves doivent acquérir pour chaque cycle et niveau d'enseignement. Ils proposent une organisation annuelle et/ou par cycle, avec des critères d'évaluation ; ils sont complétés par des documents d'application et des documents d'accompagnement. Les programmes ont un caractère **obligatoire** pour l'enseignement public ou privé et leurs usagers, enseignants, parents et élèves. Ils représentent l'offre du service d'éducation, le contrat d'enseignement « *à l'intérieur duquel l'enseignant ou l'équipe pédagogique font les choix adaptés aux élèves dont ils ont la responsabilité* » (Charte des programmes). Sous une forme élargie, le « programme » désigne les « horaires-programmes et instructions » réglementaires (loi sur l'éducation, circulaires ou arrêtés) pour l'enseignement primaire et secondaire.

Informations

L'**élaboration des programmes** relève du ministre de l'Éducation nationale. Le Conseil national des programmes (CNP), instance consultative, formule des propositions sur la conception générale et la cohérence globale des enseignements, les grands objectifs à atteindre, leur adaptation au développement des connaissances. Il donne un avis sur les projets de programmes élaborés par des Groupes d'experts pour les programmes scolaires (GEPS) et par les Commissions professionnelles consultatives (CPC).

La charte des programmes (CNP, 1992) définit les règles d'élaboration d'un programme : concilier les étapes et le rythme du développement de l'élève avec la cohérence de la discipline ; ne pas chercher un empilement de connaissances ; faire la liste des compétences visées et des savoirs et savoir-faire nécessaires ; favoriser les situations d'apprentissages donnant un sens aux démarches intellectuelles. D'autres exigences que celle du contenu interviennent : celle de l'organisation du système scolaire (âge, organisation des enseignements...), celle des objectifs transversaux (maîtrise de la langue, éducation à la citoyenneté), celle des priorités d'un service d'éducation (formation du citoyen, difficultés de l'élève) ou celle de programmes éducatifs européens (citoyenneté européenne, dimension européenne des enseignements)... Les programmes ont une durée limitée (de 5 à 7 ans) et sont régulièrement réactualisés (par exemple, en 1997 et 2002).

Analyse

Si les enseignants ont le choix des moyens, des méthodes à mettre en œuvre, le programme, c'est le contenu obligatoire et identitaire de l'enseignement. On « fait », on « finit », ou on « ne finit pas » le programme. Mais le programme est-il un inventaire ou le développement d'un savoir ? L'écart de nature entre le programme et l'apprentissage fait débat. Peut-on faire en sorte que les élèves s'approprient les savoirs, que les enseignements répondent aux exigences et aux enjeux d'une scolarité obligatoire en s'appuyant sur la seule logique des contenus disciplinaires ? La réussite des élèves passe par l'attention à l'apprentissage réel ou curriculum, en distinguant un **curriculum réel** (ce que l'élève sait vraiment et que l'on peut mesurer à travers les évaluations nationales ou européennes) et un **curriculum prescrit** (ce qui doit être enseigné). On est passé progressivement d'une logique de contenu (chaque classe étant, par déclinaison, « préparatoire » à la suivante), à une logique pédagogique de réalisation (par cycles, projets dont les PPRE) et de compétences (ce que l'élève doit maîtriser) et, finalement, à une logique de résultat (ce que les élèves ont réellement appris et acquis).

Citation

« [...] *une véritable démocratisation de l'enseignement n'est possible que si les programmes offrent un cadre de référence national qui s'impose à tous (enseignants, élèves et futurs employeurs), clair, précis, cohérent et opérationnel, ancrant les savoirs nouveaux dans le patrimoine culturel refusant les effets de mode.* » Charte des programmes, 1992.

Liens

Apprentissages scolaires, Citoyenneté - Civisme, Connaissance et Compétence, Maîtrise de la langue, Savoirs et Disciplines, Socle commun

Projet d'école, d'établissement

Définitions

« Projeter » signifie en vieux français « jeter loin, en avant ». Le projet est *« une image d'une situation, d'un état que l'on pense atteindre* [...] *tout ce par quoi l'homme tend à modifier le monde ou lui-même dans un sens donné »* (Boutinet, 1990). Le projet, comme instance, est un dispositif d'analyse, de décision de gestion, de régulation des actions éducatives et de leurs acteurs. Cette instance lie une communauté éducative.

Le projet est une pratique sociale d'organisation, au sens de structuration des rapports humains dans l'action.

Informations

La fonction du projet : il est le principe d'une autonomie fonctionnelle rendue nécessaire par la complexité et les contextes de réalisation des objectifs éducatifs. Le projet, comme le souligne Boutinet, a une fonction cognitive d'*« intelligibilité de l'action propre »*. Il permet d'établir des actions spécifiques liées aux conditions et aux stratégies locales des acteurs. Il est ainsi un mode de différenciation. Le projet d'établissement est conçu comme un instrument de pilotage autant qu'un mode d'action : il doit permettre de dégager des axes forts, lisibles par les élèves, les parents et les collectivités.

La démarche de projet est un mode d'élaboration réglé par différentes étapes : définition des objectifs propres à l'établissement (propositions, relevé organisé des problèmes, analyse des moyens et des besoins...) ; modalités de pilotage qui permettent de contrôler comment le projet évolue : contribution de tous les acteurs (le projet est une démarche d'implication) ; prévision de procédures d'évaluation (évaluation du projet) ; rédaction d'un document d'ensemble (« charte du projet »).

Le lien entre **école et projet** est défini par un cadre national : *« Le projet d'école ou d'établissement définit les modalités particulières de mise en œuvre des objectifs et des programmes nationaux et précise les activités scolaires et périscolaires qui y concourent. Il précise les voies et moyens qui sont mis en œuvre pour assurer la réussite de tous les élèves et pour associer les parents à cette fin.* [...] *le projet d'école ou d'établissement peut prévoir* *la réalisation d'expérimentations, pour une durée maximum de cinq ans, portant sur l'enseignement des disciplines, l'interdisciplinarité, l'organisation pédagogique de la classe, de l'école ou de l'établissement, la coopération avec les partenaires du système éducatif, les échanges ou le jumelage avec des établissements étrangers d'enseignement scolaire.* » Code de l'éducation, L. 401.

Analyse

Le **partenariat** suppose projet et ouverture de l'établissement, recherche commune d'objectifs et actions partagées. Collaboration, réciprocité, jeu des acteurs sont des éléments de réalisation d'un projet éducatif. Les partenaires peuvent être institutionnels (collectivités territoriales, organismes publics, institutions culturelles…), associatifs (parents d'élèves, personnels socio-éducatifs…), industriels et économiques (autour de l'entreprise, des activités commerciales, professionnelles…).

Le projet repose sur la **communauté éducative**, qui associe les partenaires à l'action éducative, à l'école et autour de l'école. Elles suggère des liens sociaux actifs à l'échelle de la population d'un secteur, d'un voisinage, d'un quartier. L'idée de communauté rappelle que l'établissement scolaire n'appartient à personne et que les parents sont responsables de l'éducation de leurs enfants. Elle ouvre le « huis clos pédagogique » autant qu'elle ouvre l'enseignement à une nouvelle professionnalité dans le travail avec les parents, les partenaires.

Citation

« Il n'y a projet que celui d'un acteur individuel et collectif capable de se positionner en auteur, c'est-à-dire d'unifier au sein de son projet conception et réalisation. » Boutinet, *Anthropologie du projet*, 1993.

Liens

Différenciation pédagogique, École (établissement scolaire), Parents d'élèves, Projet en pédagogie

Scolarisation précoce (en maternelle)

Définitions

Le premier sens de la scolarité précoce est celui d'un **système préscolaire** de garde et d'éducation des enfants. La France est le seul pays, avec la Belgique, à scolariser des enfants de moins de 3 ans : « *Tout enfant doit pouvoir être accueilli, à l'âge de trois ans, dans une école maternelle ou une classe enfantine le plus près possible de son domicile, si sa famille en fait la demande. L'accueil des enfants de deux ans est étendu en priorité dans les écoles situées dans un environnement social défavorisé, que ce soit dans les zones urbaines, rurales ou de montagne et dans les régions d'outre-mer.* » Code de l'éducation, L. 131.

La découverte des compétences chez le très jeune enfant et l'importance d'un environnement stimulant ont ouvert la voie à une demande de précocité de la scolarisation perçue comme un facteur de réussite, notamment pour les milieux défavorisés.

L'accueil a également un sens **éducatif** lié aux besoins physiologiques et psychologiques où s'associent les attitudes de valorisation de la production enfantine, la socialisation, la coprésence et le guidage des enfants par l'adulte dans la découverte des premiers apprentissages, notamment ceux du langage.

Informations

La scolarisation massive en maternelle est un phénomène récent : la quasi-totalité des enfants est scolarisée. L'accueil à 2 ans (effectivement à 2 ans et 1/2) concerna en 2005 25 % des enfants (principalement dans les ZEP).

L'importance des premières années de développement, des premières acquisitions, le rôle des interactions avec l'environnement physique et humain ont conduit à considérer les enjeux d'une première école. Cette scolarisation précoce trouverait des justifications (Zazzo, 1884, Florin, 2004) pour les enfants issus de milieux défavorisés, sur certains aspects de leur développement, notamment les compétences langagières (rapport Moisan-Simon, 1997, Florin, 1997).

Les besoins éducatifs de l'enfant supposent un mode d'accueil matériel et humain adapté (voir *Pour une scolarisation réussie de tout-petits*, MEN, 2003). L'accueil scolaire se situe dans le cadre des domaines d'activités prévus à l'école maternelle : langage, vivre ensemble, agir et s'exprimer, découvrir le monde, la sensibilité, l'imagination, la création. Il ne s'agit pas de compétences au sens d'activités « fermées », d'habiletés définies, mais d'un milieu ouvert qui permet à l'enfant de faire des expériences, d'« exercer » des fonctionnalités (sous le mode d'une acculturation autant que d'un réglage social, moteur, affectif et sensoriel).

Analyse

Pourquoi l'école dès 2 ans ? L'apport réel de la scolarisation précoce est difficile à évaluer et objet de débats. La scolarisation avant 3 ans trouve son sens dans une demande globale d'éducation, d'abord exprimée par les milieux favorisés, puis, à travers les politiques éducatives, associée aux milieux défavorisés.

Pour Florin (2004), la fonction éducative s'en trouve valorisée, avec le risque qu'élever « correctement » un enfant ne puisse être qu'affaire de spécialistes et déposséder les parents de leur rôle fondamental. A. Bentolila (2001) demande s'il s'agit d'une réponse « *honorable* », décrivant de nouvelles « *salles d'asile* » inhospitalières. Faire « *l'école avant l'école* » suppose de ne pas oublier la nécessaire **coéducation** avec les familles.

Citations

« *L'école maternelle n'est pas une école ; c'est un établissement où l'enfant doit s'épanouir en santé physique et en santé morale, en force, en grâce, en intelligence, en esprit de conduite.* » Kergomard, *Les Enfants de deux à six ans*, 1919.

« *La nature veut que les enfants soient enfants avant que d'être hommes. Si nous voulons pervertir cet ordre, nous produirons des fruits précoces qui n'auront ni maturité, ni saveur.* » Rousseau, *Émile ou De l'éducation*, 1762.

Liens *École maternelle, Enfant et École*

Socialisation, Civilité

Définitions

La **socialisation** est le *« principe générateur »* (Bourdieu) par lequel les individus apprennent et intériorisent les modes sociaux, normes, valeurs, modes d'agir et de penser, et les éléments de la culture qui leur serviront de référence. L'école doit assurer une socialisation du point de vue intellectuel et moral, sans laquelle une société ne pourrait se maintenir et qui est une condition pour devenir membre de celle-ci.

Les institutions éducatives ont pour objet le développement de savoirs sociaux nécessaires à la participation des individus au *socius* autant que le maintien d'un lien social. La socialisation a pour répondant la **personnalisation,** c'est-à-dire la capacité de se constituer comme sujet autonome et d'agir dans un ordre social, par intériorisation des éléments qui représentent l'appartenance à la société sans conditionnement.

Informations

On peut distinguer **socialisation primaire** (correspondant à la période de l'enfance) et **secondaire** (suite de la vie), ouverte à des expressions par appartenance à différents groupes sociaux. Ces frontières tendant à se dissoudre dans la complexité des rapports sociaux et des modes de circulation de savoirs.

L'instauration du monde commun est nécessaire à la fois *pour* apprendre et *à* apprendre : c'est le sens d'une pédagogie du « vivre ensemble ». La **civilité** suppose l'exercice de règles, de rapports, de manières conventionnelles qui situent l'appartenance à un groupe humain et permettent le partage des valeurs.

La **sociabilité,** à l'opposé d'une convention désincarnée, liée aux rapports humains réels et à une vie commune acceptée, serait la condition d'une citoyenneté plus formelle. Aujourd'hui, le problème des incivilités réinterroge cette dimension de la vie à l'école et sa place dans le projet éducatif. L'école rencontre le problème d'une **citoyenneté sociale,** en termes de manière d'être, liée aux conditions dans lesquelles les élèves sont amenés à travailler et les relations qui s'établissent à l'école.

Analyse

L'école a un rôle éminent de socialisation, ce qui donne une fonction stratégique à la première école. L'**école maternelle** joue un rôle de trait d'union entre la famille et la vie en collectivité. Elle propose un espace et un mode de vie porteurs de significations qui accueillent l'enfant et lui permettent de découvrir les modèles de la vie sociale, les rôles de chacun. Les différentes activités, les modes de coopération, les rituels de la vie d'une classe servent de références : regroupements collectifs, ateliers diversifiés, regroupements par projet ou « coins » de jeu, règles de la communauté, et bien sûr la part du langage, mode actif du monde commun. L'enfant se construit en trouvant, à travers les règles, l'objet d'une activité propre. La contextualisation de cette socialisation peut conduire à ce que Gauchet a dénommé une *« socialisation du risque »* (2002).

La **vie scolaire** constitue le principe d'une socialisation propre à l'établissement scolaire. Son champ s'étend à tout ce qui concerne la vie en communauté et ses règles : par exemple le respect du règlement intérieur, la formation de délégués… La vie scolaire concerne aussi l'expression des élèves, leurs conditions de travail.

Citations

« L'homme que l'éducation doit réaliser en nous, ce n'est pas l'homme tel que la nature l'a fait, mais l'homme tel que la société veut qu'il soit. » Durkheim, *Éducation et Sociologie*, 1932.

« À travers les modèles de communication, les modalités de la transmission du savoir, le type même de rapport au savoir vécu dans la classe, le système social (est) présent au groupe. » Filloux, *La Pédagogie libertaire de Tolstoï*, 1972.

Liens *Autonomie de l'élève, École maternelle, Vie scolaire*

Socle commun

Définitions

« *La scolarité obligatoire doit au moins garantir à chaque élève les moyens nécessaires à l'acquisition d'un socle commun* » (loi du 23 avril 2005). Celui-ci est défini comme l'« *ensemble de connaissances et des compétences qu'il est indispensable de maîtriser pour accomplir avec succès sa scolarité, poursuivre sa formation, construire son avenir personnel et professionnel et réussir sa vie en société* ». Cette définition prend appui sur les « *compétences clés pour l'éducation et l'apprentissage* », recommandations énoncées par le Conseil de l'Union Européenne, liant les enjeux de la scolarité obligatoire aux impératifs de formation tout au long de la vie ainsi qu'à la construction de la personnalité et à la vie en société. Il s'agit d'une référence commune pour les parents comme pour les enseignants.

Informations

Le socle commun s'organise en **sept compétences** :

1. **maîtrise de la langue française** ;
2. **pratique d'une langue vivante étrangère** ;
3. **compétences de base en mathématiques et culture scientifique et technologique** ;
4. **maîtrise des techniques usuelles de l'information et de la communication** ;
5. **culture humaniste** (pour ce qui relève déjà des programmes) ;
6. **compétences sociales** ;
7. **autonomie et initiative des élèves** (qui décrit les règles de comportement à développer au sein de l'institution scolaire).

Chaque grande compétence du socle est conçue et présentée comme une combinaison de 3 volets : **connaissances** fondamentales pour notre temps, **capacités** à les mettre en œuvre dans des situations variées et **attitudes** indispensables, comme l'ouverture aux autres, le goût pour la recherche de la vérité, le respect de soi et d'autrui, la curiosité et la créativité. Ainsi, « *maîtriser le socle commun c'est être capable de mobiliser ses acquis dans des tâches et des situations complexes, à l'école puis dans sa vie ; c'est posséder un outil indispensable pour continuer à se former tout au long de la vie afin de prendre part aux évolutions de la société ; c'est être en mesure de comprendre les grands défis de l'humanité, la diversité des cultures* *et l'universalité des droits de l'homme, la nécessité du développement et les exigences de la protection de la planète* » (décret du 11 juillet 2006).

À partir de la rentrée 2007, les programmes d'enseignement seront adaptés, les objectifs de chaque cycle et les repères annuels prioritaires précisés, de l'école primaire au collège. Le socle ne se substitue pas aux programmes de l'école primaire et du collège (ceux-ci ne s'y réduisent pas non plus), mais redéfinit la culture scolaire fondamentale dans une approche plus englobante, qui fait de l'action de l'école (au-delà de la juxtaposition des disciplines) un tout, en se plaçant du point de vue de l'élève. Son évaluation, dans l'ordre des compétences (les compétences sont acquises ou non acquises, on ne peut en faire la moyenne), sera prise en compte dans la poursuite de la scolarité.

Analyse

De nombreux jeunes (issus notamment de milieux défavorisés) n'accèdent pas aux « savoirs de base » et sont exclus du système éducatif : 150 000 élèves sortent chaque année sans aucune qualification (20 % d'une classe d'âge) ; 15 % des élèves en fin de 3e n'ont pas la maîtrise des compétences générales attendues à la fin du collège et 30 % ont des difficultés importantes (source : Haut Conseil de l'éducation, 2006). D'où la nécessité de recentrer l'action de l'école fondée jusqu'alors sur un « socle » de connaissances permettant l'accès aux études longues pour les meilleurs.

Le socle commun suppose un nouveau paradigme organisateur : l'enseignement n'est plus considéré comme une juxtaposition de disciplines et de programmes (construite par le haut en fonction des attentes du cycle suivant), mais doit s'organiser autour d'un parcours éducatif de base proposé aux élèves (le « curriculum » pour les pays anglo-saxons). Il introduit un projet pédagogique dans la réalisation de la scolarité obligatoire, supposant, pour tous les acteurs, la coordination des enseignements, de l'école au collège.

Liens *Autonomie de l'élève, Connaissance et Compétence, Maîtrise de la langue, Programmes*

Vie scolaire

Définitions

La vie scolaire concerne la vie des élèves en communauté et les apprentissages qui lui sont liés, à l'école comme au collège et au lycée où elle constitue un domaine particulier. La vie scolaire doit assurer à l'élève des conditions de vie collective satisfaisantes et contribuer au projet global de formation.

Ce terme rassemble les règles de vie, les droits et obligations des élèves, les problèmes d'éducation à la citoyenneté, à la santé, ainsi que la prévention de risques (drogue, violences...), les mesures d'intégration et de protection et l'ensemble de la vie de la communauté éducative.

Informations

Les **conseillers principaux d'éducation** (CPE) participent aux activités éducatives du second degré sans pour autant enseigner. Leurs fonctions s'exercent dans le **cadre de vie scolaire** qui recouvre l'organisation de la vie collective quotidienne, hors du temps de classe et en liaison avec la vie pédagogique ; la collaboration, le travail en liaison avec les professeurs afin d'assurer le suivi des élèves ; l'animation éducative, la création des conditions du dialogue, sur le plan collectif et sur le plan individuel, et la participation des différents acteurs à la vie scolaire au sein de l'établissement. À l'échelle de l'établissement, la vie scolaire est un élément de son projet et recoupe une série de propositions de gestion concrète : réglementation, organisation, rythmes scolaires, mise en œuvre des enseignements et des activités périscolaires.

La vie des élèves dans l'établissement s'accompagne de différents dispositifs. La conférence des **délégués des élèves,** au collège et au lycée, donne son avis et formule des propositions sur des questions relatives à la vie et au travail scolaire et participe à l'élaboration du **règlement intérieur.** Le **conseil de la vie lycéenne** est un lieu où sont débattues les questions concrètes de la vie de l'établissement : règlement intérieur, soutien scolaire, hygiène et sécurité, vie associative. La **maison des lycéens** succède en 1991 à l'association socio-éducative animant le foyer des élèves. Elle est considérée comme « *un outil essentiel du développement de l'action culturelle au sein de l'établissement, placé sous la responsabilité des élèves* ».

Le comité d'éducation à la santé et à la citoyenneté (CESC), créé en 1998, qui associe les écoles aux collèges et aux lycées, est un dispositif qui contribue au développement de la citoyenneté. Il participe à la prévention des dépendances, des conduites à risque et de la violence, au suivi des jeunes en difficulté, à l'aide aux élèves manifestant des signes de mal-être, au renforcement des liens avec les familles. Dans une logique de réseau, il réunit les différents membres de la communauté éducative et doit s'efforcer de développer la lutte contre les exclusions, la médiation sociale et culturelle, l'accompagnement des familles les plus démunies.

Analyse

La vie scolaire constitue un champ d'action, un ensemble de règles, de droits, de dispositions, d'objectifs éducatifs, de prise en charge de problèmes de désordre scolaire, autant que le souci de la vie quotidienne de l'élève. Sous cette rubrique apparaissent autant des problèmes de sanction, d'absence que d'éducation à la citoyenneté ou de questions de cadre de vie. Ce champ est spécifique à l'enseignement français qui a historiquement dissocié les fonctions d'instruction et celle d'éducation (le Ministère est devenu ministère de l'Éducation en 1932). À l'origine consacrée à l'organisation de la scolarité, au respect des obligations, la vie scolaire s'étend à la dimension éducative et à celle du projet de l'élève.

Citation

« La vie scolaire est la vie des communautés éducatives qui forment les écoles et les établissements. L'action éducative concerne tous les personnels de l'établissement. Elle est indissociable de l'action pédagogique. » Delaire, *La Vie scolaire aujourd'hui : principes et pratiques*, 1996.

Liens *Autonomie (travail), Citoyenneté - Civisme, Violence et École*

Violence et École

Définitions

Le terme « violence » est dérivé du grec *bios* (vie), *vis* en latin (force, énergie, vigueur, force vitale...). La violence peut être à la fois une donnée objective (violence urbaine) et une donnée subjective (sentiment d'insécurité) participant à un **climat de violence**. La violence est aussi ouverture au monde historique et politique, constitutive de rapports sociaux et non un problème à éradiquer.

Les **violences en milieu scolaire** (violences à l'école, de l'école et contre l'école), « découvertes » par les médias dans les années quatre-vingt-dix, sont associées à « *un souci mondial de la violence* » (Debarbieux, 2006) et à son traitement éducatif.

Informations

On peut distinguer plusieurs formes du rapport école-violence :

– la violence comme **désordre scolaire, chahut traditionnel,** quasi-rituel, chahut **anomique** (agitation constante par opposition ou désaffection, mettant en cause l'institution et sa légitimité) ; chahut **endémique** localisé. Des « agressions » à l'adresse de maîtres ou de l'école ont toujours existé, phénomènes individuels relayant des phénomènes collectifs ;

– les **incivilités,** formes de « petits désordres » associés au sentiment de non-respect, de l'impolitesse aux paroles blessantes, incompatibles avec un bon climat, un bon fonctionnement scolaire, et que peut accompagner un sentiment d'injustice ;

– la **violence réelle,** violence subie, comme atteinte aux biens, bagarres, injures, racket, menaces, voies de fait auxquels on peut adjoindre le sentiment d'insécurité. Différents phénomènes sont considérés : climat scolaire, harcèlement entre pairs *(school bullying)*, comportements antisociaux... qui font des élèves autant des auteurs que des victimes de la violence ;

– la **violence symbolique et sociologique** : les comportements deviennent plus violents par imprégnation sociale, par leur expression contrastant avec les attentes des maîtres et de la société. Une rupture entre l'école, avec son idéal d'intégration sociale, et son environnement constitue un couple à risque : violence d'exclusions (économiques, culturelles...) et exclusion par la violence. Selon une expression de Ballion, « *l'école éponge son environnement* » ;

– la **violence éducative** : faire violence à l'ignorance (ou à la « barbarie ») est considéré dans le mouvement laïque comme le gage de construction d'une liberté future (« *dresser, c'est élever* », nous dit Kant). Bourdieu a parlé de la violence symbolique, qui, sans recourir à la force, impose « *un ordre* » ou « *une domination* », un « *arbitraire culturel* » qui peut humilier.

Analyse

L'école est à la fois lieu de rencontre entre différents facteurs de violence et leurs manifestations, et l'origine de l'effort éducatif de socialisation et de prévention de la violence. Le sens d'une éducation est, à l'opposé d'une simple lutte contre la violence, l'affirmation de règles et de valeurs par l'école.

Tous les établissements publics du premier et du second degré doivent recenser les faits de violence (logiciel SIGNA) ; un bilan annuel des actes de violence à l'école recensés dans SIGNA est produit par la DEP (Direction de l'évaluation et de la prospective). L'école élémentaire est un milieu relativement protégé ; les collèges sont plus exposés. Le nombre d'actes violents reste stable et même en légère diminution, mais les agressions sont plus graves.

Pour Debarbieux (2006), trois risques sont liés à la violence à l'école : son exploitation outrancière misant sur une peur ; sa négation ou sa banalisation signifiant l'oubli des victimes ; l'ignorance de la réalité qualitative et quantitative de cette violence.

Citation

« Il y a une succession d'événements qui se traduisent dans la vie en termes de violence subie ou agie. Entre moi et l'autre, il faut toujours choisir et ce sera moi mais ce ne sera pas sans tension, sans violence. » Pommereau, *L'Adolescent suicidaire*, 2001.

Lien *Autorité*

Le système éducatif : bibliographie

Arendt, H., *La Crise de la culture*, Gallimard, « Folio Essais », 1989

Ballion, R., *Les Consommateurs d'écoles*, Stock, 1982

Bourdieu, P., *Méditations pascaliennes*, Seuil, « Points Essais », 2003

Boutinet, J.-P., *Anthropologie du projet*, PUF, « Quadriges manuel », 2005

Bruner, J., *Car la culture donne forme à l'esprit*, Georg, 1998

Charlot, B., *Du rapport au savoir, éléments pour une théorie*, Anthopos, 1997

Chauveau, G., *Comment réussir en ZEP*, 2000

CNDP, *Qu'apprend-t-on à l'école élémentaire ?*, XO/Oh !, 2006

CNDP, *Qu'apprend-t-on à l'école maternelle ?*, XO/Oh !, 2006

Florin, A., *Introduction à la psychologie du développement*, Dunod, « Les Topos », 2003

Gauchet, M., *La Démocratie contre elle-même*, Gallimard, 2002

Jonas, H., *Pour une éthique du futur*, Rivages, « Rivages poches », 1997

Lelièvre, *Histoire des institutions scolaires*, Nathan, « Les repères pédagogiques », 1990

Morin, E., « Le Monde comme notion sociologique », in Mercure, D., (dir.), *Une société-monde ? Les dynamiques sociales de la mondialisation*, De Boeck, 2001

Ricœur, P., *Soi-même comme un autre*, Seuil, « L'Ordre philosophique », 1990

Serres, M., *Le Tiers instruit*, Gallimard, « Folio Essais », 1992

2

L'ENFANT ET LES APPRENTISSAGES

Introduction

La prise en compte de l'enfance, la connaissance des théories de l'apprentissage et de la cognition humaine sont nécessaires pour établir un lien entre enfant et apprentissage. « *Commencez par étudier vos élèves, car assurément vous ne les connaissez point* », propose Rousseau (1762).

La réalité psychogénétique de l'enfance est le problème central de l'éducation, tant sur le plan éducatif que sur celui de l'établissement des conditions des apprentissages. La pédagogie n'est pas une réponse, mais une série de questions sur l'enfance et son « éducabilité », sa capacité à apprendre et à être enseigné.

Bruner explique que « *derrière toute tentative d'enseigner, il y a une hypothèse sur celui qui apprend* » (1996). **Les théories de la cognition** ont renouvelé la compréhension des processus et des procédures qui permettent d'apprendre et se sont interrogées à leur tour pour concevoir des situations qui accompagnent le développement cognitif. Elles lient la construction des connaissances à celles de l'« *appareil connaissant* » (Morin, 1992), son exercice aux conditions de l'apprentissage (« *penser c'est agir* », nous dit Piaget, 1989).

Enfin, les élèves ne sont pas passifs à l'égard de l'école : apprendre est **une expérience ouverte** et non l'exécution d'une fonction préétablie. D'une part, le sujet contribue au façonnage de ses propres compétences dans le monde de la culture et de l'éducation, cette capacité à apprendre se constituant au fur et à mesure des activités ; d'autre part, il ne peut accéder aux « *apprentissages* » que par les interactions qui les lui révèlent. On apprend par soi, mais jamais seul. Cette hypothèse constructiviste est celle proposée par Piaget : « *La connaissance ne saurait être conçue comme prédéterminée, ni dans les structures internes du sujet, puisqu'elles résultent d'une construction effective et continue, ni dans les cadres préexistants de l'objet puisqu'ils ne sont connus que grâce à la médiation nécessaire de ces structures et que celles-ci les enrichissent en les encadrant.* » (Piaget, 1989.)

Apprendre ne fonctionne donc pas comme un mécanisme, mais comme une activité complexe qui rassemble l'enfant, les processus d'apprentissage, l'expérience scolaire et le projet de l'école.

SOMMAIRE

Apprendre
Apprendre à apprendre
Apprentissage (Théories de l')
Apprentissages scolaires
Autonomie de l'élève
Autonomie (Travail)
Autorité
Cognition et Fonctionnement de l'esprit
Connaissance et Compétence
Développement et Apprentissage
Droits et valeurs de l'enfant
Enfant et École
Groupes et Apprentissages
Jeu
Motivation
Représentations et Apprentissages

Apprendre

Définitions

Apprendre peut signifier « *enseigner, apprendre quelque chose à quelqu'un, l'informer* » ou bien « *se renseigner : apprendre une information nouvelle, acquérir une connaissance* », « *s'efforcer de savoir faire, d'effectuer une tâche* ». En modifiant la connaissance, la compréhension du monde s'élargit : apprendre c'est comprendre.

L'emploi du verbe « apprendre » est plus large et plus complet que celui d' « apprentissage » : apprendre donne son sens à l'école, à l'organisation d'un **faire apprendre** et d'un **savoir apprendre** qui deviennent des activités. Apprendre s'articule sur la logique des savoirs, les capacités cognitives et l'organisation des activités à l'école.

Informations

Comme processus ou comme effet, le verbe « apprendre » sert à décrire les modalités possibles de l'activité pédagogique. Il ne s'agit pas d'un mécanisme sans sujet, une technique que l'on pourrait appliquer (une recette), mais d'une organisation de l'activité dont le sujet est le centre, contextualisée par la situation pédagogique. Apprendre est une activité ouverte et menée par des situations formelles ou informelles suscitées par l'enseignant ou choisies par l'élève. Apprendre est autant un processus qu'une expérience (Dewey, 1913).

Les activités qui « font » apprendre (*teaching*, construction organisationnelle de la pédagogie) et celles qui en sont le support, les processus d'apprentissages (*learning*, construction mentale et développement) se complètent. La formule « apprendre à ses élèves » figure le rôle, l'impact de l'école, des médiations pédagogiques. Le lien entre théories de l'enseignement et théories de l'apprentissage est l'objet des hypothèses pédagogiques qui définissent « comment faire apprendre ».

Analyse

Le terme a une fonction méthodologique : concevoir une séquence pédagogique, organiser une classe se fait en fonction de la position de l' « appris » et de l' « apprenant ». Le terme d'apprenant introduit depuis quelques années dans le champ de l'enseignement indique que l'apprentissage est la part d'un sujet actif ou acteur (seul l'enseignant avait droit auparavant à la forme active !). La construction des savoirs suppose que l'enseignement prenne en compte les conditions de leur émergence dans l'esprit des élèves, leurs **compétences**. L'effet « apprendre » n'est pas un préalable à l'école : il en est le principe instituant, le résultat possible.

Il y a un **processus scolaire des apprentissages** : ne peut apprendre que celui qui est enseigné. L'école est le lien où cette rencontre est proposée systématiquement à tous les élèves. Les apprentissages scolaires situent l'activité de l'apprenant dans le système pédagogique par leur objet mais aussi par la forme donnée à l'apprentissage (Vygotski, 1938).

Citations

« "Apprendre" est une activité complexe incluant non seulement les processus de développement et d'apprentissage mais dans l'expérience éducative et sociale, l'expérience personnelle de l'élève, l'expérience de la connaissance. »
Dewey, *L'Éducation au point de vue social*, 1913.

« Le but de l'école est d'aider à apprendre à vivre. Certains enseignements ne font pas partie des disciplines, mais permettent de les intégrer. »
Morin, *Les Sept Savoirs nécessaires à l'éducation du futur*, 2000.

Liens

Apprendre à apprendre, Apprentissage (Théorie de l'), Apprentissages scolaires, Cognition et Fonctionnement de l'esprit

Apprendre à apprendre

Définitions

Flavel définit le principe de **métacognition** comme *« la connaissance ou l'activité cognitive qui concerne ou contrôle un aspect quelconque d'une activité cognitive : la métacognition fait référence à la connaissance qu'on a de ses propres processus cognitifs et de leurs produits, ou de ce qui leur est lié »* (1985). La métacognition se rapporte au contrôle actif, à la régulation et à la clarification des processus cognitifs engagés dans les apprentissages, selon les différents types de connaissance.

L'enjeu de la métacognition, c'est l'**éducabilité cognitive** : apprendre, mais apprendre quelque chose sur le comment, les outils cognitifs nécessaires pour mieux savoir. L'approche métacognitive est une **opération réflexive** portée sur les activités mentales mobilisées ou requises pour une tâche, ce regard sur soi-même constituant un moment stratégique, un moyen *« d'apprendre à apprendre »*, selon la formule de Flavel.

Informations

Piaget soulignait que la pensée était pensée d'elle-même, le rôle de l'*« abstraction réfléchissante »* étant, au-delà de la réussite, d'accéder à la compréhension : *« Le vécu des actions comme tel signifie une réussite (R), qui est une compréhension en action, alors que la compréhension (C) est une réussite en pensée, figurant l'idée de passage à un conscient cognitif, à la fois élucidation d'un principe et sens. »* (1974.) Cette prise de conscience est **modalité** non seulement **réfléchie** (R) mais **réflexive** (C).

Gombert distingue deux niveaux de la métacognition : *« 1. les connaissances introspectives conscientes qu'un individu a de ses propres états et processus cognitifs ; 2. les capacités que cet individu a de délibérément contrôler et planifier ses processus cognitifs en vue de la réalisation d'un objectif déterminé »* (1991). Ceci suppose de contrôler les opérations mises en œuvre dans une activité, de régler l'activité et ses métacompétences, par exemple dans le traitement de ses propres erreurs, dans sa capacité à se relire efficacement…

La métacognition a pour objet de faire le point sur les opérations cognitives mobilisées par les apprentissages : les **processus** cognitifs eux-mêmes (par exemple comment apprendre une leçon en regard avec les processus de mémorisation et ses propres stratégies) ; les **procédures** liées à l'exercice scolaire (consignes, vocabulaire, attentes du professeur), les **outils cognitifs** (par exemple comprendre un schéma), les **méthodes de travail** et les **métaconnaissances** liées à un domaine particulier de savoir (par exemple une règle d'accord en français, un mode opératoire en mathématique…).

Analyse

L'orientation pédagogique d'une **pratique réflexive** est liée à l'observation de « *l'enrichissement de stratégies cognitives par des informations concernant l'utilité et les conditions de leur utilisation* » (Flavel), sorte de « métamémoire » de l'apprentissage. L'orientation métacognitive rejoint la tradition culturelle d'un apprentissage intellectuel et se développe vers l'attention donnée aux métaconnaissances dans les disciplines, vers une aide métacognitive, ainsi qu'à des activités réflexives qui rendent possible une autonomie dans les apprentissages scolaires. Cette orientation s'inscrit dans ce registre de clarification des procédures utiles dans la réalisation des tâches, du **contrat cognitif** (Barth, 1993) qu'il s'agit d'assurer pour le bon fonctionnement de la tâche de l'élève.

Au registre métacognitif se joignent les différents styles cognitifs possibles, les représentations que les apprenants se font de leur propre apprentissage, de leur capacité à apprendre, ainsi qu'au regard de l'enseignant sur cette même capacité.

Citation

« *Une pédagogie de la compréhension (suppose de) développer,*
chez celui qui apprend, les processus mêmes par lesquels le savoir s'élabore. »
Barth, *Le Savoir en construction*, 1993.

Liens *Cognition et Fonctionnement de l'esprit*

Apprentissage (Théories de l')

Définitions

L'apprentissage est une des caractéristiques de l'action et de la pensée humaine : la faculté de s'adapter et de modifier son comportement pour acquérir des conduites et des connaissances nouvelles permettant d'agir dans le monde et sur ses propres représentations.

Dans un autre sens, le terme désigne l'apprentissage d'un métier, et une période de transition, d'essai. Le terme d'apprentissage pris dans le sens de processus d'acquisition est l'objet de différentes théories cognitives, psychologiques et sociales.

Informations

Les principales théories de l'apprentissage sont les suivantes :

– **l'associationnisme,** issu de l'empirisme et du sensualisme, qui considère que la pensée se construit non pas autour d'éléments constitutifs, mais au cours de l'expérience, par imprégnation, association d'idées et l'ordre dans lequel elles sont données à l'esprit. La saisie, le stockage et la récupération des informations en mémoire et la vie mentale en général se fonderaient sur les associations, principe appliqué à la transmission, à l'habitude et à la mémoire.

– **le behaviorisme** : Watson (1878-1958) décrit les conditions de mise en forme des comportements d'un organisme par conditionnement externe (*cf.* chien de Pavlov). Le behaviorisme considère qu'on ne peut accéder aux états mentaux : on doit étudier l'individu à partir de son comportement et des « conditions » externes pour l'obtenir. Ce que l'on acquiert, ce sont des réponses stéréotypées, par l'association des *stimuli* et des réponses. Modèle considéré comme réducteur, il a néanmoins permis de concevoir la notion d'objectif et une organisation des tâches qui servira de base à la pédagogie de maîtrise.

– **le cognitivisme** postule que la cognition est faite de représentations et de traitements de ces représentations. La cognition est constituée par un ensemble de niveaux de traitements qui vont de l'extraction de l'information sensorielle à l'interprétation et à la prise de décision (Richard, 1990). S'y ajoute l'idée que le propre de l'activité cognitive est d'être finalisée (un sujet en situation doit accomplir une tâche définie). L'accent est mis sur les procédures utilisées par l'individu en pleine activité cognitive en termes de représentations, ou constructions mentales.

– **le constructivisme** considère l'apprentissage comme un processus actif de construction des connaissances, les outils de l'activité mentale s'exerçant ou se construisant dans l'élaboration des savoirs. La pensée et l'action se développent de pair : « *rien n'est donné, tout est construit* », affirme Bachelard. L'idée est présentée par Piaget : « *L'intelligence (et donc l'action de connaître) ne débute ainsi ni par la connaissance du moi, ni par celle des choses comme telles, mais par celle de leur interaction : c'est en s'orientant simultanément vers les deux pôles de cette interaction qu'elle (l'intelligence) organise le monde en s'organisant.* » (1936).

– **l'apprentissage social** : pour Vygotski, « *la vraie direction du développement ne va pas de l'individuel au social, mais du social à l'individuel* ». Bandura souligne le rôle des **processus vicariants** de l'imitation et des éléments symboliques (fonction sociocognitive des groupes relais, famille, jeux spontanés entre enfants…) (1986). L'enfant peut extraire des informations sur l'activité d'autrui, les transformer, les assimiler. Apprendre en observant, imiter en fonction des groupes de références qui donnent sens à cette imitation constituent les ressorts de l'expérience sociale autant que l'activité proprement dite.

Citations

« *L'apprentissage est un processus d'acquisition de nouveaux comportements au cours des interactions d'un organisme avec son environnement.* »
Le Ny, *Comment (se) représenter les représentations*, 1985.

« *Dans la perspective de l'apprentissage social,* […] *l'observation des effets qui sont produits par les actions d'autrui fournit l'indice de correction utilisable par le sujet pour ses propres pensées.* » Bandura, *L'Apprentissage social*, 1986.

Liens

Apprentissages scolaires, Dévelopement et Apprentissage, Groupes et Apprentissages, Vygotski

Apprentissages scolaires

Définitions

Les « **apprentissages scolaires** » sont des situations d'enseignement conçues comme pouvant faire apprendre, rendre possible l'apprentissage proprement dit.

Si l'être humain acquiert continuellement de nouvelles connaissances, de manière formelle ou informelle, ce qui s'apprend à l'école est instruit volontairement. « Lire, écrire, compter » s'apprennent à l'école, par l'école et à travers sa logique d'apprentissage, ayant sa dynamique et ses effets propres. Les modèles pédagogiques, dans leur diversité, sont des modèles d'enseignement-apprentissage ; ils recherchent la logique de l'apprentissage organisé, du système pédagogique qui codéfinit les rôles, les activités et les processus engagés comme enseigner et apprendre.

Informations

L'hypothèse de Vygotski est qu'enseignement et apprentissage (au sens d'apprentissage social) sont dépendants l'un de l'autre (mais non identiques). Le travail de collaboration du maître à la tâche de l'élève, sous forme de médiation humaine, contribue à l'apprentissage en fonction du développement du sujet. Cette formule donne son sens à la coprésence pédagogique, la relation étant à l'origine de toute une série de processus internes qui ne peuvent exister que dans l'interaction avec l'adulte et/ou avec les autres enfants. Le développement de la pensée, du langage, de toutes les fonctions psychiques supérieures sont donc le produit d'une interaction avec le monde social (celui des adultes pour les jeunes enfants) intériorisée progressivement.

Pour Vygotski, enseignement et apprentissage sont liés dans le principe d'une « **zone proximale de développement** » (qui est aussi zone d'enseignement), définie comme *« la différence entre le niveau de résolution de problèmes sous la direction et avec l'aide de l'adulte et celui atteint seul »* (1938). Ce qui suggère qu'on ne doive pas « enseigner » au niveau de résolution de l'élève, mais au-delà, avec la direction de l'adulte : *« Ce que l'enfant est en mesure de faire aujourd'hui, il pourra l'accomplir seul demain* [...] *L'élément central pour toute la psychologie – nous dirions aussi la pédagogie – est la possibilité de s'élever dans la* *collaboration avec quelqu'un à un niveau intellectuel supérieur.* » Ce principe d'articulation ne donne pas un mode d'emploi, mais une dynamique première.

Analyse

Le modèle de l'interaction de tutelle proposé par Bruner figure le lien enseignement-apprentissage sous le mode d'une **cognition partagée**, l'interaction ayant une fonction de construction. Pour lui, « *la communication a une fonction cognitive au sein même de l'instruction* » (1989). Les **fonctions d'étayage** montrent à quel point apprentissage et enseignement sont à concevoir comme « *une boucle cognitive* » : enrôlement, réduction des degrés de liberté, maintien de l'orientation, signalisation des caractéristiques déterminantes, contrôle de la frustration, démonstration…

Le **système enseignement-apprentissage** apparaît comme système ouvert lié à la combinaison des trois logiques suivantes :

Théorie de l'action de l'enseignant ⟷ Théorie de l'interaction ⟷ Théorie de l'action de l'apprenant

Citations

« *L'enfant apprend à l'école non pas ce qu'il sait faire tout seul mais ce qu'il lui est accessible en collaboration avec le maître et sous sa direction. Le seul apprentissage pendant l'enfance est celui qui anticipe le développement et le fait progresser. Mais on ne peut enseigner à l'enfant que ce qu'il est capable d'apprendre.* » Vygotski, 1968.

« *Les enfants arrivent à l'école, il faut éviter à tout prix qu'ils se dédoublent et se dépersonnalisent en en franchissant le seuil, la pensée et l'affectivité restant à la porte, l'écolier pénétrant dans la classe qui lui impose ses normes.* »
Freinet, *Les Dits de Mathieu*, 1967.

Liens

Apprentissage (Théorie de l'), École (sens et histoire), Vygotski

Autonomie de l'élève

Définitions

L'autonomie (*nomos*, loi ; *autos*, de soi-même) est la capacité d'une personne à obéir à ses propres règles, l'*« obéissance à la loi que l'on s'est fixée soi-même »* (Rousseau). Elle met en jeu l'émergence de la conscience de soi et le rapport entre sphère privée et sphère publique, ainsi que le rôle de l'éducation dans la construction d'une autonomie.

L'autonomie figure comme idéal éducatif, synonyme de liberté, d'*« exercice libre de ses facultés »* (Kant), de *« liberté pour apprendre »* (Rogers, 1972) ou encore de devenir de l'humanité grâce à l'éducation (Kant). Mais l'autonomie est-elle une liberté ou un *« impouvoir institué »* (Gauchet, 2002) ?

Informations

Le thème de l'autonomie constitue en quelque sorte le « répondant » de celui de l'autorité :

– pour Kant et dans l'idéal laïque, l'autonomisation de l'homme appartient aux lumières et au progrès, que ce soit collectivement ou individuellement. On devient autonome par l'éducation.

– pour Rogers, une dimension première de la personne, son autonomie, fait que le sujet *« est capable de se diriger lui-même* [...]. *Il a le pouvoir suffisant pour traiter de manière constructive tous les aspects de sa vie qui doivent parvenir au champ de sa conscience. »* (Rogers, 1972.) Ainsi ne peut-on enseigner vraiment à quelqu'un, nous disent les **pédagogies non directives.**

L'autonomie, comme place de la personne, constitue une dimension de l'organisation politique de nos sociétés. Gauchet constate *« l'évaporation de l'autonomie en tant que but idéal et la neutralisation terminale de l'État. L'individualisme de type nouveau est un individualisme imposé. Il correspond à un rapport de charges dictées de l'extérieur, une relégitimation structurelle du niveau individuel* [...] *Nous assistons au passage au premier plan des droits privés des individus et ce n'est pas de théorie qu'il s'agit, mais de fonctionnement social effectif. »* (1998.) L'autonomie n'est pas à défendre ou à préserver : elle définit les rapports entre la personne et la société. Mais qu'est-ce qu'une autonomie vide comme une démocratie qui n'a pour objet que son propre fonctionnement (Gauchet, 2002) ?

Analyse

L'autonomie n'est pas un état prédéfini, mais un lien entre le processus éducatif et son sujet :

– l'idée de l'**autonomie de l'apprenant** renvoie à la capacité d'apprendre de manière indépendante et de choisir les modalités d'apprentissage les mieux adaptées aux tâches à effectuer hors de l'école (autoformation), cette autonomie cognitive devenant également sociale à l'école. Prendre en charge son propre apprentissage, c'est en avoir la responsabilité ;

– l'**autonomie existentielle** considère l'expérience de la personne, formation de soi par soi et appropriation de son pouvoir de formation. L'expérience de l'élève n'est plus une zone propre de subjectivité, une forme sociale d'identité, une individualisation sociale à produire, mais plutôt un espace de liberté ;

– l'**autonomie en pédagogie** est associée à différents aspects : autonomie du professeur dans la mise en place de sa pédagogie, liberté de l'établissement scolaire (liée à la dimension de projet), travail autonome de l'élève… L'autonomie est devenue une forme d'exercice d'enseignement et d'apprentissage autant qu'une pratique sociale et cognitive dont les significations ont évolué avec les formes de « *la coexistence de l'individu et de la société* ». (Gauchet, 1998.)

Citations

« *L'autonomie n'est plus l'objectif d'une difficile et décisive ascension ; elle n'est rien que la donnée première et terre à terre de notre condition.* »
Gauchet, *La Religion dans la démocratie*, 1998.

« *Le besoin d'autonomie va de pair avec celui d'appartenance à un groupe.* […] *Plus sont denses les dépendances réciproques qui lient les individus, plus est forte la conscience qu'ils ont de leur autonomie.* » Elias, *La Société des individus*, 1971.

Liens

Citoyenneté - Civisme, Formation des enseignants, Méthodes « naturelles », Pédagogie négative

Autonomie (Travail)

Définitions

Apprendre par soi-même ou devenir autonome est à la fois le but et un moyen de l'apprentissage. L'autonomie n'est pas l'indépendance et a pour fonction l'action propre, une réalisation personnelle dans un environnement collectif et un espace social d'échanges. L'autonomie peut également passer par le groupe.

La dénomination « **travail autonome** » correspond à un ensemble de pratiques innovantes développées de 1971 à 1978. Après le « travail indépendant », le travail autonome a consisté dans la mise en activité des élèves, principalement en groupes, en temps de travail de recherche et de synthèse à partir de documents papiers et multimédias. Le principe du travail autonome est d'abord celui d'une liberté : dégager le travail scolaire de la commande, du rapport frontal professeur-élèves.

Informations

Les formes données à l'autonomie dépendent du projet éducatif et de différents dispositifs pédagogiques :

– l'**autonomie :** principe des pédagogies actives ; c'est une organisation scolaire supposant de l'élève une part de choix et de projets dans les matières et le fonctionnement du travail scolaire. Freinet parle également d'autocontrôle par le **plan de travail**, par les techniques mises à la disposition de l'élève : il s'agit de rendre autonome à la fois par les moyens et par l'activité, l'autonomie figurant l'ordre libre du *« travail libre »*. Un autre aspect est celui de l'autonomie sociale, celle du groupe d'enfants sous forme institutionnelle d'autogestion ;

– l'**autostructuration cognitive :** les méthodes d'autostructuration sont conçues par les pédagogies actives « naturelles ». Le courant cognitiviste donne à l'autonomie le sens d'autostructuration, liant construction des compétences et construction des savoirs. L'autonomie cognitive (apprendre à apprendre) est ainsi liée à l'autonomie fonctionnelle des activités à réaliser ;

– l'**apprentissage autonomisant :** apprendre à être autonome suppose d'apprendre les pratiques de l'autonomie. Un tel dispositif pédagogique doit s'assurer des compétences nécessaires à l'autonomie, de sa réalisation possible dans un environnement fournissant les ressources éducatives et les modes d'accompagnement et d'aide nécessaires (par exemple pour mettre en place les travaux personnels encadrés). L'objectif est autant d'utiliser une pratique autonome que de rendre les élèves autonomes.

Analyse

Pour Leselbaum (1990), l'autonomie signifie l'indépendance relative, la liberté partielle accordée au sein de l'institution. L'autonomie est la prise en compte du but de l'éducation, d'une préparation qui suppose de laisser à l'élève l'initiative au sein des apprentissages. Par degrés, on donne à l'élève la possibilité de se donner ses propres buts, ses propres méthodes et d'apprendre à s'autoévaluer…

Moyne souligne le lien nécessaire entre le travail autonome et le **travail de groupe**, comme expérience de travail sans l'intermédiaire direct du professeur, support d'une communication au grand groupe, l'autonomie jouant un rôle organisateur et réalisateur.

La construction de l'autonomie ne va pas sans paradoxes (« Sois autonome ») ni sans difficultés (apprendre des autres à être autonome). Le sens de toute pédagogie est à terme de rendre possible l'**autoformation**.

Citations

« La façon d'acquérir le savoir et la satisfaction qui en est retirée comptent autant que le savoir lui-même. »
Moyne, *Le Travail autonome : vers une autre pédagogie ?*, 1982.

«Le but ultime de l'école et de l'enseignement est que les élèves acquièrent l'envie et la compétence de continuer à apprendre de façon autonome, que l'apprentissage ne relève plus seulement de l'enseignant, mais constitue un but librement choisi et approuvé. » Aebli, *Didactique psychologique*, 1951.

Liens *Autonomie de l'élève, Vie scolaire*

Autorité

Définitions

Les substantifs latins *auctor* (garant, modèle, source, promoteur, compositeur) et *auctoritas* (garantie, exemple, influence, qui impose la confiance) ont donné en français les noms d' « auteur » et d' « autorité », ainsi que le verbe *augeo* (augmenter, aider à se développer, se fonder). Celui qui a de l'autorité est celui qui est à la fois garant, exemple et auteur.

Le terme d'autorité rassemble dans sa forme actuelle trois significations :

- être l'autorité (autorité statutaire, donnée par une institution) ;
- avoir de l'autorité : autorité dite « naturelle » comme capacité à imposer des choix, des décisions, qui peut être établie par la confiance que l'on inspire (forme charismatique) ou l'obéissance que l'on obtient (forme autocratique) ;
- faire autorité, par ses connaissances, en étant auteur.

Le terme est associé à la prise de risque du face-à-face avec les élèves, la « tenue » d'un rôle professionnel, dans un contexte éventuel de refus scolaire. Pour Ardoino (2000), on est passé de l'**autorité-attribut** à l'**autorité-relation**, qui peut être autorité négociée.

Informations

En pédagogie, deux courants s'opposent depuis longtemps : ceux qui fondent le processus de transmission sur l'**autorité de la tradition** et ceux, comme les tenants de l'**éducation nouvelle**, qui critiquent l'autorité comme autoritarisme, autocratie, figure de dominance, et prônent la disparition de toute autorité, le processus pédagogique s'établissant sur la liberté des élèves. Une troisième voie, celle d'une **autorité de fonction,** est celle d'une autorité institutionnelle, d'une conduite déployée dans la classe et d'un mode de pilotage associé au fondement asymétrique de la relation pédagogique.

Analyse

L'autorité n'est pas l'exercice d'un pouvoir : il ne suffit pas de commander aux élèves d'apprendre pour qu'ils apprennent. Pour Hannah Arendt, *« s'il faut vraiment définir l'autorité, alors ce doit être en l'opposant à la fois à la contrainte par force et la persuasion par arguments* [...] *Ce qu'ils ont en commun, c'est la hiérarchie elle-même* » (1989). La question est alors la nature de cette relation et des principes qui la sous-tendent, au moment, nous dit Arendt, *« où avec la tradition, nous avons perdu notre solide fil conducteur »*.

Le « besoin d'autorité » interroge le fondement culturel et social en général. On parle de **perte de sens** pour une autorité-attribut (liée au non-engagement des élèves dans un modèle scolaire idéalisé). Mais il existe alors de nombreuses manières de *« faire autorité »*, notamment à travers des instances de groupe, de projet, de contrat. L'autorité ne procède que de la responsabilité (Makarenko, 1933).

Dans tous les cas, l'autorité repose sur une forme à partager : on ne peut faire autorité seul, et l'on voit combien il serait réducteur de la ramener à l'application d'un règlement ou à l'imposition d'un ordre prédéfini. Passer d'une autorité de position à une autorité bornée à sa fonction, autorité de système, garantie par un fonctionnement cohérent et une compétence, telle serait l'évolution en cours. L'autorité sous forme arbitraire n'aboutit qu'à l'obéissance, et peut entraîner la résistance de l'élève ou la violence.

Citations

« J'accuse toute violence en l'éducation d'une âme tendre, qu'on dresse pour l'honneur et la liberté. Il y a je ne sais quoi de servile en la rigueur et en la contrainte ; et tiens que ce qui ne se peut faire par la raison, et par prudence et adresse, ne se fait jamais par la force. » Montaigne, *Essais*, 1580.

« La figure de l'autorité traditionnelle du maître s'est défaite parce que ces deux éléments, dressage et sélection, se sont épuisés. L'enfant est reconnu comme un sujet et un être de droit : l'on admettrait mal qu'il obéisse seulement "parce que c'est comme cela". Ceux qui ont réclamé le retour de l'autorité n'ont pas ces pratiques avec leurs propres enfants. » Dubet, Le Monde des débats, 1999.

Liens *Contrat pédagogique, Groupes et Apprentissages, Violence et École*

Cognition et Fonctionnement

Définitions

Étymologiquement, le terme « cognition » fait référence à la connaissance, à la faculté de connaître. Le sens s'étend aux activités mentales (perception, raisonnement, mémoire, représentation, apprentissage, langage, attention, conscience, affects...) et aux processus internes inhérents à l'acquisition des connaissances (information, mémoire, compréhension, résolution de problèmes...).

L'étude de l'**esprit** *(mind)* a opéré un changement dans la conception de l'apprentissage : d'une conception classique d'un esprit rationnel, abstrait, universel, centralisé, non biologique, asocial, sans émotions, on est passé à celle d'un esprit lié aux principes biologiques et neurophysiologiques, contraint par le temps réel, orienté par l'expérience quotidienne et contextualisé par une culture.

Informations

Différents modèles du fonctionnement de l'esprit et de la faculté d'apprendre définissent les conditions de l'apprentissage à l'échelle de l'**appareil connaissant**. Pour le **cognitivisme**, tout phénomène cognitif s'articule entre information reçue et réponses constituées à travers un système de traitement de l'information, ou un calcul, processus strictement interne, dont notre introspection, le sens commun, ne peuvent rendre compte. Pour le **connexionnisme**, la « connaissance » n'est pas une inférence formelle régie par un système centralisé, mais un dispositif, l'esprit construisant sa propre expérience, comme système ouvert et partagé avec son environnement. Varela souligne *« l'intrication intime de la structure du système et le domaine des actes cognitifs »* (1996). Selon lui, la cognition est l'événement joint, l'émergence d'un monde et d'un esprit à partir des différentes actions accomplies.

Le **fonctionnalisme** (Fodor, 1986) décrit l'esprit comme organisé en grands modules : perception, attention, langage, raisonnement, mémoire... La connaissance n'est pas accumulation mais processus, tel que le montre l'étude de la mémoire. Pour Richard, les connaissances sont *« des structures stabilisées en mémoire à long terme »* (1990). Les **réseaux** donnent l'image de connaissances organisées non de façon linéaire mais interagissant, chaque élément pouvant être associé à plusieurs concepts, chaque concept pouvant être mis en rapport avec de nombreux éléments (par distribution). La mémoire de travail mobilise à court terme l'attention : pour que les informations soient conservées, il faut un traitement particulier.

Analyse

La **mémoire scolaire** renvoie à la fois au souvenir du passé et à ce que l'on a appris. La **mémoire cognitive** ne se limite pas au passé mais a pour fonction essentielle d'organiser la connaissance et de détecter ce qui est nouveau. D'autres caractères « cognitifs » sont mobilisés par les apprentissages, tels ceux de la **représentation de problème** ou des **styles cognitifs** différentiels (du ***bottom-up***, « guidé par les données » ou du ***top-down***, « guidé par les concepts »).

Comme le propose Dewey, l'éducation devient **éducation à la pensée** : à l'école d'assurer les conditions du fonctionnement cognitif réel de la tâche donnée. Cette dimension de l'« *appareil connaissant* » (Morin), ou **esprit**, devient un des éléments de référence pour concevoir toute situation d'apprentissage.

Citations

« Les Sciences cognitives ont pour objet la "faculté" de raisonner, la disposition représentative et le conditionnement de l'activité de représentation. »
Damasio, *L'Erreur de Descartes*, 1999.

« Les connaissances, on les fait émerger. [...] *Les facultés cognitives sont inextricablement liées à l'historique de ce qui est vécu, de la même manière qu'un sentier au préalable inexistant apparaît en marchant. »*
Varela, *Connaître*, 1989.

Liens

Apprendre, Apprendre à apprendre, Apprentissage (Théorie de l'), Apprentissages scolaires

Connaissance et Compétence

Définitions

La connaissance se décline en deux modalités cognitives : le *savoir quoi* (le déclaré, un savoir sur les états et les lois du monde, une connaissance repérée) et le *savoir comment* (dimension d'un savoir-faire, portant sur la construction du savoir elle-même). C'est en terme de compétences, comme habiletés propres à la connaissance, que se traite le problème de l'appris.

Les **compétences déclaratives** (savoir quoi) fonctionnent sous formes de notions, de mots, d'idées, de nomenclatures (telles celles des nombres), les **compétences procédurales** (savoir comment) sont des opérations qui, pour chaque discipline, constituent les outils d'organisation de la pensée. Par exemple, savoir calculer une multiplication suppose une procédure alors que donner une définition du triangle correspond à un savoir déclaré. Les compétences portent également sur les stratégies à mobiliser dans les apprentissages eux-mêmes.

Informations

Qu'est-ce que « connaître » une notion ? Le processus de connaissance doit être analysé non seulement en termes de savoirs disciplinaires mais comme capacité de l'esprit humain à les apprendre, à les comprendre et à les utiliser, c'est l'idée d'une pensée en action. Ce qui renvoie à son propre fonctionnement : la cognition. La compétence suppose la mobilisation en situation réelle de savoirs, savoir-faire et savoir-être, en vue de la réalisation efficace d'une activité. On passe d'une conception d'une tâche « exécutée » (modèle taylorien) à une activité qui mobilise l'apprenant, d'un savoir restitué à un savoir articulant toutes les dimensions de l'action propre du sujet. L'idée de compétence ouvre également le débat sur les formes de l'intelligence : des modes de résolution de problèmes à la connaissance analogique, différentes formes de savoir sont référées aux champs de la connaissance : chaque action d'enseignement doit poser le **statut cognitif** des savoirs auxquels elle se réfère.

Les théories d'apprentissage proposent différents niveaux d'analyse de la compétence. Pour Chomsky, les compétences sont constitutives de la langue : « *Ce sont les connaissances intuitives des règles grammaticales sous-jacentes à la parole qu'un locuteur natif idéal a de sa langue et qui le rendent capable de produire et de reconnaître les phrases correctes.* » (1979.) Les **compétences** sont distinguées des **performances,** résultat effectif de l'exercice d'une compétence.

Pour les constructionnistes, les compétences sont un objet d'apprentissage, un savoir-agir construit en situation. Une compétence est une combinaison de connaissances, de savoir-faire, d'expériences et d'habiletés s'exerçant dans un contexte précis : elle se constate non seulement sous forme affirmée (déclarative) mais en situation d'utilisation, sa validation étant liée au constat de sa mobilisation réelle dans une situation.

Analyse

Apprendre et connaître sont étroitement liés : ce n'est pas seulement exécuter, reproduire, répéter, mais pouvoir **transférer** à court terme ce qui est nécessaire pour résoudre un problème. Par exemple, savoir faire une multiplication, c'est savoir faire toutes les multiplications et dans un contexte, comprendre quand il faut utiliser une multiplication de manière intégrée dans un problème. Les compétences situent pour l'enfant les habiletés à mettre en place progressivement dans les activités d'apprentissage. Elles définissent un cadre méthodologique incontournable de l'analyse et de l'évaluation des apprentissages. Elles se distinguent des activités qui permettent de les acquérir ou qui sont maîtrisées grâce à elles, et des programmes qui définissent les objectifs et les champs disciplinaires tranversaux.

Citation

« La compétence, l'habileté, est une manière de se comporter avec les choses, ce n'est pas quelque chose, ce n'est pas quelque chose qui découle de la théorie. Il ne fait pas de doute que cette habileté peut être améliorée par la théorie. [...] *Le savoir ne nous est utile que s'il s'incarne dans une habitude. »*

Bruner, *L'Éducation, entrée dans la culture*, 1996.

Liens

Apprendre, Apprentissage (Théorie de l'), Autonomie, Programmes

Définitions

Le développement est à la fois croissance et progression et s'inscrit dans les sphères tant biologique que sociale. Il existe une dynamique propre (grandir et vouloir grandir) selon une double discontinuité : interne, entre les étapes (succession des formes d'intelligence et de comportements), et externe ou sociale, entre périodes d'équilibre et de crise (périodes sensibles ou intermédiaires).

La pédagogie part du principe d'une personnalité de l'enfant et d'une pensée en devenir, ayant selon les âges (et différences individuelles) ses propres pôles de cohérence, sa propre structure mentale différente de celle de l'adulte. Sur le plan affectif comme sur le plan cognitif, le principe généralement admis est celui du « big-bang » : les apprentissages précoces sont fondateurs, et l'intelligence (sous toutes ses formes) commence dès le berceau.

Informations

On peut distinguer trois types de modélisation du développement :

– **le constructivisme** considère que le développement est une activité d'autoconstruction mentale d'un sujet en interaction avec un monde matériel et culturel, sur fond de maturation physiologique. Pour Piaget, l'intelligence de l'enfant est fonctionnellement identique à celle de l'adulte comme **adaptation** du monde environnant ; mais elle est structurellement en devenir dans ses modes de pensée (à travers les stades de développement). Plus récemment, on considère que la structure des stades et la mise en place des « *opérateurs cognitifs* » (Case) sont soumis à une variabilité, à une évolution graduelle dans laquelle les émotions et les inhibitions interviennent (apprentissages « *chauds* » selon Houdé, 1992).

– **le fonctionnalisme** considère depuis Fodor (1986) que l'activité mentale est constituée de modules séparés et fonctionnant de façon indépendante, assurant des fonctions spécifiques : vision, langage, mémoire, catégorisation… Ce qui conduit à étudier le fonctionnement de l'enfant sans se préoccuper de notions de structure et de stade. Pour Karmiloff-Smith (1998), le développement cognitif est relativement spécifique à un domaine (nombres, langage) et met en jeu deux processus : la **modularisation** (les capacités générales tendent à devenir spécialisées, par exemple reconnaître un visage humain, puis tel visage humain) et un processus de **redescription** (par lequel les représentations implicites peuvent être prises comme objets et explicitées à partir par exemple de la réussite d'une tâche).

– **l'interactionnisme :** pour Vygotski (1938), la genèse et les effets des interactions entre l'adulte et l'enfant sur le développement sont conjoints. Bruner (1996) considère la *« pédagogie implicite »* de la lecture, action conjointe, programme culturel et fonctionnel dans lequel s'inscrivent le livre et le lecteur. L'apprentissage en groupe relève de cette orientation. Les **théories écologiques** soulignent le principe d'une **pensée en contextes**. L'environnement et l'individu sont conçus comme deux systèmes ouverts qui interagissent dans un *« écosystème »*, mettant en jeu les stratégies du sujet : tâches à résoudre, activités culturelles, environnement technologique...

Analyse

À la jonction de la genèse de la connaissance et de la personnalité du jeune enfant, le processus du développement est fondateur. La manière de découvrir et de penser le monde chez l'enfant ne peut être connue à partir de celle de l'adulte. Les situations proposées aux élèves doivent tenir compte des structures internes d'action et de pensée, et l'enseignement doit bâtir une cohérence avec la pensée de l'enfant en devenir. Toutes ces conceptions soulignent que les facteurs de sollicitation jouent un rôle majeur dans la construction de l'organisation mentale, de ses changements, de la personnalité de l'enfant.

Citation

« L'élève est un penseur. » Bruner, *L'Éducation, entrée dans la culture*, 1996.

Liens *Apprentissage, Dispositifs pédagogiques, Groupes et Apprentissages*

Droits et valeurs de l'enfant

Définitions

Le sens premier d'« enfant » est celui d'*infans*, celui qui ne peut parler. Le sens actuel dépasse la notion de « premier âge » pour en faire une valeur positive, associée à des représentations sociales. La reconnaissance de l'enfance est associée à des attitudes humaines, des droits et des dispositifs éducatifs faisant du respect de la personnalité de l'enfant un principe actif d'éducation et de « connaissance », un pôle de conception de l'activité et de la relation éducative. L'enfance et les valeurs qui s'y rattachent, notamment autour de l'image positive et fondatrice de l'enfant, ne sont réellement apparues qu'au siècle dernier. L'affirmation de la *« cause des enfants »* (Dolto, 1969), la reconnaissance de *« l'intérêt supérieur de l'enfant »* et de ses droits incontournables, sont des principes juridiques et sociaux récents.

Informations

Attribuer à l'enfant la qualité d'être humain en la liant à un besoin d'éducation et de protection, mais aussi en reconnaissant ses droits, tel est le sens de la Déclaration des droits de l'enfant de l'ONU de 1949 et la Convention des droits de l'enfant de 1989, ratifiée par la France en 1990. Ce cadre fixe autant un principe de droit qu'une réflexion sur l'exigence éducative.

La Convention internationale des droits de l'enfant (1989-1990)

« Article premier : un enfant s'entend de tout être humain âgé de moins de dix-huit ans [...]. » Les trois « P » de la Convention internationale des droits de l'enfant énoncés dans la Convention désignent :

1 - la **protection** (qui fait référence au respect de l'intégrité physique),

2 - certaines **prestations** (le droit de l'enfant à bénéficier par exemple de soins, d'éducation ou de sécurité sociale),

3 - les droits dits de **participation**. On s'attache ici aux libertés de penser (art. 14), d'expression (art. 12), d'information (art. 13), d'association (art. 15).

- La responsabilité d'élever l'enfant incombe d'abord aux parents, mais les États leur accordent l'aide appropriée.
- L'enseignement primaire est gratuit et obligatoire, la discipline scolaire doit respecter la dignité de l'enfant.

- L'éducation a pour but de préparer l'enfant à la vie dans un esprit de compréhension, de paix et de tolérance.
- Les enfants doivent avoir du temps pour le repos et le jeu ainsi que l'accès aux activités culturelles et artistiques dans des conditions d'égalité.

(voir également la Loi sur l'accueil et la protection de l'enfance du 3 janvier 2004)

Analyse

La reconnaissance des droits de l'enfant est l'aboutissement de la « **découverte de l'enfance** » (Ariès, 1992) dans l'histoire des sociétés. Le terme d'enfant, ainsi que le décrit Ariès, est associé à une dépendance et à une moindre condition désignant aussi bien les *« enfants »* que les hommes de bas rang. Le *« sentiment de l'enfance »* apparaît chez Montaigne et c'est la *« découverte de l'enfance »* au XVIIe siècle qui situe le terme dans une conscience éducative. Que ce soit chez Descartes, qui veut être délivré des erreurs de son enfance, ou dans la pensée religieuse, l'enfance est *« tragique »*, marquée du *« péché de l'enfance »* que décrit saint Augustin dans *La Cité de Dieu*. La **valeur** d'enfance apparaît au XVIIIe siècle comme découverte de l'enfance de l'homme, du caractère historique de l'humanité et donc du rôle de l'éducation elle-même. L'intérêt de l'enfance mais aussi de sa nature positive (Rousseau, *Émile*) deviendra le principe des pédagogies actives.

Citation

« Vous dites : c'est fatigant de fréquenter les enfants. Vous avez raison. Vous ajoutez : parce qu'il faut se mettre à leur niveau, se baisser, s'incliner, se faire petit. Là, vous avez tort. Ce n'est pas cela qui fatigue le plus. C'est plutôt le fait d'être obligé de s'élever jusqu'à la hauteur de leurs sentiments. De s'étirer, de s'allonger, de se hisser sur la pointe des pieds. Pour ne pas les blesser. »

Korczak, *Le Droit de l'enfant au respect*, 1979.

Liens *Droit à l'éducation, Éducation nouvelle, Instruction, Rousseau*

Enfant et École

Définitions

L'école est un lieu d'accueil collectif pour des « enfants-élèves ». En fixant des cadres sociaux à son propre développement, l'école est associée à l'expérience de l'enfant. La scolarisation, notamment précoce (accueil dès 2 ans), a pour conséquence un transfert éducatif de la famille vers l'école, notamment dans le principe d'une socialisation.

L'école est aussi le lieu du respect de l'enfant. La pédagogie naît de la prise en charge du phénomène de l'enfance, tant sur le plan culturel que cognitif, l'enfant n'étant pas un *« adulte en miniature »* (Claparède, 1937).

Informations

Le principe dynamique de l'éducation dans nos sociétés est la rencontre de l'école et de l'enfant. L'école, comme mode de vie et de travail, lieu « autre » que la famille, surface de contact active avec les autres et les objets de la culture et des savoirs, reconnaît l'enfant dans son originalité et sa différence. « Aller à l'école » est une activité essentielle pour l'enfant ; elle est au centre de l'élaboration et de l'évolution de ses rapports au monde et aux autres, et aussi de sa propre histoire.

La pédagogie, notre manière d'accompagner et d'éduquer, est liée à la façon dont nous nous représentons l'enfant comme être inachevé ou comme personne en devenir. Plusieurs orientations éducatives ont été données en ce sens ; celle du principe d'une nature propre, d'un dynamisme interne dans la croissance d'un individu, à partir duquel on peut concevoir l'action de l'école sur l'élève, non comme instruction, mais comme *« école qui serve les besoins de l'enfant plutôt que l'inverse »* (Neill, 1973). Celle de la nécessaire *« éducation à l'école »*, lieu où il trouve une identité sociale, culturelle, citoyenne, un moyen de construire sa personnalité, et cela dès la petite enfance.

Analyse

Travailler avec des enfants, c'est découvrir l'enfance, mettre en scène le rapport enfant-élève. L'école a sa propre culture de l'enfance. Mais, organisée pour les enfants, elle est pensée par les adultes. L'école doit considérer l'enfant et pas seulement l'élève et l'écolier.

L'accueil dès 2 ans pose la question de la limite enfant-élève comme moment éducatif essentiel, en assurant à la fois la continuité et la rupture avec la famille. Pour le jeune enfant, l'expérience de la séparation est ce qui structure fondamentalement le premier rapport avec l'école, rapport paradoxal : l'entrée à l'école lui permet de diversifier son champ d'expérience entre famille et école, ce qui est aussi une reconnaissance de son désir de « grandir ».

Les représentations de l'école par l'enfant sont fondamentales. Dès l'école maternelle (4-5 ans), les enfants ont des représentations précises de l'école et des activités scolaires : on apprend à l'école plus de choses qu'à la maison (et des choses différentes). L'école est perçue comme un lieu d'apprentissage et de travail : « On y va parce qu'il faut. » Les enfants savent en général se représenter leur avenir scolaire pour l'année suivante et anticipent (« faire comme les grands »). Cette intention est perçue différemment selon les enfants. Plus tard, les élèves construiront leurs propres stratégies scolaires.

Citations

« *L'enfant est le point de départ, le centre, le but. L'idéal, c'est son développement, sa croissance. Cela seul fournit une méthode pédagogique. Toutes les études doivent être les servantes de cette croissance ; elles ne valent que comme instruments de ce développement.* » Dewey, *L'École et l'Enfant*, 1913.

« *L'enfant explique l'homme autant et souvent plus que l'homme n'explique l'enfant.* » Piaget, *L'Épistémologie génétique*, 1989.

Liens

Développement et Apprentissage, Droits et valeurs de l'enfant, École (établissement scolaire), Neill, Scolarisation précoce, Socialisation - Civilité

Groupes et Apprentissages

Définitions

Le travail de groupe permet la découverte de sa propre pensée dans l'effet qu'elle produit sur les autres et l'effet que les autres produisent sur soi.

La construction des savoirs s'appuie sur les interactions sociales, qui constituent des formes de réseaux de pensée où chacun trouve une extension de sa propre pensée et, paradoxalement, sa propre identité. Plusieurs niveaux possibles d'**apprentissage social** sont en liaison avec l'organisation pédagogique : les effets du collectif, l'imitation, les regroupements différenciés d'élèves, le travail collaboratif, les groupes proprement dits (Bandura, 1986).

L'hypothèse est celle des « *bénéfices cognitifs* » que l'élève retire d'un travail collectif (Gilly, 1994).

Informations

La **dynamique de groupe** a montré les principes psychosociologiques d'un « **effet de groupe** ». La notion de « **champ** » souligne une efficacité propre au groupe, des phénomènes originaux non réductibles aux seules caractéristiques des participants, liant la structure cognitive et le système des valeurs du groupe. Ces effets propres au groupe, sous forme d'écologie cognitive, sont à associer à des modes d'**apprentissage coopératif**, engageant le sens social des activités (facilitation ou parfois inhibition). Ils mettent en avant la supériorité du groupe sur l'individu pour l'acquisition de nouveaux comportements, par rapport à la simple information ou instruction.

Le conflit sociocognitif : après Piaget, l'hypothèse des effets de l'affrontement d'opinions opposées, d'une « *bataille d'idées* », est reformulée par Doise et Mugny en privilégiant la forme d'un conflit sociocognitif : « *Les rencontres interindividuelles sont cognitivement structurantes, et conduisent au progrès cognitif à la condition qu'elles assurent le déroulement d'un conflit sociocognitif, d'une opposition sociale de réponses ou de points de vue à propos d'une tâche commune.* » (1981.) Le groupe permet la prise de conscience de soi en se heurtant aux autres, aide à la construction des savoirs et participe au développement des structures mentales individuelles.

L'apprentissage collaboratif (groupe réseau, forme de cognition collective) : le savoir est ce qui est partagé à l'intérieur du discours, au sein d'une communauté. L'idée est que l'élève retire d'un apprentissage coopératif un bénéfice supérieur à celui qu'il aurait pu faire seul, par validation « écologique » : il s'enrichit d'une connaissance partagée. La collaboration implique que le travail de chacun soit reconnu au sein du groupe, la réalisation du projet étant dépendante de l'apport de tous. Le travail coopératif dépasse l'unité de temps et de lieu du travail de groupes traditionnel (par exemple s'il s'intègre à un travail à distance, en réseaux, blog...).

Analyse

La pédagogie se construit sous forme d'échanges cognitifs dans des systèmes intersubjectifs.

Les fonctions du groupe en pédagogie :

– dans sa fonction cognitive, le groupe permet de donner une meilleure représentation de « l'espace » de la tâche et des ressources pour engager des actions ;

– dans sa fonction méthodique, il permet à l'élève de réinvestir dans des situations autonomes des méthodes de résolution bâties en groupe, à partir de conflits cognitifs ;

– dans sa fonction stratégique, il s'accompagne d'un effet réflexif sur ses actions dans le groupe et avec le groupe.

Citation

« La coopération des enfants entre eux présente [...] *une importance aussi grande que l'action des adultes. Du point de vue intellectuel, c'est elle qui est le plus apte à favoriser l'échange réel de la pensée et de la discussion, c'est-à-dire toutes les conduites susceptibles d'éduquer l'esprit critique, l'objectivité et la réflexion discursive. »* Piaget, *Psychologie et pédagogie*, 1969.

Liens *Apprentissage, Autonomie, Développement et Apprentissage, Piaget*

Jeu

Définitions

Le terme de « jeu », enregistré au XIIe siècle, a pour origine le latin *jocus* (« badinage, plaisanterie ») qui se substitue progressivement à *ludus* (« amusement, divertissement »). Le jeu est une activité physique ou mentale désintéressée, liée au plaisir et à l'exercice. Considéré longtemps comme activité futile, il est reconnu aujourd'hui à la fois comme phénomène social et culturel et comme dimension éducative et pédagogique.

L'acte de jouer *(to play)* se distingue du jeu dans ses diverses formes *(game)*, mais les deux sont en fait liés. On associe le jeu aux activités, particulièrement à l'école maternelle où certains ateliers, coins de jeu, espaces sont conçus autour de la réalisation individuelle dans des activités non dirigées. Le recours à l'expression « jeu didactique » pose le problème de la liberté de l'activité et du lien activité-apprentissage.

Informations

Winnicott situe le jeu dans *« une aire intermédiaire d'expérience »* (1971), un **espace potentiel** extérieur à l'individu et pourtant lié à sa propre intériorité, ce qui définit l'activité ludique. Cet espace lie l'enfant et le jeu dans un processus de développement et d'apprentissage. Pour Piaget (1945), le jeu s'inscrit dans le développement de la **fonction symbolique** et s'articule au développement cognitif et social.

Grandmont (1999) distingue 3 types de jeux :

– le **jeu ludique**, *« activité imbue de plaisir gratuit, dont les règles, la forme sont aléatoires, parce qu'il permet au joueur d'être le maître total de son action »*, qui fait appel à la pensée divergente (solutions multiples et personnelles), nécessaire au développement de tout individu ;

– le **jeu éducatif** axé sur l'exercice à réussir mais aussi sur l'aspect éducatif de l'activité, premier pas vers la structure, qui permet à l'adulte d'observer les comportements stratégiques ;

– le **jeu pédagogique**, activité axée sur le devoir d'apprendre, faisant appel à la pensée convergente (solutions univoques) : c'est une sorte d'évaluation des habiletés, qui peut générer un apprentissage précis, au travers d'une activité souvent mécanique. Mais le jeu peut-il être l'objet d'une commande ?

Analyse

Le jeu permet à la fois à l'enfant de vivre des expériences et d'acquérir maîtrise et compétence d'un mode de représentation qui ressemble au langage car il permet de lier l'incertitude, l'imagination, le réel : *« virtuellement syntaxique, son objet est d'être bien formé »* (Bruner, 1989). *« Il permet la permutation des rôles – celui qui se cache, et celui qui est caché – comme le langage. Il permet de maintenir son attention sur une séquence d'événements »*, de constituer un thème et un ensemble de relations cohérentes avec le thème, de mettre en événement les échanges entre les enfants ou avec l'adulte : *« le jeu est à sa façon une petite conversation »*. Les jeux, constructions culturelles et sociales, sont plus l'objet d'une relation, autour de la règle, un projet culturel qu'un simple objet : l'usage que l'on en fait est aussi important que le jeu lui-même : l'enfant « manipule » le jeu (Gutton, 1973).

Pour Froebel (1782-1852), *« le jeu est une activité sérieuse »*. À l'école maternelle, le jeu est considéré comme activité normale de l'enfant et associé à l'ensemble des activités (voir *Qu'apprend-on à l'école maternelle ?*, CNDP, 2005). Mais le jeu est aussi lié à tous les modes *« transitionnels »* (Winnicott) de l'enfance à l'adolescence et à l'âge adulte. Les pratiques de jeux, développées par les outils numériques, deviennent des volets de l'activité sociale, utilisant les mêmes logiques, notamment celles de simulation, d'interaction et d'expression dans une dimension virtuelle.

Citation

« Chaque fois qu'un joueur est libre de jouer, chaque fois qu'il agit par choix volontaire et sans autre impératif que celui d'avoir envie de jouer, chaque fois que par un choix sans retenue il décide d'agir sur le monde, et cela sans soumission aveugle aux structures préétablies ou aux règles déjà acquises, nous considérons que ce sujet est par définition un joueur. »

Grandmont, *Pédagogie du jeu, jouer pour apprendre*, 1999.

Liens *Développement et Apprentissage, Groupes et Apprentissages*

Motivation

Définitions

Le terme de motivation, qui renvoie au mouvement, se rapporte à plusieurs dimensions de l'action : les motifs d'une action qui l'expliquent, la justifient, les facteurs représentationnels et subjectifs qui déterminent le comportement et un mode de cognition qui les lient et participent à l'action, lui donnent un sens, celui d'« être motivé ».

On distingue la **motivation intrinsèque**, concernant les comportements qui amènent à des satisfactions personnelles sans attente de récompense (par exemple un élève s'investissant dans une matière plutôt qu'une autre) et la **motivation extrinsèque** qui se définit dans la récompense de l'action, que ce soit en terme économique (avoir une bonne note) ou social (reconnaissance à l'école et dans la famille).

Informations

Quatre niveaux de motivation peuvent être considérés :

– **homéostatique** : déterminé par la recherche d'équilibre dans l'organisme pour satisfaire ou réduire un besoin ;

– **interactionniste** : tenant compte de l'environnement, capable de déclencher un état d'activation et de donner des mobiles d'action relevant de buts intellectuels et sociaux ;

– **cognitif** : lié aux processus cognitifs eux-mêmes, porteurs par principe de motivation, comme activation de l'interaction avec l'environnement ;

– **humaniste** : la motivation relève de la personne dans son autonomie (Rogers, 1967) ou de buts culturels.

Les **pédagogies de la découverte**, centrées sur les intérêts et les projets des élèves, s'appuient sur la dimension cognitive de la motivation. L'action de faire supposant que la représentation précède son exécution, la possibilité des choix « engage » l'apprenant. Les pédagogies qui s'appuient sur la valorisation de l'élève, son autonomie, font de la motivation une condition cognitive des apprentissages.

La motivation de l'élève se conçoit à travers le **contexte scolaire**. On peut mettre en question l'attente de l'école sur ces niveaux de motivation : récompenser (ou sanctionner) un élève n'est-ce pas l'inviter à travailler non pour le plaisir d'apprendre mais pour ses conséquences ? Différents facteurs sont mis en jeu : prédiction du succès, valeur accordée à la réalisation, besoin de réalisation de soi, estime de soi, sentiment d'efficacité, compréhension des succès et des échecs, buts de l'apprentissage, influences environnementales (dont le groupe classe, l'environnement pratique) et normes subjectives de l'apprenant.

Le développement est aussi un facteur interférant pour l'enfant ou pour l'adolescent qui construit ses motivations selon ses besoins propres, l'identification ou son refus, les crises liées à la construction d'une personnalité. S'y joue la possibilité d'envisager les dimensions d'un futur, de valeurs auxquelles s'identifier, de construire un **projet personnel**. La motivation est en fait l'état de réponse à des besoins de réussite, d'auto-efficacité et de perspective sur sa propre action.

Analyse

La motivation est liée aux problèmes de pédagogie et d'apprentissage, souvent sous la forme d'une représentation que l'on peut analyser en terme de négation (un manque de…), de préoccupations (comment motiver les élèves ?), ou d'interrogation générale sur le sens d'apprendre.

La motivation est un processus qui tend vers l'accomplissement d'un travail, d'une action : tout travail suppose sa motivation. Mais elle ne fait pas tout : des élèves peu motivés pour l'école réalisent des parcours scolaires satisfaisants.

Citation

« Nous ne nous efforçons à rien, ne voulons, n'appétons ni ne désirons aucune chose parce que nous la jugeons bonne ; mais, au contraire, nous jugeons qu'une chose est bonne parce que nous nous efforçons vers elle, la voulons, appétons et désirons. » Spinoza, *« Proposition 7 », Éthique III.*

Liens

Autonomie de l'élève, Connaissance et Compétence, Développement et Apprentissage

Définitions

Les représentations sont une modalité de la pensée *(esprit)*, le lien symbolique et modélisateur avec le monde extérieur. La représentation n'est pas seulement une image passive du monde, mais la capacité, détenue par chacun, de pouvoir penser un objet : *« L'esprit humain est le support de représentations, de nature psychologique, produits cognitifs reflétant ce que l'individu retient de ses interactions avec le monde. »* (Denis, 1983.)

On peut distinguer les **représentations-produits** (sous forme d'objets mentaux) des **représentations-processus**, c'est-à-dire la capacité à faire émerger des sens nouveaux, à changer, à inventer. L'image de l'iceberg suggère que la partie émergée de la formulation de l'élève ne rend pas compte de sa filiation avec un modèle « profond », une représentation qui est en jeu et peut-être à déconstruire.

Informations

Une approche de la pédagogie par les représentations marque le lien entre des éléments objectifs et des éléments subjectifs de la connaissance, et met en lumière le principe de l'action rapporté à la **disposition mentale** du sujet : sa représentation de la situation, sa capacité à pouvoir transformer ses propres représentations. La représentation est un élément d'organisation mentale liant action et conception du monde.

Aucun élève n'aborde la situation d'apprentissage de manière neutre, que ce soit sur le plan du savoir-construire ou sur celui de la représentation. Le **statut représentationnel de l'activité** de l'élève déborde du domaine strict des apprentissages scolaires, en englobant le rapport au savoir (Charlot, 1999).

La représentation ne doit pas être comprise comme un état, mais comme une capacité et un pouvoir d'agir et de penser un **outil cognitif**. Ce n'est pas un savoir de l'intérieur, que l'on a ou que l'on n'a pas, mais une modalité de la pensée que l'on peut aider à organiser lors d'apprentissages conduits. L'activité intellectuelle à l'œuvre dans les apprentissages ne se réduit pas à l'attention, à l'abstraction traditionnelle, mais est un processus de construction des outils de la connaissance que sont nos représentations.

Analyse

L'esprit n'est pas « *table rase* » (Locke, 1692). Le travail sur et avec les représentations devient un mode de travail en pédagogie, notamment pour une **pédagogie de la déconstruction** (Giordan, 1998). Bachelard le suggérait le problème d'apprendre et donc d'enseigner, n'est pas tant ignorer que déjà savoir. La « rectification » des conceptions préalables, le dépassement d'obstacles que sont les opinions existantes sont des modalités de l'apprentissage. Afin que le savoir antérieur ne soit pas le seul outil à servir de cadre interprétatif, il faut **déconstruire pour apprendre,** apprendre devenant un processus de déconstruction des conceptions premières, phase préalable pour mettre en œuvre de nouveaux modes de raisonnement.

Le **modèle allostérique** (Giordan, 1996) considère que l'environnement pédagogique conduit à réorganiser nos idées, que la structure mentale s'adapte et se construit par analogie avec les propriétés de certaines protéines qui changent de forme et de fonction selon l'environnement. Il s'agit autant de déconstruire (s'apercevoir que les conceptions initiales ne sont pas suffisantes, prendre connaissance d'autres cadres de pensée) que de construire de nouvelles représentations (à travers une activité), par un va-et-vient dialectique.

Citations

« *On connaît contre une connaissance antérieure en détruisant des connaissances mal faites.* » Bachelard, *La Formation de l'esprit scientifique*, 1938.

« *Connaître, c'est effectuer, sur des représentations, des manipulations réglées.* » Dupuy, *Aux origines des sciences cognitives*, 1989.

Liens

Apprendre à apprendre, Cognition et Fonctionnement de l'esprit

L'enfant et les apprentissages : bibliographie

Bachelard, G., *La Formation de l'esprit scientifique*, Vrin, 1993

Barth, B.-M., *Le Savoir en construction*, Retz, « Forum éducation culture », 2002

Bruner, J., *Le Développement de l'enfant : savoir faire, savoir dire*, PUF, « Psychologie d'aujourd'hui », 1989

Bruner, J., *L'Éducation, entrée dans la culture*, Retz, « Pédagogie », 1996

Charlot, B., *Du rapport au savoir, éléments pour une théorie*, Anthropos, « Éducation-poche », 1997

Flavell, J.-H., « Développement métacognitif », in Bideaud, J., Richelle, J., *Psychologie développementale : problèmes et réalités*, Mardaga, 1985

Giordan, A., *Apprendre*, Belin, « Débats », 1999

La Borderie, R., Paty, J., *Éducation et Sciences cognitives*, Nathan, « Éducation en poche », 2005

Morin, E., *La Méthode, La Connaissance de la connaissance*, Seuil, « Points Essais », 1992

Piaget, J., *L'Épistémologie génétique*, PUF, « Que sais-je ? », 2005

Rousseau, J.-J., *Émile* ou *De l'éducation*, Flammarion, « GF », 1966

3

LES MODÈLES ET MÉTHODES

Introduction

Le maître n'est pas un simple informateur : il éduque au sens premier de prendre soin et de conduire l'élève vers un but. Les **méthodes** et les pratiques pédagogiques prennent cohérence dans divers modèles, sortes de paradigmes socioculturels englobant les valeurs, les actions et les relations entre maîtres et élèves.

Le débat porte sur les conceptions différentes que nous avons du lien qui unit les sujets de l'éducation. Margaret Mead (1971) en a illustré le sens en décrivant **trois figures du temps culturel** qui constituent autant de modèles :

– la **pédagogie postfigurative** (« traditionnelle »), fondée sur la continuité entre trois générations qui se transmettent les acquis du passé, pour une culture inscrite dans un changement lent non apparent : c'est l'« idéal » des pédagogies traditionnelles et transmissives ;

– la **pédagogie préfigurative** (l'« éducation nouvelle ») : l'enfant étant le symbole du monde à venir, elle définit un engagement commun dans un projet qui considère la modernité de l'œuvre éducative et son rôle pour un monde « nouveau » ;

– la **pédagogie cofigurative** (« autonomisation ») : c'est le modèle « contemporain », où l'expérience des jeunes n'est pas celles des aînés, mais où ceux-ci cohabitent. Les rapports entre adultes, jeunes et société sont plus complexes et « déhiérachisés ».

Les **méthodologies** permettent de piloter les situations, autant qu'elles en fixent les modalités. Ce sont des « outils professionnels » qui permettent de concevoir, d'organiser et de conduire les activités pédagogiques. Elles définissent les procédures de l'action d'enseignement autant que celles du travail de l'élève. Différents concepts y sont associés. L'**évaluation** joue un rôle particulier car, sous toutes ses formes, elle accompagne la régulation de l'activité de l'élève par rapport au projet pédagogique.

On ne peut enseigner sans méthode, mais surtout sans les méthodologies qui permettent d'informer et de conduire la situation d'enseignement. D'une activité coutumière, la pédagogie est devenue un espace de travail « institué » à partir de ses modèles et de sa dimension méthodologique.

SOMMAIRE

Classe
Contrat pédagogique
Didactique
Différenciation
Éducation nouvelle
Évaluation
Évaluation formative
Méthodes « naturelles »
Modèles pédagogiques
Notation
Obstacles pédagogiques
Pédagogie : les origines
Pédagogie différenciée
Pédagogie de groupe
Pédagogie magistrale
Pédagogie de maîtrise
Pédagogie négative
Pédagogie par objectifs
Projet en pédagogie
Relation pédagogique
Savoirs, Disciplines, Étude
Situations pédagogiques
Situations-problèmes
Transdisciplinarité

Classe

Définitions

La classe, mode collectif d'enseignement, est une instance fonctionnelle (un espace) et institutionnelle (un groupe). Archétype scolaire et pédagogique (il n'y a pas de classe à l'université), incontournable « culturel » et représentation majeure (un maître, une classe), la classe se distingue du cours, unité d'étude (une classe peut rassembler des élèves de cours différents : la classe unique, classe à plusieurs niveaux...).

Le professeur s'adresse à la classe et aussi à chacun. L'élève vit cette double dimension : il suit le cheminement proposé par un professeur (dimension institutionnelle et culturelle), et il partage cette expérience avec les autres dans une communauté (la photo de classe figure cette institutionnalisation sociale).

Informations

La classe a une place particulière dans l'évolution pédagogique et les politiques d'éducation : elle correspond à un choix tardif parmi les modes d'enseignement. Autrefois, selon le **mode individuel**, la « leçon » était reçue au bureau du maître par chaque élève, chacun son tour (les autres « étudient » ou assistent à la leçon). Le **mode simultané** (codifié vers 1720 par les Frères des écoles chrétiennes) institue le groupement par niveaux (le cours). Le maître prend place alors face aux élèves. La « Conduite », qui réglemente la classe, devient l'indispensable discipline. Le **mode mutuel** de coinstruction est fondé *« sur la réciprocité de l'enseignement entre les écoliers, le plus capable servant de maître à celui qui l'est le moins »* selon les fondateurs Bell et Lancaster (1797). Le choix de l'instituteur et de sa classe (programmes du 27 juillet 1882, signés par Jules Ferry) est une étape majeure de cette évolution.

L'**instance classe** relève ainsi de plusieurs logiques superposées :

– la plus ancienne, culturelle, de **relation** duelle **maître-élève** instituant deux positions corrélatives ;

– la deuxième, relativement plus récente, est celle de l'**enseignement collectif** : le maître s'adresse à tous et à chacun. L'autorité, l'« effet-classe » s'inscrivent dans cette dimension ;

– une troisième logique est liée à des variables fonctionnelles : conduite d'études (XIXe siècle), enseignement magistral, plans de travail collectif (Freinet), différenciation…

Analyse

La classe reste le groupe de référence. Par « effet de titre », figure du magistral, elle devient un cadre et un lieu modulables, environnement scolaire à la fois artificiel et culturel, lieu de construction collective et d'institutionnalisation des savoirs, et environnement d'apprentissage. Elle est également une organisation modulable à caractère **stratégique** : groupes, aide individualisée, espace collaboratif… Le paradoxe de l'activité individuelle et du cadre d'accès collectif est ainsi dépassé. Pour l'élève, la classe devient un véritable « milieu » scolaire, là où il exerce son « métier » d'élève.

Citations

« *Alors que le cours magistral est peu développé, la classe au XIX*e *siècle ne s'explique ni par les élèves ni par les maîtres mais par les exercices (on dicte des devoirs, on corrige) ; la classe est un relais entre deux études.* »
Prost, *Histoire de l'enseignement en France*, 1968.

« *La vie de la classe se passe dans un espace, dans des limites géographiques. C'est l'importance donnée à l'aménagement de cet espace, aux conditions matérielles optimales pour obtenir une bonne ambiance dans la salle de classe qui sont mises en valeur dans la pédagogie* […]. »
Oury et Vasquez, *Vers une pédagogie institutionnelle*, 1971.

« *En classe, ce n'est pas le maître qui contrôle la classe, c'est la classe qui contrôle le maître.* » Doyle et Ponder, *Les Pédagogies de l'apprentissage*, cité par Altet, 2003.

Liens

Gestion de la classe, Groupes et Apprentissages, Métier d'élève, Relation pédagogique, Socialisation - Civilité

Contrat pédagogique

Définitions

Contrat, du bas latin juridique *contractus*, signifie convention, pacte, accord mais aussi « tirer ensemble » (*cum* et *trahere*).

Référence objective des rapports admis, le contrat indique un rapport interpersonnel, juridique, moral ou social, lié à une obligation. Il peut être fondé comme « *engagement réciproque* », tel le *Contrat social* voulu par Rousseau. Il peut être également implicite, coutumier, ou inconscient (Filloux, 1997) et donc **anticontrat**. L'analyse de la modalité contractuelle est celle de la clarification de la part du maître et de la part de l'élève, de la légitimité et de la fonctionnalité des rapports les réunissant.

Informations

• **Le contrat de Socrate :** « *Si c'étaient deux amis, comme toi et moi, qui voudraient converser ensemble, il faudrait répondre* [...] *à l'esprit du dialogue* [...] *de ne point se borner à faire une réponse vraie, mais d'y faire entrer que des choses dont celui qui est interrogé avoue qu'il est instruit.* » Platon, *Ménon*, 75d.

• **Le contrat anthropologique,** « *intentionnel* », liant concrètement les acteurs en présence et selon lequel « *l'enfant apprend en croyant l'adulte* » (Wittgenstein, 1977).

• **Le contrat scolaire :** Perrenoud (1994) remarque que dans la convention sociale de l'éducation, les jeunes n'ont pas le choix : ce fait, accompagné d'une violence « physique » et symbolique imposée aux enfants, n'est généralement pas discuté (« *C'est pour ton bien* », Alice Miller, 1985).

• **Le contrat de maîtrise** (Bloom) précise les objectifs et les critères d'évaluation pour que l'élève puisse s'engager, en toute connaissance de cause, l'enseignant s'engageant, en retour, à accorder l'évaluation préétablie.

• **Le contrat pédagogique** est pour Filloux (1977) un « *contrat exceptionnel de structure paradoxale* », au résultat différé pour l'élève. Le risque est celui du déplacement du rapport à la loi dans le champ pédagogique au profit d'une autorité personnelle. De fait, le contrat, pour Filloux n'est pas un vrai contrat : il fonctionne à travers un second contrat, le contrat pédagogique, reposant sur le jeu d'un consentement mutuel des contractants, qui masque ce rapport de soumission-domination.

• **Le contrat didactique** (Brousseau, 1993) qui lie le maître, l'élève et la connaisance, définit le rôle de chacun dans l'activité.

Analyse

La notion de contrat n'a donc rien à voir avec une négociation contractuelle réelle, mais relève d'une organisation de tâches acceptées de fait. La relation pédagogique est-elle négociable ? L'analyse de la modalité contractuelle permet de situer la source de la relation dans les représentations des sujets entre qui elle s'établit. Pour Chevallard (1985), le contrat ne peut être explicité, sauf à succomber à l'illusion nocive de la transparence.

Citations

« *Le rapport pédagogique est un rapport contractuel fondé sur la mise en place et le respect des positions respectives comme condition même de l'existence du champ pédagogique* [...] » Filloux, *Du contrat pédagogique*, 1977.

« *Le concept théorique en didactique n'est pas le contrat (le bon, le mauvais, le vrai ou le faux contrat) mais le processus de recherche d'un contrat hypothétique.* » Brousseau, *Didactique des mathématiques*, 1993.

« *Le contrat didactique définit les droits et les devoirs des élèves, les droits et les devoirs de l'enseignant et, par cette division des tâches, partage et limite les responsabilités de chacun.* » Chevallard, *Du savoir savant au savoir enseigné*, 1985.

Liens

Autorité, Didactique, Notation, Socrate, Wittgenstein

Didactique

Définitions

Le terme de « didactique » provient du grec *didaskein* (répéter, enseigner) et de *didascalos* (l'enseignant, le répétiteur). Les didactiques étudient les conditions de transmission et d'acquisition des savoirs dans leurs particularités disciplinaires et à travers les systèmes d'enseignement. Dans d'autres pays, le terme est associé aux méthodes d'enseignement (Pays-Bas, Allemagne), ou aux stratégies et aux méthodes de travail (pays anglo-saxons).

On parle de didactique*s*, la didactique d'une discipline étudiant les phénomènes d'enseignement spécifiques à celle-ci, les conditions de la transmission liées à l'ordonnance scolaire et celles de l'acquisition de connaissances.

La didactique (au singulier) peut indiquer un domaine théorique définit par des recherches en ces domaines, ou poser la question d'une didactique générale composante de l'action pédagogique.

Informations

La Grande Didactique (Comenius, *Didacta Magna*, 1640) est définie comme « *l'art d'enseigner, ensemble des moyens et des procédés qui tendent à faire connaître, à faire savoir quelque chose, généralement une science, une langue, un art* ».

La didactique, dans son sens actuel, décrit les modalités du travail pédagogique sur et avec le savoir : le « *travail qui d'un objet de savoir à enseigner fait un objet d'enseignement est appelé la transposition didactique* [...] *représentée par le schéma : → objet de savoir → objet à enseigner → objet d'enseignement* » (Chevallard, 1985). Pour Verret (1975), les savoirs, leur choix et leur « forme » scolaires sont objets et enjeux sociaux. Le passage du « *savoir savant* » au « *savoir enseigné* » est l'objet de l'examen du « *remaniement important des connaissances scientifiques qui consiste à les transformer en objet d'enseignement* ».

Le **contrat didactique** (Brousseau, 1993) est « *l'ensemble des comportements (spécifiques des connaissances enseignées) du maître qui sont attendus de l'élève et l'ensemble des comportements de l'élève qui sont attendus du maître* ». La **théorie des situations** (Brousseau, 1996) s'attache à la présentation et à la prévision du fonctionnement d'une situation qui, par exemple, pour le même objet apparent, le dénombrement, demande des connaissances différentes (réciter, dénombrer, évaluer une grandeur…).

Pour Vergnaud (1978), *« la didactique d'une discipline étudie les processus de transmission et d'acquisition relatifs au domaine spécifique de cette discipline »* en s'attachant aux prérequis nécessaires aux nouveaux apprentissages, en cohérence avec la maturité cognitive de l'apprenant et aux conceptions liées aux champs conceptuels.

Analyse

L'exigence didactique répond au souci de la spécificité de la connaissance et de la rationalisation des situations d'apprentissages. Elle renoue sous ces deux aspects d'outil et de recherche, avec le souci de l'ordre des études (*ratio studiorum*), de « discipline », d'ordre élémentaire, de mise en forme des savoirs qui ne peuvent se résoudre par un ordre aléatoire de présentation.

Citations

« La didactique des mathématiques la première, celles des autres sciences, ensuite, sont historiquement nées de la décision de ne point s'en laisser compter en la matière. Elles se sont fondées par un choix radical […] *d'un abord raisonné, systématique, scientifique et spécifique des phénomènes d'enseignement dans ces domaines, visant à délimiter théoriquement et pratiquement les domaines du possible de ceux de l'inaccessible. »*
Joshua, *Introduction à la didactique des sciences et des mathématiques*, 1993.

« Tout projet social d'enseignement et d'apprentissage se constitue dialectiquement avec l'identification et les désignations de contenus de savoir comme contenus à enseigner. » Chevallard, *Du savoir savant au savoir enseigné*, 1985.

Liens *Apprendre, Contrat pédagogique*

Différenciation

Définitions

Le terme de « différenciation » décrit l'ensemble des dispositifs éducatifs et pédagogiques pouvant répondre aux différences dans les manières d'apprendre et réduire les effets réducteurs de pratiques standardisées. Énoncé par Legrand en 1975, il désigne le principe de prise en compte éducative de l'hétérogénéité des élèves.

Informations

La différenciation pédagogique peut être présentée sous un double principe :

– structurel, comme projet « éducationnel » de différenciation : adaptation locale des possibilités de traitement à l'échelle d'une école ou d'un établissement public local d'enseignement (EPLE) ou d'une zone d'éducation prioritaire (ZEP) ;

– pédagogique, consistant à *« multiplier les itinéraires d'apprentissage en fonction des différences existant entre les élèves, tant sur le plan de leurs connaissances antérieures, de leurs profils pédagogiques, de leurs rythmes d'assimilation, que de leurs cultures propres et de leurs centres d'intérêt. »* (Meirieu, 1997).

La différenciation apparaît comme une exigence nouvelle de traitement de l'hétérogénéité des élèves du collège devenu unique en 1975. Elle correspond à l'apparition de la pédagogie de maîtrise et à différentes expérimentations, telles celles des **écoles compréhensives** et des **écoles polyvalentes** anglaises et canadiennes, utilisant le *team-streaching* (gestion de groupe d'élèves de divisions hétérogènes) et le *streaming* (répartition du flot en sections de force homogène). Elle succède à d'autres anticipations : l'**école sur mesure** (Cousinet, 1920), l'**enseignement individualisé** (Dottrens, 1936), l'**enseignement éclaté** (Geminard, 1973).

Différents fondements théoriques contribuent à la notion de différenciation : la psychologie différentielle (Reuchlin), le principe de variété requise des systèmes (Peretti), celui d'organisation complexe (Morin), les fondements éthique et culturel de la « différence » (Jacquard), le traitement social opéré par l'école (Bourdieu). D'autres, tel Meirieu, y voient la continuité de l'éducation nouvelle.

Analyse

La pédagogie scolaire traditionnelle repose sur une architecture volontairement standardisée, en partie pour assurer l'égalité de traitement des élèves. Bourdieu soulignait que si les élèves des classes défavorisées réussissaient moins bien, ce n'est pas parce que l'école leur faisait un sort particulier, mais que, au contraire, elle traitait comme égaux en droit des élèves très différents. On ne peut « *se contenter de traiter chaque élève de manière équitable et égale* » (Bloom, 1979). La finalité de l'école, ce n'est plus l'égalité de traitement, ou l'**égalité des chances,** mais l'égalité produite, ce qui suppose le traitement différencié des élèves et l'adaptation du système pédagogique à cette pluralité fonctionnelle.

La différenciation recrée le sens de l'organisation pédagogique selon les principes de pluralité et d'adaptabilité. On pourrait dire, avec Morin, qu'« *elle est une problématique au sens fort du terme, c'est-à-dire une façon de découvrir des problèmes qui pourraient ne pas être aperçus autrement.* » (1979). Il faut aller vers le système-problème, non vers le « *système-solution* ». En d'autres termes, la question pédagogique ne se pose plus en terme de **pédagogie des causes** (*la* solution), mais en terme de **pédagogie des conditions.**

Citation

« *Une gestion pédagogique insuffisamment variée introduit* [...] *nécessairement un mécanisme d'échec et une ségrégation de type élitiste aux dépens d'un pourcentage plus ou moins important des apprenants : ceux-ci sont naturellement portés au découragement ou à des comportements violents.* »
Peretti, *Pour une école plurielle*, 1987.

Liens

Éducation nouvelle, Éducation prioritaire, Égalité des chances, Pédagogie différenciée

Éducation nouvelle

Définitions

L'éducation nouvelle se constitue comme courant innovateur à la fin du XIXe siècle, dans une opposition fondatrice à la pédagogie traditionnelle. Cette orientation rassemble différentes voies : pédagogie nouvelle (Claparède), éducation progressiste (Dewey), École moderne (Freinet)... fondées sur des méthodes dites « naturelles » ou « actives ».

L'éducation nouvelle a de nombreux prédécesseurs : Comenius, Locke, Rousseau, Pestalozzi... Elle apparaît sous la forme d'innovations et de méthodes associées à leurs auteurs : Tolstoï, Ferrière, Dewey, Decroly, Montessori, Freinet...

Informations

Le mouvement de l'éducation nouvelle se fonde sur quelques grands principes :

– une opposition à la pédagogie traditionnelle, une *« révolution copernicienne en pédagogie » : « ce sont les leçons qui sont faites pour les élèves et non les élèves pour les leçons »* (Claparède, 1930). L'activité pédagogique, au lieu d'une imposition extérieure, doit devenir un moyen d'expression et de développement des potentialités naturelles des sujets ;

– la considération de l'enfant de façon nouvelle et comme « être nouveau », de sa nature d'être en devenir dans son développement. Les propositions des pédagogies nouvelles sont fondées sur le modèle de l'**activité de l'enfant**, son action propre, ses intérêts ainsi que sa liberté (les méthodes actives). L'apprentissage est fondé sur l'idée que pour apprendre, il faut transformer, inventer ;

– l'éducation elle-même conçue comme principe de nouveauté, d'ouverture vers un inédit à construire, un levier pour transformer une société (le monde nouveau) ou réduire le risque pour celle-ci d'« aliéner » son sujet. Freinet fonde l'**École moderne**, principe de mouvement social autant que courant d'éducation. Ce principe est aussi celui de l'**innovation** (un esprit « nouveau »), mouvement de création de méthodes en pédagogie.

Analyse

L'éducation nouvelle propose une forme éducative couvrant un champ très large d'innovations pédagogiques, du principe d'une école alternative à celui d'une refondation des pratiques de l'école. Deux grands courants peuvent être distingués : celui des « réformateurs », fondateurs d'écoles nouvelles ; celui de la **pédagogie négative** et de l'**antipédagogie** ou des **pédagogies non directives.**

La question de savoir s'il faut « centrer l'école sur l'enfant » est encore aujourd'hui au cœur des débats. On peut penser que le clivage nouveau/traditionnel est aujourd'hui dépassé, l'activité pédagogique se concevant non dans la recherche d'un modèle, d'une seule solution d'école idéale, mais dans la gestion des moyens d'apprendre. Il n'est pas sûr par ailleurs que tout centrer sur l'élève serve vraiment l'intérêt de l'enfant et l'aide à accéder au savoir.

Citations

« *Tous les systèmes d'éducation nouvelle s'accordent à condamner dans les méthodes traditionnelles ou classiques d'enseignement l'erreur qu'elles font en posant pour point de départ à l'esprit de l'enfant des notions dont la simplicité est une simplicité rationnelle.* » Henri Wallon, *Pédagogie concrète et psychologie de l'enfant*, 1931, Fondateur du GFEN (Groupe français d'Éducation nouvelle).

« *L'une (l'éducation nouvelle) soutient qu'elle est un développement qui procède du dedans, l'autre (l'éducation traditionnelle) qu'elle est une formation qui se fait du dehors ; l'une qu'elle se fonde sur les dons naturels, l'autre qu'elle domine les inclinaisons naturelles et tend à lui substituer des habitudes qu'une longue pression extérieure a permis d'inculquer.* » Dewey, *Expérience et éducation*, 1935.

Liens

Comenius, Freinet, Méthodes « naturelles », Montessori, Pédagogie négative, Pestalozzi, Rousseau

Évaluation

Définitions

Évaluer, c'est prélever une information qui permet de **juger de la valeur** d'un acte, d'un comportement, d'une production, en fonction d'une compétence, d'un objectif recherché. L'évaluation scolaire, explicite ou implicite, traverse différents domaines de la réalité de la classe. Appréciations orales, prises en charge de la parole des élèves, validation des éléments de savoir, manières de s'adresser aux différents élèves, d'apprécier les manières d'être ou les productions, l'évaluation est une activité globale.

Les trois grandes voies de réalisation en sont : la prise en compte de la **valeur** (le **jugement** associé aux finalités éducatives que sont les valeurs sociales et la justice) ; de la **mesure** (précision, objectivité..., qui peuvent être liées à la pédagogie par les objectifs ou à la **docimologie**) ; de l'**apprentissage**, la fonction **formative** étant intégrée à l'activité.

L'évaluation peut porter sur différents domaines de l'école : les performances d'élèves, l'efficacité d'un programme de formation ou d'une méthode pédagogique, l'évaluation bilan des connaissances au niveau national (CE2, 6e) ou international (pour l'éducation comparée), le fonctionnement du système éducatif.

Informations

• **L'évaluation prédictive (prédicative et pronostique)** a pour fonction d'établir une information comme étape première de la mise en place d'une action d'enseignement, un pronostic, afin de prévoir si l'élève peut ou non apprendre, si la situation est adaptée aux élèves, ou pour optimiser leurs apports en s'appuyant sur leurs points forts et leurs points faibles.

• **L'évaluation formative (diagnostique et régulatrice)** a pour but de fournir à l'enseignant comme à l'élève une information en cours de travail qui l'aide à mieux comprendre et à adapter une démarche. Ketele (1993) parle d'**évaluation de régulation** comme *« processus ouvert dont la fonction prioritaire est d'améliorer le fonctionnement* [...] *d'une partie ou de l'ensemble du système. L'évaluation formative est une forme d'évaluation de régulation. »*

• **L'évaluation certificative** a pour objet la décision de validation terminale au regard d'objectifs donnés comme fin d'un processus. Présentée sous forme **sommative**, elle prend en compte un ensemble défini d'objectifs, sous forme de bilan (voire de notation).

Analyse

L'évaluation est un acte social et une action intégrée à l'organisation du système pédagogique. Une culture et des pratiques d'évaluation animent toute situation pédagogique. C'est un outil de « pilotage » pour l'enseignant autant qu'un acte de communication et de sens, ayant une fonction stratégique dans la réalisation comme dans l'expérience d'apprendre. Évaluer et noter, c'est aussi un moment de communication, d'élucidation, d'institutionnalisation (manifestation d'un accord sur le sens à attribuer à une connaissance à un moment donné) et de régulation des activités scolaires.

L'action d'évaluer consiste à produire des informations utiles pour éclairer les décisions que le professeur est amené à prendre et pas seulement pour « juger » les élèves, avec qui cette activité peut être partagée **(auto-évaluation, coévaluation)** : elle s'applique au projet d'enseignement et à ses effets et concerne les parents et l'établissement dans son ensemble.

Citations

« Évaluer, c'est porter un jugement de valeur sur l'adéquation entre un ensemble d'informations et un ensemble de critères rapportés à un objectif pour décider. » Ketele, *Méthodologie du recueil d'informations*, 1993.

« Aucune procédure mécanique, mathématique, ne permet de déterminer le degré de progrès à réclamer d'un élève particulier, dans une situation particulière. » Peretti, *Pour une école plurielle*, 1987.

Liens *Évaluation formative, Notation, Pédagogie par objectifs*

Évaluation formative

Définitions

L'**évaluation formative** est liée étroitement au processus de formation. Son objet est de guider l'élève dans son travail autant que d'intervenir sur les apprentissages. Le rôle formatif de l'évaluation est d'abord positif : savoir reconnaître et certifier ce qui est maîtrisé. Il est également de rendre visible l'objectif et l'intention de l'apprentissage et de faire le point sur les apprentissages en cours. Ce rôle s'inscrit dans le dispositif d'une pédagogie réflexive mettant en jeu l'autocontrôle de l'activité.

Informations

L'**évaluation (in)formative** a une fonction de renseignement en cours d'apprentissage, en informant sur ce que l'élève sait ou ne sait pas. Elle joue un rôle d'intermédiaire entre l'élève et la tâche, est un guidage, à l'appui des référentiels, des objectifs, des difficultés. Elle permet également d'organiser le suivi individualisé, sous forme d'approfondissement, de remédiation à partir des éventuelles lacunes, de consolidation ou de renforcement des points acquis. Elle se réfère à l'élève lui-même sans qu'il y ait une négation affirmée ou un rapport à un manque. Elle correspond à une dynamique de l'erreur informée (pour Bachelard, le savoir est une erreur rectifiée et l'obstacle la difficulté à traiter).

L'hypothèse d'une **évaluation formatrice** est celle d'une formation avec et par l'évaluation lorsque, dans un modèle d'autonomie, elle constitue un outil ayant un rôle dynamique dans le travail de l'élève. Nunziati (1990) suppose la représentation des objectifs à atteindre, l'autocontrôle et la planification préalable. Les objectifs sont poursuivis par l'élève lui-même qui doit assurer la régulation du circuit d'apprentissage, la gestion de ses erreurs et de ses réussites. Pour Hadji, *« l'évaluation formative, en devenant formatrice, devient proprement pédagogique. Mais pour constituer une pédagogie efficace, capable de réaliser l'intention formative, il lui faut en quelque sorte se délivrer de ses préoccupations premières en devenant* [...] *une démarche didactique »* (1990). Différents outils y contribuent : carnet de bord, grille d'items à suivre, portfolio... selon un principe **d'auto-évaluation** ou de **coévaluation.** L'auto-, ou coévaluation, est aussi informative car elle rend compte non seulement des difficultés réelles des élèves dans un contexte précis d'apprentissage, mais aussi de leur propre analyse de leur difficulté. Elle lie l'évaluation au principe de métacognition.

Analyse

L'évaluation formative procède d'une intention positive de qualification et de guidage du système, autant pour l'élève que pour l'enseignant : elle a une fonction de régulation en termes de valeurs autant qu'en termes de gestion pédagogique. L'évaluation formative se situe entre les étapes à franchir et les difficultés que rencontre l'élève et, pour le maître, les indications qu'il intègre pour ajuster déroulement et progression.

Pour certains, l'évaluation formative ou formatrice relève plus de l'idéal que de la réalité des pratiques et des représentations en œuvre entre les acteurs, élèves ou professeurs ; c'est une perspective pour analyser une pratique. Pour d'autres, elle est un des éléments conducteurs des dispositifs nouveaux (IDD, TPE, PPCP…) comme de toute pédagogie de projet et de tout dispositif autonomisant.

Citations

« Le but de l'évaluation n'est pas de prouver, mais d'améliorer. »
Stufflebean, *L'Évaluation, règle du jeu*, cité par Hadji, 1990.

« L'évaluation formative échappait pour la première fois à la pédagogie par objectifs. Le problème de l'apprentissage, et plus largement de la formation, était posé en termes de logique d'apprenant et d'accès à l'autonomie et non plus en termes de logique d'expert et de guidage pédagogique. »
Nunziati, *Les Objectifs d'une formation à/par l'évaluation formatrice*, 1988.

Liens

Apprendre à apprendre, Autonomie de l'élève, Évaluation, Projet en pédagogie

Méthodes « naturelles »

Définitions

Les méthodes « naturelles » se fondent sur la facilitation, l'accomplissement de potentialités individuelles et collectives et sur le dynamisme de l'enfant. L'idée de nature « première » comme valeur positive en est le postulat : *« Laissez venir l'enfant »*, nous dit Rousseau. C'est l'idée du lien naturel (spontané et non imposé) entre la vie, l'intelligence et l'école.

L'éducation nouvelle défend l'hypothèse que la pédagogie peut suivre une voie « naturelle », ce qui ne signifie pas une voie passive, mais une continuité entre la nature de l'enfance et le passage obligé à une culture. Le libre exercice des facultés (le recours à la liberté étant central) devient le moteur « naturel » de l'apprentissage et le principe de l'activité pédagogique.

Informations

Le concept de méthode « naturelle » recoupe une hypothèse sur le lien continu entre les savoirs et l'activité de l'élève : les « théories » de Decroly (la méthode globale), de Montessori (le milieu), de Dewey (l'expérience du problème) illustrent cette hypothèse.

Freinet parle de « **méthode naturelle d'apprentissage** » en refusant la *« scolastique »*, c'est-à-dire les méthodes classiques, d'abord pour l'apprentissage de l'écrit par les manuels : *« Il était manifeste que les enfants ne comprenaient rien à ces phrases-calembours* [...] *Il fallait trouver autre chose. Mes succès avec l'imprimerie m'orientaient heureusement vers de nouvelles recherches. »* Freinet préconise la « *libre expression* » dans la classe, la communication et le **texte libre** : les élèves élaborent des textes collectivement ou individuellement, puis les retranscrivent, et assimilent ainsi les règles de la langue qui servent ensuite de base de lecture.

La méthode naturelle est, pour Freinet, celle du « **tâtonnement expérimental** », du processus de libre recherche par lequel un individu se construit, s'établit et se rectifie par les faits, les actions et les critiques des autres, *« la liberté laissée à l'enfant d'essayer, de tâtonner, de rater, de recommencer, la liberté également dans l'organisation de son travail* [...] *une école de la vie, pour la vie »*.

Analyse

L'idée de méthode « naturelle » est celle du **respect de la nature de l'enfant** (ses besoins, ses intérêts, ses rythmes, son développement, son « esprit » (Claparède, 1930), du respect du processus naturel d'apprentissage. Il s'agit d'assurer le « non-empêchement » et l'exercice libre pour apprendre.

Les méthodes naturelles supposent non seulement la prise en compte de l'élan naturel, mais aussi une construction originale, un ordre de travail (et non un laisser-faire), « *qui prend le besoin de l'enfant, son intérêt à atteindre un but, comme levier de l'activité qu'on désire éveiller chez lui.* » (Claparède.)

Même si ces méthodes naturelles et la survalorisation du tâtonnement expérimental peuvent être contestées d'un strict point de vue théorique, elles ont ouvert l'école à de nouvelles logiques qui gardent leur actualité.

Citations

« *Observez la nature, et suivez la route qu'elle vous trace. Elle exerce continuellement les enfants.* » Rousseau, *Émile ou De l'éducation*, 1762.

« *La voie normale de l'acquisition n'est nullement l'observation, l'explication et la démonstration, mais le tâtonnement expérimental, démarche naturelle et universelle.* » Freinet, *Pour l'école du peuple*, 1980.

« *C'est en fait la totalité de l'individu qui perçoit, pense et agit ensemble et c'est par suite de cette attitude globale que les objets, les événements, les perceptions, les idées et les actes prennent le caractère global.* » Decroly, 1907.

Liens

Autonomie de l'élève, Autonomie (Travail), Éducation nouvelle, Freinet, Montessori

Modèles pédagogiques

Définitions

Un **modèle pédagogique** propose une cohérence entre les objectifs éducatifs, une conception de la connaissance et des relations entre professeurs et élèves. À partir de ces modèles, les réalisations scolaires (l'« enseignement ») proposent des **méthodes** qui rassemblent les acteurs et définissent les caractéristiques matérielles, cognitives et sociales d'une pratique pédagogique.

Les modèles sont les principes d'action qui précisent historiquement ou fonctionnellement un ensemble renouvelé de pratiques et de méthodes. Il n'existe pas de pédagogie modèle, mais des modèles pédagogiques qui constituent ce au nom de quoi on agit, on dirige, on analyse.

Informations

Les **modèles pédagogiques** ne sont pas des « modes d'emploi », mais des solutions choisies pour réaliser un travail commun de l'élève et du professeur. Ce sont les logiques possibles pour « apprendre » et « faire apprendre » :

Modèle	Processus	Méthodes	Logiques pédagogiques
Modèle traditionnel	Tradition Transmission Imitation	Enseigner Enseignement « formel » imprégnation, pédagogie pérenne	Centrée sur les activités de l'enseignant devant le groupe classe : « enseigner »
Modèles d'Éducation nouvelle Pédagogies actives (1900-1975)	Agir Activité (au double sens d'action propre et de situation) Vers le constructivisme	Dites « naturelles » ; Action dirigée pour apprendre par expérience directe Innovation pédagogique	Centrée sur les activités de l'élève et du groupe classe Libre exercice, pédagogies de la découverte... Dewey : « *learning by doing* » Piaget : action et pensée

Modèle	Processus	Méthodes	Logiques pédagogiques
Modèle de maîtrise (1975) **Pédagogie par les objectifs et Différenciation** (1985)	Organisation du « système » pédagogique : objectifs, compétences, projet, évaluations	Pédagogie des moyens : différenciation des chemins pour apprendre Mises en situation	Centrée sur les mises en situation liant l'activité des apprenants aux compétences à acquérir Ajustement des variables ; temps, espace, moyens Enseignement « stratégique »
Modèle d'éducation globale et d'autonomisation (2000)	Construction autonome des savoirs : - écologie cognitive - « système-sujet » Autonomisation des conditions d'apprentissage : recherche, problème, travail réflexif, travail de groupe,...	Pédagogie « informationnelle » liant recherche d'information et savoir « Travail » personnel de l'élève, au sein des activités collectives, méthodes de travail	Centrée sur le travail propre de l'élève, sa capacité réflexive, en liaison avec les situations, l'environnement (numérique) de travail et leur accompagnement

Analyse

La question du choix des modèles apparaît dans les débats actuels : doit-on centrer l'école sur l'élève ? sur la transmission des savoirs ? Lorsque l'on débat, on ne peut se contenter d'examiner les objets « apparents » de la pédagogie scolaire (la relation, faire un cours, gérer une classe), sans en problématiser l'origine et le fonctionnement, sans se demander pourquoi cela fonctionne comme cela et pas autrement. Cela suppose d'interroger nos propres représentations du fait pédagogique.

Liens

Autonomie de l'élève, Différenciation, Finalité de l'éducation, Méthodes « naturelles », Pédagogie par objectifs, Piaget

Notation

Définitions

Plus qu'une mesure, la note est une convention, un « code » d'appréciation permettant de résumer des informations de nature différente et de classer les performances scolaires (dont les copies) selon une échelle de valeur.

La notation serait plus une coutume scolaire (le classement est inventé par les Jésuites au XVIIe pour créer l'émulation entre les élèves) qu'une quotation (pratique centrée sur la mesure plus que sur son objet) ou qu'un véritable outil de mesure, et, dans son fonctionnement, un acte d'expertise (interne à l'activité) plus qu'une mesure extérieure. Noter est un acte de jugement qui participe à l'évaluation sous sa forme normative et sommative.

Informations

La **docimologie** (de *dokimé*, épreuve, science des examens, Piéron, 1963) est l'étude des systèmes de notation en terme de mesure. Les études docimologiques montrent les incertitudes de la notation. La « vérité » d'une copie est le nombre nécessaire de correcteurs : pour obtenir une note exacte au baccalauréat, il faudrait faire la moyenne des notes données par 13 correcteurs en mathématiques, 78 en composition française et 127 en philosophie pour une même copie. Mais le mythe de la mesure et de la « vraie » note dénature le sens réel de la note comme décision, et l'harmonisation de notes (à laquelle différents logiciels peuvent contribuer) pondère en partie ces incertitudes.

• **Les effets propres à la notation :** la docimologie souligne les **effets d'ordre** (la note attribuée à une copie dépend de l'ordre qu'elle occupe dans le « paquet ») ; les **effets de contraste ou de halo** (la note attribuée à une copie dépend de l'évaluation de la copie précédente), les **effets d'assimilation** (en procédant par *a priori* : surévaluation des présumés « bons » élèves et sous-évaluation des auteurs de copies « faibles »).

• **Les effets produits par la notation :** de nombreuses études montrent que l'exposition à l'évaluation modifie les performances des élèves à l'avantage des meilleurs (**effet évaluation**). Les circonstances scolaires de l'évaluation ont leurs propres effets (le temps imparti qui détermine des niveaux de réussite, et parfois des réponses d'abandon). L'évaluation est une « image » à forte incidence représentationnelle sur la capacité à réussir *(self capacity)*, ainsi que le souligne l'**effet Pygmalion** (Rosenthal, 1971), effet de l'image donnée par l'environnement de l'élève et, par réaction, sur le sentiment de réussite et la réussite effective.

Analyse

La notation est au carrefour de deux cultures, de deux logiques : celle de la « *fabrication de l'excellence scolaire* » (Perrenoud, 1999) et celle de la régulation des apprentissages, des échanges dans et par le savoir. Par les fonctions pédagogiques et sociales de justesse et de justice qu'elle met en jeu, la notation n'est pas un simple acte « technique », mais une herméneutique, un travail d'interprétation et de jugement qui peut s'accompagner d'une dimension d'aide, d'analyse ; les « commentaires » constituent un mode d'échange individualisé. Elle peut également faire office de distinction et de sélection, de tri des « bons » élèves à l'image que s'en font les professeurs à l'échelle d'une classe (selon une répartition en courbe de Gauss). De fait, l'évaluation est l'objet d'une activité réflexive pour ceux qui la pratiquent.

L'expression la plus fréquente des activités scolaires d'évaluation, au collège et au lycée bien plus qu'à l'école primaire qui propose d'autres formes d'évaluation, est la **note** (et le carnet de notes). Cette trace est le point de rencontre des parents, des élèves et de l'école : elle sert à des décisions importantes (orientation notamment) en même temps qu'elle donne à l'élève un statut et une perspective sur sa propre expérience scolaire.

Citation

« Juger est un processus par lequel une personne se forge et émet une opinion, un avis, un point de vue, une représentation ; il s'agit donc d'une affirmation de nature essentiellement relative. » Ketele, *Méthodologie du recueil d'informations*, 1993.

Liens *Contrat pédagogique, Évaluation, Orientation*

Obstacles pédagogiques

Définitions

Le mot latin *obstare* signifie « être devant, obstruer ». L'*obstaculum*, c'est ce qui arrête, s'oppose. Un obstacle est pour Bachelard (1938) une *« contre-pensée »*, un état de l'*« esprit scientifique »*, pour le savant comme pour l'élève : *« On connaît contre* […] *en détruisant des connaissances mal faites, en surmontant ce qui, dans l'esprit même, fait obstacle. »*

Selon Bachelard la *« contre-pensée »* est à la fois un écueil et l'élément sur lequel s'inscrit une dynamique de la *« pensée du contre »* et de la construction. Son dépassement exige un travail de même nature que l'apprentissage d'une connaissance : la recherche de ce qui dans l'obstacle fait obstacle.

Informations

L'**obstacle épistémologique** : la notion apparaît chez Bachelard dans *La Formation de l'esprit scientifique* (1972) : *« La notion d'obstacle épistémologique peut être étudiée dans le développement historique de la pensée scientifique et dans la pratique de l'éducation : la pensée scientifique apparaîtra comme* […] *un obstacle surmonté. »*

L'obstacle pédagogique suppose non que *« l'esprit commence comme une leçon »* mais que l'élève *« arrive dans la classe de physique avec des connaissances empiriques déjà constituées : il s'agit alors, non pas d'acquérir* […], *mais bien de changer de culture »*. La *« contre-pensée »* est souvent issue de l'intuition, du sensible, de l'opinion, de mots qui prêtent des qualités aux phénomènes (substantialisme) : par exemple, l'électricité est appréhendée comme un feu qu'on allume et qu'on éteint, un fluide, un circuit…

Apprendre comme déconstruction, tel est pour Giordan (1996) le mouvement de surmonter *« ce qui dans l'esprit fait obstacle »* (le *« déjà-là »* de Bachelard), de *« briser le mur »* afin d'ouvrir un champ du savoir. Ce qui suppose de « mesurer » l'obstacle par une approche des conceptions. Pour Giordan, le sens naît d'un ensemble d'interactions dues aux raisonnements, aux mots et aux schémas mentaux ou visuels et leur mise en réseau : apprendre, c'est opérer sur des conceptions.

L'objectif-obstacle : le principe posé (Martinand, 1995) est de rechercher les obstacles, dont le dépassement est à la fois possible et intéressant, puis de définir les conditions didactiques permettant de les franchir. Au lieu de définir séparément obstacles et objectifs, on se propose d'utiliser la caractérisation des obstacles comme un mode d'identification et de choix des objectifs. La constitution d'obstacles comme « matière à penser » peut finaliser une activité, donner à l'élève un appui.

L'obstacle cognitif : le principe d'obstacle permet aussi de décrire les écarts cognitifs, positifs et négatifs, entre les notions disciplinaires et les modes de pensée des élèves. Brousseau rappelle que les **obstacles d'origine ontogénétique** sont liés aux limitations d'un sujet à un moment de son développement.

L'obstacle d'origine didactique est lié au choix de l'objet à faire apprendre par discipline. L'obstacle est ici une connaissance pour laquelle il faut étudier la difficulté, énoncer les erreurs possibles des élèves, et non leur manque de connaissance.

Analyse

L'obstacle met en jeu les opérations mentales du sujet, ses représentations, la construction de ses connaissances dans l'analyse des tâches à accomplir. Pour l'enseignant, l'obstacle est un guide de proposition de tâches adaptées aux difficultés rencontrées par les élèves, au sens d'obstacles à franchir et à apprendre à franchir. Meirieu situe l'objectif-obstacle, non pas *a priori* mais *a posteriori*, accompagnant une pédagogie qui échappe à la maîtrise rationnelle préalable mais s'organise comme maîtrise fonctionnelle, en cours d'apprentissage.

Citation

« Il n'y a pas de vérité première, il n'y a que des erreurs premières. »
Bachelard, *Le Rationalisme appliqué*, 1949.

Liens *Bachelard, Situations-problèmes*

Pédagogie : les origines

Définitions

La pédagogie est fortement marquée par ses origines. Celle du pédagogue, celui qui a en charge l'enfant (*pais*, enfant ; *agein*, *agögé*, direction, conduite) : le *paidagogos* est seulement celui qui conduit l'enfant à l'école (avant de devenir par extension le précepteur). Le pédagogue est alors plus près de la veille et du soin de l'enfant que de l'instruction. La fonction de « maître » est plutôt attribuée au *didascalos* (répétiteur ou « enseignant »). Le terme de *paideia* rassemble le soin porté à l'enfant et le résultat de l'effort éducatif, d'une culture et de ses techniques. La *paideia* était conçue comme le rapport d'un jeune esprit à un aîné, guide et initiateur, sans véritable programme d'enseignement.

La pédagogie décrit une conduite spécifique (socialement construite) et les actions combinées d'enseigner et d'apprendre. L'objet de la pédagogie, ce n'est ni l'enseignant, ni le savoir, ni l'élève, mais l'activité qui les réunit, ensemble fondateur créant une cohérence entre les personnes, les savoirs, la culture et la société. La pédagogie traite des choix méthodiques du maître, des conditions d'acquisition des savoirs et des compétences, des besoins des élèves, du fonctionnement du groupe…

Informations

La pédagogie apparaît culturellement comme dialogue dans la figure de la **maïeutique**, représentant analogiquement l'art de Socrate comme accouchement des esprits des pensées qu'ils contiennent sans le savoir : « *Je ne lui enseigne rien, mais tout ce que je fais c'est questionner.* » (*Ménon*, Platon). L'origine de la pédagogie est orale, la maïeutique appartenant à l'art du discours, qui tient une place centrale dans la culture grecque. On discute, on s'oppose en examinant la portée de différentes hypothèses sous forme d'apories, mettant en présence deux raisonnements contraires pour la même question, par une méthode que l'on appellera la dialectique. La pédagogie ne naît pas du savoir, mais lui donne naissance par le jeu du *dia-logos*, forme de pensée qui unit le maître et son « élève ».

Contradict° qu'on ne peut pas résoudre ds 1 raisonnement.

Analyse

Le sens des pratiques pédagogiques – illustré par les débats actuels opposant les tenants d'une instruction sous forme de transmission aux tenants d'une approche du sujet apprenant et des conditions de la construction des savoirs – est indissociable des diverses conceptions de la nature humaine. Pour l'enseignant, être « pédagogue » va au-delà des qualités personnelles et consiste à savoir conduire des activités dans un système pédagogique organisé en assurant les conditions des apprentissages scolaires.

Dans son fonctionnement, la pédagogie consiste à mettre en rapport deux organisations mentales, celle du professeur et celle de l'élève, selon des modèles proposés : transmettre, mettre en jeu l'activité propre de l'élève, adapter le système aux besoins de l'élève, organiser le travail personnel… Les modèles pédagogiques définissent les pratiques qui réunissent les manières d'enseigner et celles d'apprendre, liant les finalités, les savoirs et les méthodes. Dans ses évolutions, la pédagogie est liée aux modes techniques et sociaux tels ceux des environnements numériques de travail qui influent sur les manières d'apprendre. Pour Michel Serres, les nouveaux modes de circulation des informations font de la société une *« société pédagogique »*.

Citations

« En dedans de son âme chacun possède la puissance du savoir, ainsi que l'organe au moyen duquel chacun acquiert l'instruction. » Platon, *La République*.

« Tant plutôt envie d'en tirer [de l'enfant] un habile homme qu'un homme savant, je voudrais aussi qu'on fût soigneux de lui choisir un conducteur qui eût plutôt la tête bien faite que bien pleine […]. » Montaigne, *Essais*, 1580.

« Quels pédagogues nous étions, quand nous n'avions pas le souci de la pédagogie ! » Pennac, *Comme un roman*, 1985.

Liens

Modèles pédagogiques, Platon - Socrate, Relation pédagogique

Pédagogie différenciée

Définitions

La pédagogie différenciée n'est pas une pédagogie, mais une variété organisée d'approches, de situations utilisables. Elle permet de multiplier les parcours, les itinéraires, afin que chaque élève accède aux meilleures conditions pour apprendre. Ce sont les apprentissages qui sont différenciés, la pédagogie différenciée n'étant qu'organisatrice et l'école devenant plurielle (Peretti, 1987).

« La pédagogie différenciée est un aspect élaboré de la pédagogie de maîtrise. » (Legrand, 1986.) Elle met en rapport la réalisation d'objectifs communs, le principe d'éducabilité et une organisation permettant d'adapter l'activité pédagogique aux rythmes et aux besoins particuliers des élèves.

Informations

Meirieu (1985) distingue la **différenciation successive**, alternance d'outils en cours de séquence, incluant une flexibilité des méthodes et des approches, et la **différenciation simultanée**, comme répartition des élèves par activité (permettant de distribuer le travail correspondant à un besoin de l'élève à un moment du programme, de rompre avec la structure classe pour mettre en place des plans de travails individuels).

Peretti (1987) distingue :

– la **pédagogie variée** d'un enseignement **au niveau de la classe**, qui concerne les phases différenciées d'un enseignement disciplinaire : supports diversifiés, horaires différenciés, méthodologie évolutive, gestion des tâches par le contenu et/ou par regroupement (sans exclusion de méthode). Cette pédagogie permet à chacun de trouver des « appuis » pour apprendre ; elle met en place pour plusieurs classes une variété des groupes et des méthodes : groupe d'entraînement ou d'apprentissage, de production, de compréhension… Les variables considérées sont celles de la diversification des méthodes et de la répartition des élèves selon leurs besoins ;

– la **pédagogie différenciée** à l'échelle de l'établissement scolaire : la diversification du temps, des études, du projet, la différenciation du contenu notionnel lui-même. Les initiatives et les ressources locales, les projets, les contrats sont autant de variables pédagogiques à utiliser pour différencier.

Analyse

D'autres approches mettent l'accent sur les analyses préalables de l'hétérogénéité des élèves (par exemple les évaluations nationales en début de CE2 et en 6e) pour organiser leur répartition par modules ou mettre en œuvre une aide individualisée. Actuellement, différents dispositifs sont proposés pour aider les élèves en difficulté ou varier les modes de travail : **Programme personnalisé de réussite éducative** (PPRE), **Itinéraires de découverte** (IDD), **Travaux personnels encadrés** (TPE). Les solutions proposées sont articulées avec les didactiques disciplinaires, les conditions ou l'organisation des conditions de travail de l'élève (notamment grâce au TICE).

La pédagogie différenciée constitue un changement dans le mode de réponse aux problèmes actuels de l'école. Elle modifie l'ordre scolaire traditionnel statique, posant la question des conditions pour apprendre. Le système pédagogique devient « agent » par la gestion des enseignements et des apprentissages qui ne se confond plus avec le *cursus* scolaire théorique et rompt avec la passivité du « déterminisme » scolaire. Il revalorise l'initiative du travail enseignant lui-même (comme logique ouverte), sa technicité, son adaptabilité et sa responsabilité accrue. La différenciation n'est pas le travail individuel ou face au maître, mais l'individualisation des parcours auxquels contribue un cours, un travail de groupe, un travail personnel…

Citation

« Différencier, c'est organiser les interactions et les activités de telle sorte que chaque élève soit constamment […] *confronté aux situations les plus fécondes pour lui. »* Perrenoud, *Pédagogie différenciée*, 2004.

Liens

Différenciation, Évaluation, Pédagogie de maîtrise

Pédagogie de groupe

Définitions

Le groupe constitue un mode de travail (réunion, groupement des élèves) ayant un rôle conducteur en pédagogie. Il constitue à la fois un contexte donnant une signification sociale aux tâches et un dispositif de construction sociocognitive des savoirs. Relevant d'une orientation éducative d'activité, le groupe est, d'une part, un principe d'organisation et de différenciation pédagogiques et, d'autre part, un opérateur du travail cognitif des élèves et d'apprentissage réciproque, chacun trouvant dans les échanges entre pairs les appuis à ses propres apprentissages.

Informations

Le **travail de groupe** a été retenu par les pédagogies actives comme alternative à l'enseignement magistral, à la dépendance et à la passivité des élèves. Cousinet (1969), l'acteur de l'introduction du groupe en pédagogie, considérait le groupe comme une méthode de travail libre. Dewey (1938) faisait de l'apprentissage social le carrefour pragmatique de l'action et de l'expérience. La décision de groupe engage et institue des directions de travail. Le besoin d'être reconnu et associé à la mise en place fait du groupe un cadre de référence et un relais entre les besoins de l'élève et les besoins intellectuels et sociaux liés à la réalisation d'une tâche.

Le principe des **pédagogies de groupe** (il y a plusieurs formes pédagogiques liées au groupe) est de regrouper des élèves en fonction des objectifs poursuivis et des caractéristiques qui les lient à la tâche, ces éléments étant utilisés comme variables organisationnelles. On peut mettre en place :

– des **groupes de niveau** (de connaissance, de méthode, de rythme de travail) ;

– des **groupes hétérogènes**, pour que se produise une complémentarité ;

– des **groupes de besoin** plus adaptables ;

– des **groupes de monitorat**, un élève reformulant avec ses propres termes la tâche à accomplir ;

– des **groupes de production** ou **collaboratifs** participant à un projet global et à une division du travail ;

– des **groupes d'apprentissage** (Astolfi, 1995) sur différents principes : découverte, confrontation, interévaluation, assimilation, entraînement mutuel...

Le **travail par (et de) groupe** désigne fonctionnellement, au-delà du travail *en* groupe, un espace et un mode de travail. Le groupe suppose présence et accompagnement. C'est le lien entre le travail du professeur et celui de l'élève, travail partagé à travers une tâche, une situation, un projet, qui est l'objet de la pédagogie de groupe (et non le groupe lui-même).

Analyse

Le groupe peut être utilisé dans différentes logiques pédagogiques, de la découverte (apprentissage) à l'exécution (exercice). Le groupe n'est pas un procédé qui produit mécaniquement des effets, mais une disposition de gestion de la classe. Tous les enfants ne tirent pas le même parti des situations sociocognitives et certaines dérives sont possibles : économie du temps, des moyens (on laisse faire les meilleurs, on se limite à la stricte réponse à la situation), comportements « *de passivité* » (on attend la réponse du maître). Le travail en groupe peut être par ailleurs associé à la mise en place d'une autonomie.

Citations

« Non seulement le travail de groupe a sa discipline propre, mais de plus cette discipline est une émanation et une exigence du groupe comme tel. »
Kaye et Rogers, *Pédagogie du groupe*, 1971.

« La vie sociale, pénétrant en classe par la collaboration effective des élèves et la discipline autonome du groupe, implique l'idéal même de l'activité [...] *: elle est morale en action, comme le travail « actif » est l'intelligence en acte. »*
Piaget, *Psychologie et pédagogie*, 1974.

Liens *Classe, Groupes et Apprentissages, Pédagogie différenciée*

Pédagogie magistrale

Définitions

La **pédagogie magistrale** (ou frontale) suppose une relation linéaire et directe entre un émetteur détenteur d'un savoir et un récepteur qui mémorise des messages. Ce schéma dépasse le cas de l'enseignement et s'adresse à d'autres modes de communication : *mass media*, conférences, expositions de musées… La pédagogie magistrale a prévalu à l'école, à l'université et dans nombre de formes de communication. Comme modèle d'information, elle repose sur un mode séquentiel de cause à effet (éventuellement avec effet en retour *feed-back*).

Informations

Les pédagogies transmissives s'appuient sur un schéma directeur des enseignements reposant sur la mission du maître et la réceptivité (et la bonne volonté) des élèves. Les connaissances que le professeur détient sont transmises, savoir pré-organisé en moyens (lecture, écriture…) et en programmes, distribution de notions et de connaissances par matière. La **leçon** en est la figure essentielle, élément du savoir exposé, mais aussi forme expositive.

Pour la pédagogie magistrale, exposé et imposé vont souvent de pair : transmettre, c'est faire admettre (au double sens d'imposition et de compréhension). Dans la symbolique de la fonction enseignante, « *ce qui institue, c'est la part du langage* » (Bourdieu, Passeron, 1970). Le **langage magistral** (du *magister*) s'insère dans la disposition spatiale, l'univers de la salle de classe qui devient espace d'autorité, organisant la subordination au sein de la communication scolaire.

Analyse

Le modèle « *transmissif* » suppose que l'esprit de l'élève soit passif, une « *table rase* » (Locke, 1755) et toujours disponible. L'usage du **cours magistral**, qui veut que l'on écoute en classe et que l'on travaille à la maison, est dérivé de la pratique universitaire *(ex cathedra)* et de la spécialisation disciplinaire. Le rôle du professeur (plus que du maître) est d'exposer clairement, de montrer avec dynamisme, de répéter. Mais la communication doit, en pédagogie, mobiliser les individus comme opérateurs de significations : le message n'est entendu que s'il est attendu. L'enregistrement n'est pas mécanique. Le lien à établir entre l'information externe et la structure de pensée est lié au processus d'apprentissage.

Le *« magistral »* est la part du **magister** et suppose un exercice idéal de la pédagogie : la transparence du maître, la précision de son savoir, la vérité donnée et la (bonne) réception par les élèves. Paradoxalement, ce qui est attendu, c'est l'effet produit (savoir, comprendre) comme préalable à la bonne transmission. L'effet de l'enseignement est posé comme condition.

Citations

« Par l'enseignement que j'ai construit à cet effet, j'évite à l'élève l'apprentissage qui lui serait nécessaire si mon enseignement n'existait pas. [...] Et je ne veux pas dire par là, que l'écolier soit passif ; [...] il ne l'est qu'au sein de ce monde artificiel où toutes ses démarches (auxquelles on l'oblige) sont dictées par le maître, et où il apprend de plus en plus, de mieux en mieux, à être enseigné, mais où il n'apprend guère à travailler, et encore moins à apprendre. » Cousinet, *Pédagogie de l'apprentissage*, 1959.

« Le seul fait de transmettre un message dans un rapport de communication pédagogique implique et impose une définition sociale de ce qui mérite d'être transmis et de ceux qui ont le droit de transmettre, ou, mieux, d'en imposer la réception. » Bourdieu et Passeron, *La Reproduction*, 1970.

Liens *Autorité, Classe*

Pédagogie de maîtrise

Définitions

Le **principe de maîtrise** est celui d'une organisation qui permette la rationalisation des actions et la gestion des moyens pour faire accéder l'élève aux objectifs visés. Pour Bloom, « *la plupart des élèves deviennent fort semblables dans leur aptitude à apprendre, leur vitesse d'apprentissage et leur volonté de continuer les apprentissages, si on les place dans des conditions d'apprentissage favorables.* » (1979.) La condition de la maîtrise, ce n'est pas seulement l'activité de l'élève, mais l'organisation pédagogique et le système développés entre l'élève et les apprentissages à réaliser.

On peut considérer que tout élève « est capable » de maîtriser un objectif (principe d'**éducabilité** lié à celui de maîtrise) s'il trouve les conditions de son propre apprentissage : cela suppose qu'il existe une solution d'enseignement.

Informations

L'intention de la pédagogie de maîtrise est double : l'objectivation des buts à atteindre et des moyens pour y parvenir (rationalisation) ; l'éducabilité, le principe de réussite possible pour tous les élèves dans un système aménagé qui devient un facteur d'apprentissage important.

La pédagogie de maîtrise n'est pas une « pédagogie » si l'on restreint ce terme à une idée pratique, solution à la manière de faire apprendre : elle englobe toute forme de pédagogie dans la gestion de moyens pour réaliser la maîtrise d'un objectif, d'une compétence. L'objet de l'action pédagogique se conçoit en trois temps :

1. fixer les objectifs à maîtriser ;
2. concevoir et gérer le système de telle sorte que tous les élèves puissent les atteindre (analyse des moyens d'apprendre) ;
3. conduire les activités.

Ceci suppose un mode de pilotage et d'évaluation de l'action combinée de ces trois dimensions.

Le problème soulevé est celui de la conception des **facteurs d'enseignement et d'apprentissage** et de leurs effets. On peut attribuer les résultats scolaires aux aptitudes des élèves, l'**effet pédagogique** étant banalisé ; on peut aussi constater, avec Bloom, que les élèves dits

« lents », si on leur donne plus de temps et aide, arrivent aux mêmes résultats, manifestent le même intérêt que les autres élèves. La « méthode » n'est pas à elle seule la solution : celle-ci se trouve dans l'ajustement réglé aux besoins de l'élève.

Analyse

La pédagogie de maîtrise relève de différentes origines (non pédagogiques) : modèles de gestion, de management, planification, techniques d'objectivation (les objectifs). Considérée comme effet du productivisme industriel pour certains, utilisée comme renforcement de pratiques traditionnelles de contrôle pour d'autres, la pédagogie de maîtrise problématise les effets de la relation pédagogique et du rapport enseignement-apprentissage.

La question pédagogique devient non la recherche de *la* bonne méthode mais celle de l'organisation, ensemble coordonné des facteurs et des moyens (dont *les* méthodes) pour conduire un enseignement. Le modèle de maîtrise canalise de fait l'activité pédagogique : l'enseignement est fait pour les élèves et l'action pédagogique doit être conçue et validée dans ce sens.

Citations

« Notre théorie implique qu'en éducation, on peut chercher l'égalité des résultats et non l'égalité des chances ; [...] *l'inégalité de traitement peut être nécessaire à certaines étapes du processus d'apprentissage. »* Bloom, *Caractéristiques individuelles et apprentissages scolaires*, 1979.

« Ce ne sont pas les matières qu'on leur enseigne que les élèves ne comprennent pas, mais les leçons qu'on leur donne. » Piaget, *Psychologie et pédagogie*, 1969.

Liens

Apprentissages scolaires, Modèles pédagogiques, Pédagogie différenciée, Pédagogie par objectifs, Piaget

Pédagogie négative

Définitions

L'**éducation** (ou la pédagogie) **négative** naît chez Rousseau du souci de préserver l'enfant d'une éducation qui soit négation de sa nature. Elle propose une autre voie : « *J'appelle éducation négative celle qui tend à perfectionner les organes, instruments de nos connaissances, avant de nous donner ces connaissances et qui prépare à la raison par l'exercice des sens.* » (*Émile ou De l'éducation*, 1762).

Le sens premier de **l'antipédagogie** est de protéger l'enfant d'expériences « éducatives » préjudiciables, le préserver d'une expérience (selon l'image de l'« école caserne ») d'un « pédagogisme » et d'une autorité jugée néfaste. Pour ces auteurs, c'est l'école elle-même qui est négative.

Informations

La première figure de l'éducation négative, où « l'enseignant n'enseigne pas », est celle de Socrate, proclamant son ignorance : « *Je ne lui apprends rien.* » (*Ménon*, Platon.) Rousseau en donne le principe : « *En commençant par ne rien faire, vous auriez fait un prodige d'éducation.* » Il ne s'agit pas d'un refus d'éducation, mais du refus d'aller trop vite, de « *dresser à obéir avant d'en comprendre la nécessité* », d'enseigner avant l'âge.

Ce mouvement a conduit à concevoir d'autres écoles, telle celle que Neill (1973) a fondée à Summerhill. Il s'agit d'alternatives à la relation pédagogique qui condamne l'enfant à un destin d'écolier (Dolto, 1969). Étendu au groupe (Lobrot) ou à l'institution (Lapassade, Loureau), associé à la pédagogie institutionnelle ou à diverses écoles (Tolstoï, Makarenko, Neill...), le courant des pédagogies négatives s'efforce de refonder le « champ pédagogique » et la relation entre enseignants et enseignés en renouvelant les formes de l'autorité.

La pédagogie non directive s'inscrit dans la conception de Rogers d'une **autodirection** (*growth*, **développement de la personne**), possibilité pour chacun d'apprendre en se développant. Après celle de non directivité, l'idée d'une **néodirectivité**, comme voie différente de l'autorité magistrale, fait de l'échange et du dialogue les conditions du développement propre, ce que Rogers dénommait un « *apprentissage authentique* », touchant à son expérience personnelle. La négation (non-intervention) porte sur le chemin de la connaissance, faisant de la relation pédagogique une condition dynamique, supposant de la part de l'enseignant à la fois retrait et facilitation.

Analyse

C'est sur la qualité de la communication humaine que les pédagogies négatives fondent leurs analyses et leurs pratiques. Ces pédagogies contribuent à la reconstruction de la relation pédagogique sur d'autres modèles que celui du « magistral » ou de l'ordre de la discipline scolaire, réduit à la réalisation personnelle de la figure du maître. Renoncer à enseigner et à diriger (**non directivité**), c'est encore de la pédagogie et non sa suppression.

Mais ne pas soumettre l'élève à l'influence du maître risque de devenir une nouvelle négation : celle de la place de l'école laissant cours aux influences extérieures auxquelles les élèves sont soumis, ou celle du savoir, la non-intervention scolaire laissant les enfants dans l'héritage de leur position culturelle et sociale (Snyders, 1974, parle de « *l'absence sociale* » des pédagogies non directives).

Citation

« […] *Une conduite consistant à mettre une personne ou un groupe en mesure d'élucider et si possible de résoudre lui-même les problèmes qu'il rencontre tant au niveau de ses tâches (niveau fonctionnel) qu'au niveau de ses sentiments mutuellement ressentis (niveau sous-affectif). Il est un moment où le maître n'enseigne plus, il se fait analyste des processus d'apprentissage* […] *aidant le groupe à éduquer ses membres.* » Lobrot, *La Pédagogie institutionnelle*, 1970.

Liens

Méthodes « naturelles », Pédagogie magistrale, Platon, Rousseau

Pédagogie par objectifs

Définitions

La pédagogie par objectifs est une démarche d'organisation fondée sur l'élucidation de l'objet à apprendre, sa conversion en terme d'acquis possible pour l'élève, et le contrôle par le résultat (évaluation). L'objectif situe et décrit le résultat souhaité de l'activité, les effets explicitement visés (quelle que soit la méthode), en énonçant les habiletés à maîtriser.

Pour Mager, « *un objectif est la description d'un ensemble de comportements (ou performances) dont l'étudiant doit se montrer capable pour être reconnu compétent.* » La **méthodologie par objectifs** suppose de « *nommer les comportements attendus* » à l'issue d'une activité d'enseignement (Mager, 1977).

Informations

Le terme d'« objectif », lié à celui de « maîtrise », est introduit à partir des années soixante-dix en associant à la pédagogie le **principe de pilotage** et d'information dans un système. Il décrit la zone de l'élève (le pôle des compétences), et organise la zone d'apprentissage et d'enseignement entre l'objectif et la réalisation des activités. Une leçon, un travail de groupe n'ont pas à proprement parler d'objectifs : ils doivent en permettre la réalisation.

La méthodologie comporte deux dispositions :

1. Énoncer ce qui est à apprendre sous forme d'habileté et de maîtrise. La formulation se fait par **objectifs opérationnels** autour de la formule « l'élève doit être capable », puis, progressivement, par **compétences**, habiletés contextualisées par les savoirs et la situation proposée. Différentes modalités comportementales (savoir, savoir-faire, savoir-être) et cognitives (maîtrise simple, transfert, expression…) sont contextualisées par champ disciplinaire.

2. Ordonner par domaines et complexité croissante les effets attendus sous forme de classifications d'objectifs et de référentiels de compétences, articulés sur les domaines disciplinaires. Chaque élément d'un programme est rapporté aux compétences requises afin de rendre visibles les étapes et les conditions d'un travail d'élève, de l'orienter, de s'adapter à ses difficultés, de mettre en œuvre les situations.

Analyse

Les objectifs font aujourd'hui partie du langage pédagogique. Il n'existe pas à proprement parler de pédagogie par objectifs, mais une méthodologie intégrée à toute réalisation, à toute évaluation. L'objectif est un outil pédagogique informatif à partir duquel se règlent les conditions de réalisation.

La pédagogie ne peut en aucun cas se limiter à la seule définition des objectifs. Il existe de nombreuses manières de concevoir des objectifs et de les utiliser dans une démarche pédagogique : « *objectifs-obstacles* » (Meirieu, 2004), « *objectifs* a posteriori » (Perrenoud, 2004). Mais, en connaissant ces limites, on ne peut plus aujourd'hui **enseigner** et **apprendre** sans une « entrée » **par les objectifs**.

Citations

« *Un objectif décrit donc une intention plutôt que le processus d'enseignement lui-même. Un professeur travaillera dans le vague tant qu'il ne saura pas vraiment ce qu'il souhaite voir ses élèves capables de faire à la fin de son enseignement. Définir un objectif permet par la même occasion une réflexion sérieuse et approfondie sur le contenu à élaborer.* »
Mager, Comment définir des objectifs pédagogiques, 1977.

« *La pédagogie par objectifs est* […] *après l'échec des systèmes d'éducation et des valeurs reçues, les traditionnelles comme les contestataires, un des derniers recours rationnels qui puissent redonner du sens à l'action éducative.* » Hameline, Les Objectifs pédagogiques en formation initiale et en formation continue, 1979.

Liens

Connaissance et Compétence, Évaluation, Modèles pédagogiques, Obstacles pédagogiques, Pédagogie de maîtrise, Situations-problèmes

Projet en pédagogie

Définitions

Le **projet** (projeter, mettre en avant) est une démarche volontariste supposant la représentation du but que l'on se donne et l'anticipation de son résultat. Elle suppose en conséquence une organisation de l'activité. Le projet est une figure culturelle d'action, un mode cognitif (avoir un projet).

Le **projet en pédagogie** décrit une conduite de prévision et de réussite autant que d'organisation **(projet pédagogique)**. Il est associé aux conditions des apprentissages pour la **pédagogie de projet**. D'autres dimensions du projet participent à l'activité pédagogique : projet de l'élève, projet d'établissement, projet d'action éducative…

Informations

L'idée de conduire la réalité à travers un modèle provient de la Renaissance, l'architecte étant celui qui crée le réel, en le dessinant sur un plan. Le terme est associé au XVIIIe siècle à l'univers social et politique, au projet de société. Au XIXe siècle naît le projet existentiel, ce qui donne sens à l'action propre. Sont apparues au XXe siècle l'idée de **démarche de projet** (marquée par Boutinet, 1992) puis celle de projet comme mode d'organisation cognitive de l'expérience (Dewey, 1938).

« L'acte de penser est réglé par sa fin », nous dit Dewey. L'**action intelligente** centre les connaissances à acquérir sur un thème de travail, qui sert à la fois d'expérience et d'instrumentalisation de la pensée. **Mettre en projet** est décrit comme le but propre du pédagogue *« de transformer un sujet d'étude en pareille expérience »*.

Vassilief définit la **pédagogie du projet** comme *« socio-pédagogie, ce qui signifie que les compétences comportementales s'y acquièrent par le vécu direct d'une mise en situation réelle »* (1991). L'apprentissage n'est pas conçu comme une préparation pour un exercice ultérieur, mais permet de développer des activités qui ont du sens, grâce auxquelles l'élève participe et construit un savoir. L'idée est également celle d'un processus qui rend autonome.

Le **projet pédagogique**, centré sur les pratiques, est le principe de la construction par les enseignants (projet d'équipe) des modes de travail et des modalités organisatrices de l'activité. Le projet pédagogique relie l'activité de l'enseignant à l'élève, à travers les situations, les contextes, les objets qui lui permettent de mettre en jeu son propre intérêt. Il est de l'ordre de la mise en œuvre de l'activité.

Les **dimensions méthodiques du projet pédagogique** sont : le sujet (ou thème) d'étude et de production qui lui donne son sens ; la définition réciproque des tâches ; la constitution d'un plan de travail ; l'objectif d'une réalisation ; le processus de découverte progressive ; les interactions provoquées par sa réalisation ; l'action de l'enseignant comme recours et garant du projet ; l'évaluation qui permet de valider la cohérence du projet tout en permettant de faire un bilan en retour sur le résultat prévu.

Analyse

On peut distinguer le « **projet-visée** » et le « **projet-programme** » (Ardoino, 1984). Le projet est à la fois un cadre de travail et un mode d'organisation, une démarche mobilisatrice et réalisatrice, un principe de renouvellement de l'action : il sert à organiser toute pédagogie. Mais le même mouvement peut-il conduire à la fois le projet éducatif, le projet d'établissement, les projets pédagogiques et le projet de l'élève ? Peut-on tout apprendre par projet ?

Citation

« C'est l'idée même de "valeur" (au sens philosophique et non économique du terme) qui spécifie le mieux le projet [...] *Ce sont, dès lors, des finalités, qui le font porteur de significations, plus soucieux, finalement de signifiance que de cohérence* [...] *Finalement, il n'y a pas de pédagogie sans projet. »*
Ardoino, *Pédagogie du projet ou Projet éducatif*, 1984.

Liens *Évaluation, Projet d'école - d'établissement, Relation pédagogique*

Relation pédagogique

Définitions

Ce que l'on entend par « *relation pédagogique* » est une polarité, un lien fondateur. La relation pédagogique se conçoit à la fois comme la dynamique d'un échange humain et comme un système fonctionnel d'apprentissage et d'éducation. Elle consiste en un dialogue *(dia-logos)* qui suppose un progrès asymétrique dans l'élaboration d'une connaissance. Le terme marque l'importance des interactions vécues et de la communication interpersonnelle ainsi que les caractères particuliers du « *moment pédagogique* ». (Freinet, 1947.)

Les formes de la relation pédagogique sont liées à la tâche scolaire et aux idées éducatives (telle celle de l'autorité ou de l'autonomie). On peut donc parler de différentes relations pédagogiques et procéder à leurs analyses comparatives, selon leurs intentions et leurs modèles.

Informations

La **relation maître-élève** induit dans son essence même une inégalité de statut mais aussi une solidarité culturelle qui institue le professeur dans la responsabilité du travail de l'élève. L'**asymétrie** peut être conçue comme inégalitaire, mais également comme complémentarité, action conjuguée entre maître et élève, comme « *agir communicationnel* », horizon d'« *activité interactive orientée vers l'entente* ». (Habermas.) Sur le plan fonctionnel, elle a pour objet la coordination des actions et plans d'action entre des partenaires, interaction stratégique où chacun agit pour soi avec l'autre.

L'**interaction** est partie intégrante de la relation : le maître enseigne pour, mais aussi avec l'élève. La conduite d'une classe suppose « *ce champ de la transformation de l'information en savoir par la médiation de l'enseignant, par la communication, l'action interactive dans une situation, les prises de décision dans l'action à partir des réactions des élèves* ». (Altet, 2004.) Les différentes dimensions affectives, cognitives, éducatives (au sens d'un rapport d'adulte à enfant) ainsi que les logiques de l'école et des savoirs interfèrent dans la complexité et l'ouverture de la relation.

La relation relève de l'**engagement humain** et de la logique d'une **rencontre** professeur-élève. Elle est la réalisation d'une double intention : apprendre et faire apprendre. Dans une relation pédagogique, les attitudes éducatives, les relations d'enseignement-apprentissage et les savoirs sont étroitement liés : de l'enseignement magistral aux principes de contrat ou de non direction proposé par Rogers.

Analyse

Derrière le principe de relation, de nombreuses postures sont à l'œuvre : l'aide, la guidance, la reformulation, la remédiation, le dialogue et l'accompagnement. Mais la relation est aussi à décrire comme activité de l'élève (et des élèves selon le dispositif collectif de la classe) qui demeure l'égal de l'enseignant en matière d'acteur fonctionnel de la relation.

La relation pédagogique est le fondement pratique et culturel de l'activité pédagogique. Car on n'apprend pas seul, mais dans l'interférence d'une double logique, celle du maître, celle de l'élève. Le détour par l'autre est nécessaire pour accéder à son propre savoir. Toute relation pédagogique relève en partie de la maïeutique (accouchement), car *« comment chercher ce qu'on ignore, sans savoir que l'on ignore »*. (Platon, *Ménon*.)

Citations

La relation pédagogique est l'*« ensemble des rapports sociaux qui s'établissent entre l'éducateur et ceux qu'il éduque, pour aller vers des objectifs éducatifs, dans une structure institutionnelle donnée, rapports qui possèdent des caractéristiques cognitives et affectives identifiables, qui ont un déroulement, et vivent une histoire. »* Postic, *La Relation éducative*, 1979.

« Le véritable objet de la pédagogie est l'ordre de la relation. »
Lerbet, *L'École du dedans*, 1992.

Liens *Contrat pédagogique, Pédagogie magistrale*

Savoirs, Disciplines, Étude

Définitions

Le savoir se définit comme la connaissance acquise par l'étude, ce qui est su. Il est lié au processus cognitif de la connaissance, à son instauration (transmission-construction) à travers le dispositif scolaire et à son institution, scientifique et sociale. Au pluriel, **les savoirs** décrivent les objets scolaires et les produits des apprentissages liés aux compétences. La question des savoirs est étendue au-delà des disciplines à différents modes de savoirs sociaux (citoyenneté, médias…) et aux modes cognitifs déclaratifs et procéduraux, aux savoir-faire et aux savoir-être.

Informations

Les savoirs appartiennent au système d'enseignement, ainsi qu'en témoigne la forme **élémentaire**, présentation des savoirs par éléments, rattachant l'inconnu au connu sur le principe de l'analyse et de la complémentarité. C'est le principe de l'école élémentaire, procédant méthodiquement par éléments, fruits de l'analyse rationnelle garante d'ordre et de clarté, et donc rationalisation du métier d'enseignant.

La **discipline scolaire** apparaît au début du XXe siècle ; elle se substitue au « cours », à la « matière », par systématisation des savoirs enseignés. Désignant la tenue du bon ordre scolaire, la police des établissements, la répression des conduites répréhensibles, la **discipline** est progressivement associée à la façon de discipliner l'esprit, un travail ordonné selon des règles et des méthodes sûres, l'ordre réglé des études. Par extension, la discipline devient un domaine de savoir abordé à l'école.

Si les **disciplines scolaires** sont liées aux disciplines universitaires, du savoir savant au savoir enseigné, le processus n'est pas un effet simple de transition ou de vulgarisation, mais d'**axiologisation** (valeurs données aux savoirs à enseigner) et de **didactisation** (la transposition didactique). On remarquera que certaines disciplines, telles la grammaire et plus récemment la technologie, sont d'origine scolaire et non universitaire.

Prost (1982) rappelle que l'**étude** est à la fois un mode de travail (l'étude de), et le temps scolaire autorisés pour ce travail (les études surveillées). Souvent associée au travail de l'élève ou au cursus scolaire (faire ses études), elle désigne un ordre scolaire propre. Une pédagogie de l'étude repose essentiellement sur le travail écrit, les devoirs, les plans d'études, par exemple au lycée du XIXe siècle : discours latin, français, versions, vers latin... C'est alors la part principale du travail organisé, bien plus que celle de la classe proprement dite.

Analyse

Les savoirs sont liés au principe des **programmes**, procédant de logiques plus larges que celles des apprentissages : scientifiques, historiques, développementaux, organisationnels, stratégiques et politiques (le **socle commun**). L'organisation au sein des disciplines et entre elles est liée aux choix faits par l'école (Verret, 1975). Pour Verret, la **transposition didactique** lie la pratique de la discipline (« faire des maths ») à la pratique de son enseignement (le cours de mathématiques).

Citations

« *Si l'on remonte au milieu du XIXe siècle, que voit-on dans les lycées ? Des professeurs qui transmettent des connaissances par des cours magistraux ? Bien plutôt des élèves en étude.* » Prost, *Éloge du pédagogue*, 1982.

« [...] *combien il est facile, en tous les genres d'enseignement, de renvoyer aux heures d'étude, si bien nommées, le principal travail, le plus long, le plus utile aussi.* » Alain, *Propos sur l'éducation*, 1932.

« *Le but de l'école est d'aider à apprendre à vivre. Certains enseignements ne font pas partie des disciplines, mais permettent de les intégrer.* » Morin, *La Tête bien faite*, 1999.

Liens

Cognition et Fonctionnement de l'esprit, Connaissance et Compétence, Didactique, Programmes, Socle commun

Situations pédagogiques

Définitions

La situation est « *l'ensemble des relations concrètes, qui, à un moment donné, unissent un sujet ou un groupe au milieu ou aux circonstances dans lesquelles il doit vivre et agir.* » (dictionnaire *Le Robert*). L'objet de la pédagogie, ce n'est ni l'enseignement ni l'apprentissage, mais la situation qui les permet.

La situation pédagogique constitue un carrefour entre les savoirs et les élèves, leur donnant leur place dans les scénarios de transmission et de construction des savoirs.

Informations

La situation peut être modélisée selon différentes dimensions :

– autour d'un seul : l'**autodidaxie** a pour principe de « s'instruire soi-même » par un travail « autonome », ou encore par autonomies, au sens de Rogers, en devenant son propre enseignant ;

– modèles binaires : de la **relation duelle** traditionnelle (maître-élève) au couple professeur-classe, professeur, garant, transmetteur et élève récepteur (face-à-face) ; ou bien de l'élève actif répondant de son activité (négociation), à l'accompagnement et au tutorat ;

– modèles ternaires : celui du **triangle pédagogique** proposé par Houssaye (1988) : « *La situation pédagogique peut être définie comme un triangle composé de trois éléments, le savoir, le professeur et les élèves, dont deux se constituent comme sujets tandis que le troisième doit accepter "la place du mort" ou, à défaut, se mettre à faire le fou.* »

– **modèles quaternaire et systémique** : Legendre (1988) définit un modèle de situation pédagogique à quatre composantes en interrelations :

1. le sujet : l'être humain mis en situation d'apprentissage (que nous appelons l'apprenant) ;
2. l'objet : objectifs à atteindre (le savoir) ;
3. le milieu : environnement éducatif humain (enseignant, conseillers…), opérations (administratives et d'évaluation), moyens (locaux, équipements, matériel didactique, temps, finances) ;
4. l'agent et les « ressources d'assistance » : personnes (enseignant, autres élèves), moyens (livres, matériel audiovisuel…) et processus (travail individuel ou collectif, cours magistral…).

– **modèles écologique et culturel** : la situation pédagogique est un « *tissu de constituants inséparablement associés* » (Morin, 1977), un milieu complexe et ouvert du jeu informel des acteurs. Pour Bruner (1996), c'est la culture qui « *donne forme à l'esprit* ». Pour Morin, « *la culture, en tant que système génératif, constitue un quasi-code culturel, c'est-à-dire une sorte d'équivalent sociologique de ce qu'est le code génétique pour les êtres vivants.* » (*Les Sept Savoirs nécessaires à l'éducation du futur*, 2000).

Analyse

La notion de situation pédagogique permet d'analyser la pratique pédagogique à la fois comme activité, comme unité d'apprentissage et comme contexte organisationnel mettant en cohérence les élèves (apprenants), la discipline (objet d'apprentissage), l'action du professeur (porteur de la situation), et l'environnement scolaire. La « situation » marque le caractère d'action ouverte liée à l'incertitude de sa réalisation concrète.

Citation

« *La relation pédagogique, qui se trouve au centre de la situation pédagogique, se définit comme l'ensemble des relations d'apprentissage, d'enseignement et didactique dans une situation pédagogique.* »
Legendre, *Dictionnaire actuel de l'éducation*, 1988.

Liens *Autonomie de l'élève, Apprentissages scolaires, Culture*

Situations-problèmes

Définitions

Une situation fait « problème » si elle permet de mettre en scène un savoir à acquérir tout en donnant un but aux élèves à partir d'une question ou d'une interrogation. La **situation-problème** fonctionne alors comme pôle d'articulation entre question et réponse en proposant un dispositif dans lequel le sujet s'approprie un savoir à partir du projet de résoudre un problème. Pour Dewey (1925), *« toute leçon doit être une réponse »* (à une interrogation). La situation-problème relie deux aspects : celui, externe, de la réalité objective d'une tâche (présenter les problèmes, c'est mettre le savoir en situation d'être « opéré », en tenant compte de la nature épistémologique de ce savoir) ; celui, interne, de la réalité subjective, du travail représentatif du sujet : se représenter un problème, mettre en marche une réponse comme mode de résolution.

Informations

Le terme de problème associe *« trois réseaux sémantiques »* (Fabre, 1999) : l'initiative et le projet (*proballein* : se jeter en avant) ; l'interposition et l'obstacle (*problema* : ce qui est placé là devant, le bouclier) ; la saillance (*problema* : le promontoire, la saillie) ou élément significatif.

Pour Dewey, situation et problème sont liés, la *« méthode du problème »* associant par isomorphisme le déroulement de la situation, la recherche et le mode d'une pensée réfléchie : *« Un problème réel est un fait mental, psychique, qui implique un certain processus psychologique chez celui qui le ressent comme problème. »*

Pour Meirieu (1990), une situation-problème est un dispositif d'apprentissage qui a les caractéristiques suivantes :

– il enclenche chez l'élève un désir d'apprendre ;

– le sujet (l'élève) doit y accomplir une tâche qui constitue pour lui un problème, au sens fort du mot ;

– laquelle tâche l'oblige (par une série de contraintes matérielles ou de consignes) à effectuer un apprentissage ;

– cet apprentissage revient à construire l'opération mentale correspondant au savoir recherché ;

– l'objectif d'apprentissage est compris comme objectif-obstacle ;

– les contraintes structurelles de la tâche définissent les passages obligés dans la construction des savoirs mais doivent pouvoir intégrer une différenciation des stratégies.

Le paradigme de l'apprentissage par résolution de problèmes constitue une des références les plus mobilisées, car parente de l'activité cognitive elle-même. Popper (1999) souligne que la méthodologie des sciences, le sens commun et l'apprentissage sont liés par la même méthode de production d'idées : « *1. le point de départ est toujours un problème ou une situation de problème ; 2. suivent des essais de solution ;* [...] *les théories représentent des essais de solution* [...] *hypothèses ou conjonctures réfutables ; 3. l'élimination : en science aussi nous apprenons par l'élimination de nos erreurs, par l'élimination de nos fausses théories.* »

Analyse

La situation-problème est moins un modèle qu'un guide d'organisation qui systématise les entrées possibles d'un élève dans un processus de construction de savoirs, qui ne soit pas l'exécution superficielle d'une pensée préétablie. Le problème a un double statut : **fonctionnel** en mettant en scène un savoir à apprendre ; **cognitif**, en mobilisant la prise de conscience du problème. Fabre (1999) suggère qu'il s'agit plus d'une herméneutique (c'est-à-dire un moyen pour donner un sens et mettre en question le savoir) que d'une technologie cognitive qui en garantirait la solution.

Citation

« *Il faut qu'une difficulté lui apparaisse* [à l'élève] *comme sa difficulté à lui, comme un obstacle né dans et au cours de son expérience, et qu'il s'agit de surmonter s'il veut atteindre sa fin personnelle, l'intégrité et la plénitude de son expérience propre.* » Dewey, 1925.

Liens

Cognition et Fonctionnement de l'esprit, Obstacles pédagogiques

Transdisciplinarité

Définitions

Est **transdisciplinaire** ou **interdisciplinaire** ce qui réunit plusieurs disciplines ou domaines de savoir. L'organisation du savoir est à la fois un problème d'enseignement et un problème de « réforme de la pensée ». Pour Morin, il y a une *« inadéquation de plus en plus ample, profonde et grave entre nos savoirs disjoints, morcelés, compartimentés entre disciplines, et d'autre part des réalités ou problèmes de plus en plus polydisciplinaires, tranversaux, multidimensionnels, transnationaux, globaux, planétaires. »* (1999.) L'organisation est aujourd'hui liée à un **circuit pédagogique** de construction réflexive des savoirs à partir de sujets d'étude. L'**articulation** des savoirs devient à la fois exigence scientifique, exigence de méthode et principe d'enseignement. En ouvrant le champ à des solidarités entre disciplines, le sujet se relie à sa propre capacité de connaissance.

Informations

L'**interdisciplinarité** repose sur la nécessaire collaboration des disciplines pour aborder un thème qu'elles ne « contiennent » pas comme objet propre (« *comme les nations participent à l'ONU* », nous dit Morin).

La **pluri-** ou **polydisciplinarité** est une association autour d'un objet. Par exemple, pour traiter un problème d'environnement (comme l'eau), il faut faire appel à la géographie, la géologie, la chimie, la démographie, la biologie, mais aussi la sociologie, l'histoire, la littérature et les valeurs qui s'attachent à la responsabilité de l'homme vis-à-vis de son environnement. C'est le principe d'un « nouveau mode de la connaissance » dont l'origine relève de préoccupations épistémologiques et sociales.

La **transdisciplinarité** suppose des schèmes cognitifs partagés. À l'école, on peut apprendre à argumenter en français ou en ECJS (Éducation civique, juridique et sociale). Sont également mises en jeu les **compétences transversales**, éléments de formation intellectuelle et sociale non attachée à une discipline mais à laquelle chacune contribue.

Morin propose pour l' *« éducation du futur »* sept savoirs :

1. l'éducation à la connaissance, les *« problèmes clés du monde »* supposant d'articuler les savoirs ;

2. une intelligence générale, capacité à penser la globalité, la multidimensionnalité, la complexité ;

3. enseigner l'unité de la condition humaine, à la fois physique, sociale et culturelle ;

4. enseigner le destin planétaire, l'interdépendance des problèmes des sociétés ;

5. se départir de l'illusion positiviste et enseigner autant *« les océans d'incertitude que les archipels de certitude »* ;

6. comprendre les bifurcations, se préparer au changement ;

7. l'enseignement doit conduire enfin à une « anthropo-éthique » dans le sens d'une conscience et d'une citoyenneté planétaire.

Analyse

L'organisation et l'évolution de la pédagogie sont liées à la réponse à la question « Qu'est-ce que savoir ? ». L'exponentiel des connaissances, leur pérennité dans le temps (la plupart sont oubliées ou sont devenues caduques), leur appropriation par les élèves supposent non un savoir extensif encyclopédique par accumulation, mais un circuit pédagogique d'organisation autour de la résolution de problèmes ayant un sens. Différents dispositifs tranversaux ou interdisciplinaires (PPCP, IDD, TPE) procèdent de cette direction.

Citation

« Le découpage des disciplines rend incapable de saisir "ce qui est tissé ensemble", c'est-à-dire, selon le sens originel du terme, le complexe. »
Morin, *La Tête bien faite*, 1999.

Liens

Apprendre à apprendre, Connaissance et Compétence, Dispositifs pédagogique, Savoirs - Disciplines - Étude

Les modèles et méthodes : bibliographie

Bloom, B.S., *Apprendre pour maîtriser*, Payot-Lausanne, 1979

Bourdieu, P., Passeron, J.-C., *La Reproduction*, Minuit, « Le Sens commun », 1970

Chevallard, Y., *Du savoir savant au savoir enseigné*, Pensée sauvage, « Recherche », 1991

Claparède, É., *L'Éducation fonctionelle*, Fabert, « Pédagogues », 2003

Cousinet, R., *L'Éducation nouvelle*, Delachaux et Niestlé, 1968

Dewey, J., *L'École et l'Enfant*, Fabert, « Pédagogues du monde entier », 2004

Dolto, F., « Introduction » de Vasquez, A., Oury, F., *Vers une pédagogie institutionnelle ?*, Matrice, « Pi », 1991

Filloux, J., *Du contrat pédagogique*, L'Harmattan, « Savoir et formation », 1996

Giordan, A., *Apprendre !*, Belin, « Débats », 1999

Ketele, J.-M. (de), *Méthodologie du recueil d'informations*, De Boeck-Wesmael, « Méthodes », 1996

Loureau, R., *La Clé des champs, une introduction à l'analyse institutionnelle*, Anthropos, 1997

Mager, R.F., *Comment définir des objectifs pédagogiques ?*, Dunod, « Psycho », 2005

Meirieu, P., *L'École, mode d'emploi : des « méthodes actives » à la pédagogie différenciée*, ESF, « Pédagogie », 2004

Morandi, F., *Modèles et méthodes en pédagogie*, Nathan, « Éducation en poche », 2005

Morin, E., *La Tête bien faite, repenser la réforme, réformer la pensée*, Seuil, 1999

Morin, E, *Les Sept Savoirs nécessaires à l'éducation du futur*, Seuil, 2000

Morin, E., *Dialogue sur la connaissance* (suivi de) *Reliances*, L'Aube, « Aube poche », 2004

Perrenoud, P., *Pédagogie différenciée : des intentions à l'action*, ESF, « Pédagogies », 2004

Prost, A., *Éloge du pédagogue*, Seuil, « Points », 1990

Rogers, C., *Le Développement de la personne*, InterÉditions, 2005

4

PRATIQUES PROFESSIONNELLES

Introduction

Le terme de **professionnalisation** renvoie à la connaissance des pratiques professionnelles et à la reconnaissance des compétences nécessaires au professeur. L'espace professionnel enseignant, longtemps identifié à la classe, devient l'objet d'un double élargissement : d'une part, celui de la clarification des finalités, des missions de l'enseignant intégré à une action collective (dans le cadre du projet d'établissement) ; d'autre part l'élucidation des cadres théoriques et pratiques qui constituent les moyens de l'activité professionnelle.

L'**analyse des pratiques professionnelles** des enseignants est encore à faire (planification, gestion de classe...). La complexité des tâches conduit à concevoir la profession non comme un emploi préétabli mais comme une dynamique de multiplication à l'infini des réalisations dans les différents contextes d'enseignement. La **pratique** est un ensemble mobile et un mode d'action spécifique dans lequel l'« *agir professionnel* » (Schön, 1994) rejoint l'« *écologie de l'action* » (Morin, 2000). L'enseignant est à la fois un acteur et un gestionnaire des situations qu'il conduit. D'où une **pédagogie réflexive**, à la fois regard et mise en perspective de l'action.

La qualité des pratiques professionnelles est révélée par le travail scolaire de l'élève. D'une part il s'agit de veiller à ce que l'élève dispose des moyens d'apprendre : informations sur la tâche à accomplir, sur l'objectif à atteindre, procédures possibles... Mais l'enseignant doit aussi lui présenter les contenus, les objets d'apprentissage. La professionnalisation implique la maîtrise des contenus disciplinaires à enseigner. L'explicitation par le maître du **métier d'élève** est celle des tâches, des attendus et parfois des « malentendus scolaires ». Mais le travail de l'élève est aussi le pôle de l'organisation des dispositifs pédagogiques « autour » de l'élève : travail personnel, itinéraires de découverte, travail autonome...

La rencontre avec l'école ne se joue pas de la même manière pour tous les élèves. L'enjeu de la pédagogie est bien de faire travailler l'élève, non au sens de contrainte, mais au sens de mise entre ses mains des moyens pour apprendre et pour être sujet de son savoir.

SOMMAIRE

Accompagnement pédagogique
Compétences professionnelles : professeurs des écoles
Compétences profesionnelles : professeurs des collèges et des lycées
Décrochage scolaire
Difficulté d'enseigner
Difficultés scolaires
Enseignant, maître, professeur
Formation des enseignants (IUFM)
Gestion de la classe
Illettrisme
Lecture (Apprentissage de la)
Maîtrise de la langue
Manuels scolaires
Métier d'élève
Méthodes pour apprendre
Planification
Polyvalence
Professionnalisation
Travail à la maison
Travail personnel et Pratiques accompagnées
Tutorat

Accompagnement pédagogique

Définitions

La démarche d'accompagnement est une démarche pédagogique réglée sans être dirigiste (« *néodirectivité* », Pineau, 2004). Accompagner (*cum panis*, pain commun) donne l'idée d'un partage : c'est « aller avec ». Accompagner suppose la reconnaissance de la dimension propre au travail de l'élève, à son expérience personnelle d'apprenant.

Accompagner marque l'intention positive de respect de l'autre dans un processus d'échange (**relation subjective** entre personnes), tout en tenant compte de la bonne tenue de l'activité et des ressources nécessaires pour réussir **(relation objective).** L'accompagnement est lié aux formes d'**individualisation**, de différenciation, de prise en compte des difficultés des élèves comme mode d'« *encadrement professionnalisé des parcours individuels* », Boutinet (2004).

Informations

La figure de l'accompagnement associe les actes professionnels – les méthodes et les techniques – aux rapports humains, « *faits d'engagement et de constante réflexion sur l'incertitude de nos savoirs et de nos affects* » (Cifali, 2001). Rogers, au sein d'un courant dit « non directif », fait de l'échange et du dialogue les conditions du développement propre à celui qui apprend, refusant d' « objectiver l'élève » comme auteur anonyme.

Pour Le Bouëdec (2001), la **fonction dialogale** de l'accompagnement est associée à l'accueil et à l'écoute, à un ajustement pour comprendre et transmettre, à un travail de clarification et de discernement, à l'appui dans la démarche, et garantit une « *fonction d'assurance en cheminant aux côtés de l'élève* ».

L'**accompagnement pédagogique** proprement dit est lié à l'**organisation des tâches.** Il se développe sous différents aspects : aide individualisée ou par groupe, suivi, tutorat… L'accompagnement a des fonctions organisatrices (ajustement des dispositifs), cognitives (ajustements interactifs), organisationnelles (mises en situation) et métacognitives (l'intervention donnant à voir comment la tâche est réalisée) liées aux modes personnels et méthodologiques.

Analyse

La notion d'accompagnement interroge la « place » de l'enseignant et son mode d'intervention. Être une personne ressource dans une situation, la concevoir pour cela, enseigner pour ne pas avoir à « inculquer », suppose l'organisation. L'accompagnement est un espace à construire. Au-delà d'un compagnonnage, il désigne l'action de se joindre à l'élève, de participer à une production simultanée et originale commune, en postulant un effet particulier lié à cette association.

On accompagne le cheminement, pas seulement le chemin et le marcheur. C'est le travail en cours qui est objet d'accompagnement ; procédant d'une relation intégrative et collaborative, à l'opposé ou en complément du « magistral ».

Citations

« Ce que nous appelons démarche d'accompagnement est constitué d'un ensemble de comportements et de conduites, étayé par des savoirs, théoriques et pratiques, constituant un type de professionnalité [...] *aux fins d'une évolution des relations intersubjectives. »* Ardoino, *De l'accompagnement comme paradigme*, 2000.

« Il s'agit d'aider la personne à mieux gérer l'individualisation de son parcours ; d'un autre côté, l'accompagnement se présente comme une dé-individualisation [...]. *Le paradoxe à aménager est bien celui d'une solitude à affirmer et d'une solidarité à construire. »* Boutinet, *Questionnement anthropologique autour de l'accompagnement*, 2004.

Liens

Bibliothèque Centre Documentaire, Différenciation, Difficultés scolaires, Pédagogie magistrale, Tutorat

Compétences professionnelles :

Définitions

Les compétences professionnelles décrivent le cadre statutaire de déroulement des activités et les différents domaines d'intervention du professeur des écoles. Ce cadre va bien au-delà du cadre des disciplines universitaires et place la logique de situation d'apprentissage de l'élève au centre des pratiques. L'exercice de la profession s'inscrit dans une dimension éducative fondatrice de prise en charge de l'enfance. Le professeur est (le plus souvent) un fonctionnaire d'État, relevant de la fonction publique.

Informations

Référentiel de compétences et capacités caractéristiques d'un professeur des écoles
(extraits)

Le professeur des écoles doit être capable d'enseigner à tous les niveaux de l'école primaire.

- Il doit posséder une culture générale lui permettant de maîtriser les grands concepts relatifs aux disciplines enseignées à l'école maternelle et élémentaire [...]
- Il doit être capable d'initier ses élèves à une langue vivante, étrangère ou régionale.
- Il doit nécessairement posséder des connaissances et des outils d'enseignement relatifs à toutes les disciplines qui sont au programme des écoles [...]
- Il doit mettre au service de cet enseignement une connaissance du développement de l'enfant et des processus d'apprentissage [...]

Le professeur des écoles doit être capable d'enseigner dans une classe.

- Il doit savoir créer une dynamique de classe et l'exploiter pour développer toutes les potentialités des élèves. Il doit évaluer et gérer les apprentissages des élèves.
- Il doit savoir définir des exigences pour tous les élèves et s'adapter à leur diversité, par l'élaboration de plans d'action pédagogique diversifiés, en tenant compte des performances et des capacités individuelles.

professeurs des écoles

Le professeur des écoles doit être capable d'enseigner dans une école.

- Il doit assurer la continuité et la cohérence des apprentissages, par un travail en équipe des maîtres, dans le cadre d'un projet d'école et d'un projet de cycle.
- Il doit connaître la place de l'école dans le système éducatif et dans la société.
- Il doit connaître les relations entre l'école et son environnement social, économique et culturel, en vue d'adapter son enseignement à la diversité des classes et des écoles.

Quelles que soient les situations d'exercice de ce métier, il convient que le professeur des écoles porte un regard positif sur l'enfant, développe une attitude réflexive sur sa pratique, donne une dimension sociale au métier d'enseignant.

Annexe à la note de service n° 94-271

Analyse

Dans ce référentiel sont précisées les compétences professionnelles qui doivent être acquises ou consolidées pendant le temps de formation du futur professeur des écoles dans quatre grands domaines :

– les disciplines enseignées à l'école primaire ;
– les situations d'apprentissage ;
– la conduite de la classe et la diversité des élèves ;
– l'exercice de la responsabilité éducative et l'éthique professionnelle.

Les caractères les plus apparents sont ceux de la polyfonctionnalité et de la polyvalence de la profession.

Citation

« Le professeur des écoles est un maître polyvalent, capable d'enseigner l'ensemble des disciplines dispensées à l'école primaire. Il a vocation à instruire et éduquer de la Petite Section de maternelle au CM2. Il exerce un métier en constante évolution. » Introduction au Référentiel de compétences.

Liens

École élémentaire, École maternelle, Formation des enseignants, Polyvalence

Compétences professionnelles : et des lycées

Définitions

La profession de professeur des collèges, des lycées et des lycées professionnels se définit comme une mission, par les conditions de l'exercice de son autonomie pédagogique et par le cadre professionnel qui définit ses compétences et ses actions. Cette mission va bien au-delà du cadre des disciplines universitaires et relie l'exercice de la profession à la prise en charge des contextes d'enseignements, des conditions d'apprentissage, et à l'exercice d'une action éducative.

Informations

Mission du professeur exerçant en collège, en lycée d'enseignement général et technologique ou en lycée professionnel
(extraits)

Le principe de mission : « Sa mission est tout à la fois d'instruire les jeunes qui lui sont confiés, de contribuer à leur éducation et de les former en vue de leur insertion sociale et professionnelle. Il leur fait acquérir les connaissances et savoir-faire, selon les niveaux fixés par les programmes et référentiels de diplômes et concourt au développement de leurs aptitudes et capacités. Il les aide à développer leur esprit critique, à construire leur autonomie et à élaborer un projet personnel. Il se préoccupe également de faire comprendre aux élèves le sens et la portée des valeurs qui sont à la base de nos institutions, et de les préparer au plein exercice de la citoyenneté. »

Le principe d'autonomie : « Le professeur dispose d'une autonomie dans ses choix pédagogiques [...] dans le respect des principes suivants : les élèves sont au centre de la réflexion et de l'action du professeur, qui les considère comme des personnes capables d'apprendre et de progresser et qui les conduit à devenir les acteurs de leur propre formation ; le professeur agit avec équité envers les élèves ; il les connaît et les accepte dans le respect de leur diversité ; il est attentif à leurs difficultés ; au sein de la communauté éducative, le professeur exerce son métier en liaison avec d'autres, dans le cadre d'équipes variées ; le professeur a conscience qu'il exerce un métier complexe, diversifié et en constante évolution. »

Le cadre professionnel : « La mission du professeur et la responsabilité qu'elle implique se situent dans le triple cadre du système éducatif, des classes qui lui sont confiées et de son établissement d'exercice. Il est capable : d'exercer sa responsabilité au sein du système éducatif, de situer son action dans le cadre de la mission que la loi confère au service public d'éducation, de contribuer au fonctionnement et à l'évolution du système éducatif ; d'exercer sa responsabilité dans la classe : connaître sa discipline, savoir construire des situations d'enseignement et d'apprentissage, savoir conduire la classe ; d'exercer sa responsabilité dans l'établissement. »

Circulaire n° 97-123 du 23 mai 1997

Analyse

Une zone d'action plus large et stratégique que le simple enseignement est définie ici, resituant le rapport entre disciplines et pratiques professionnelles. Les termes de mission, d'autonomie, de contexte des EPLE situent ces éléments dans une dynamique, une responsabilité. Il s'agit d'une professionnalisation active dans le partenariat et la prise de décision et non d'une vision seulement technique de la profession. On peut souligner les imbrications des dimensions éducatives, pédagogiques et didactiques au sein de l'établissement scolaire. L'« enseignant-professionnel » est celui qui lie sa compétence, l'autonomie et une pratique contextualisée dans un EPLE, au sein d'équipes pédagogiques.

Citation

« Le professeur a la responsabilité de créer dans la classe les conditions favorables à la réussite de tous. Maître d'œuvre de l'organisation et du suivi de l'apprentissage des élèves qui lui sont confiés, il s'attache en permanence à leur en faire comprendre le sens et la finalité. » Circulaire n° 97-123 du 23 mai 1997.

Liens *Finalité de l'éducation, Formation des enseignants*

Décrochage scolaire

Définitions

Pour Guigue, *« le décrochage est une démobilisation, c'est-à-dire le renoncement aux efforts qu'exigent les apprentissages scolaires ou le passage d'un examen avec des espoirs raisonnables de réussite. »* (1998.) C'est un des scénarios possibles de l'histoire scolaire de l'élève, processus de « secondarisation » qui constitue son expérience de l'école.

Le décrochage (à l'opposé du handicap) se construit entre les élèves et l'institution scolaire, détachement de l'ordre scolaire en faisant des « exclus de l'intérieur ». La scolarisation et les pratiques de savoirs peuvent être les relais implicites de processus sociaux de déqualification, pour des élèves contraints à être à l'école sans en être vraiment le sujet, se cantonnant dans des postures de ruptures.

Informations

La fabrication du décrochage de l'intérieur : pour Bauthier (2003), le décrochage scolaire serait issu d'un décrochage cognitif précoce se jouant dans les interactions avec l'enseignant et le cadre de travail, par accumulation de difficultés hétérogènes. Leur stigmatisation engage les processus subjectifs et sociaux mis à l'œuvre par les élèves dans leur rapport à eux-mêmes, aux autres et au savoir. Une absence d'**accroche cognitive** (Broccolichi, 1999) peut s'opérer en silence et conduire à une **déscolarisation** de l'intérieur. Bauthier relève dans des entretiens avec des élèves de classe-relais que si les élèves ont l'impression que leur scolarité primaire s'est passée sans problème majeur (pratiques d'enseignant et d'élèves permettant de « sauver la face »), c'est au collège que la rupture est consommée.

La pédagogie invisible : pour Bauthier, il y aurait comme condition d'accès aux apprentissages *« une grammaire d'activité intellectuelle »*, source de malentendus sur l'exigence du travail proposé. Dans certains cas, le **« surajustement didactique »** suppose des micro-tâches qui n'éveillent pas réellement le travail intellectuel supposé par les professeurs (travail exigé, par exemple, dans l'exécution d'une consigne, ou dans l'analyse d'un texte qui suppose des outils maîtrisés). Le **« sous-ajustement didactique »**, proposant un cadre plus flou et moins étayé, donnerait l'illusion d'un travail facile à réaliser, mais de fait, supposant des démarches qui ne sont pas données à tous les élèves.

Analyse

Le problème du décrochage est un problème pédagogique si le circuit pédagogique et les apprentissages supposent des pré-acquis qu'ils ne donnent pas. Le décrochage est lié à l'accumulation des difficultés, mais aussi aux difficultés non repérées et interprétées par l'élève seul dans sa non-réussite. Pour Broccolichi, les pratiques de savoirs sont des *« pratiques à risque »* pour des élèves non assurés d'un accompagnement. Il souligne que les risques du décrochage – de l'enfant et de sa famille – s'amplifient avec la nécessité d'un travail scolaire personnel, quand les parents s'estiment dépassés. Ces risques pourraient être réduits en proposant des aides plus tôt et plus systématiquement aux élèves qui en ont besoin. Pour Chauveau, il faut se recentrer sur les apprentissages permettant l'appropriation des *« techniques intellectuelles »*, surtout pour les élèves susceptibles d'être en difficulté, tels ceux des ZEP.

Citation

« On ne peut étudier les comportements d'apprentissage des élèves, leurs interprétations des échanges avec les enseignants, comme leurs confrontations avec les contenus et les formes scolaires, en particulier les "nouvelles" formes écrites et orales des différentes disciplines, sans les référer au contexte social, aux évolutions socio-historiques à partir desquelles elles sont comprises, interprétées, par les élèves comme par les enseignants eux-mêmes. »
Bauthier, *Décrochage scolaire, genèse et logique des parcours*, 2003.

Liens

Accompagnement pédagogique, Difficultés scolaires, Éducation prioritaire, Parents d'élèves

Difficulté d'enseigner

Définitions

La difficulté à enseigner et à « être enseignant » est celle d'un métier en évolution et d'une pensée professionnelle émergente. On peut distinguer la difficulté *d'*enseigner liée à la représentation de l'idée scolaire chez les enseignants, et la difficulté *à* enseigner, propre à l'exercice du métier et aux problèmes à résoudre dans l'exercice professionnel.

La difficulté est la marque de l'aspect stratégique de l'action éducative dont l'issue est incertaine et interroge toutes les dimensions (contradictions institutionnelles, diversité des publics, contexte professionnel) mises en jeu dans la profession. Elle se rapporte à l'image que les enseignants ont de leurs élèves et de leur propre identité.

Informations

Un **sentiment de difficulté** traverse la pensée éducative. L'utilisation récente du terme de « difficulté » tient à la considération des conditions du travail enseignant, de la relation qu'il entretient avec l'environnement scolaire (école, collègue), les publics hétérogènes, difficiles, ou du *« temps de la fatigue »* propre à la charge de travail (Loriol, 2000). Il relève aussi de l'intention pédagogique et de l'état des pratiques : les représentations professionnelles divergentes, les différentes conflictualités rencontrées interrogent les éléments instables d'une identité professionnelle.

Dubet (2002) considère la mutation de l'institution scolaire, le passage d'un *« programme institutionnel »* qui définissait une mission intemporelle et une vocation, plus qu'une profession. La difficulté d'enseigner s'exercerait dans le théâtre des *« antinomies scolaires »* entre principes d'action pédagogique et organisation de l'école, entre culture commune et différenciation (impliquant des processus implicites de sélection), entre culture et utilité (compétences ou savoirs ?), entre égalité et mérite (existe-t-il des inégalités justes ?).

La difficulté est celle de la construction d'une identité professionnelle. Pour Dubar, l'identité, dans sa dimension **subjective** *« constitue non seulement une identité au travail mais aussi et surtout une projection de soi dans l'avenir, l'anticipation d'une trajectoire,* [...] *une logique de* *formation* » ; dans sa dimension **dynamique**, l'identité est « *vouée à des ajustements et à des reconversions successives* […] *marqués par l'incertitude alors qu'elle accompagne* […] *une forte stabilisation sociale* » ; dans sa diminution **relationnelle**, celle de la construction biographique, « *les individus doivent rentrer dans des relations de travail* […] *dans des organisations, dans les jeux d'acteurs et faire l'expérience du pouvoir, de la lutte pour la consolidation de l'identité et de sa reconnaissance.* » (1996.)

Analyse

La difficulté à enseigner est liée aux publics et aux évolutions en cours : l'image que nous nous faisons de la « bonne école » devient « *un état d'équilibre instable, comme un espace continu d'arbitrage entre des principes opposés, entre des dieux qui se font la guerre* » (Dubet, 2002).

La difficulté n'est pas une figure du manque : elle est l'expression de la réalité du travail enseignant, de son expérience et des ajustements auxquels il doit procéder en cours d'exercice, à l'opposé d'un rôle préétabli. Elle invite à un travail d'analyse sur le projet professionnel et sur les solutions possibles aux problèmes de l'enseignement.

Citations

« *Il est sans doute difficile d'en apprécier le nombre réel et le degré de difficulté rencontré, mais beaucoup d'enseignants se déclarent eux-mêmes "en difficulté", face aux élèves dits aussi "en difficulté".* »
Rapport Dubreuil, de la Commission « *Élèves en difficulté* », 2003.

« *La difficulté d'enseigner est la conséquence de la difficulté d'apprentissage et plus encore de la non-prise en compte de cette difficulté.* »
Chabanne, *Les Difficultés d'apprentissage*, 2003.

Lien *Différenciation, Difficultés scolaires*

Difficultés scolaires

Définitions

La difficulté n'est pas un état, mais une modalité de l'action : elle est un problème pédagogique à résoudre. L'expression « élève en difficulté » est à relier aux difficultés scolaires, c'est-à-dire aux apprentissages, plutôt qu'à un état de l'élève. Est également mise en scène la manière dont les élèves se représentent leur propre difficulté à apprendre.

Par difficultés scolaires sont qualifiés un état (« être en » difficulté), un événement (on rencontre des difficultés) ou encore un élément de difficulté en interaction avec une notion. Les difficultés d'apprentissage lient une difficulté d'apprendre et des comportements d'élèves en difficulté, par exemple des profils de lecteurs (les « déjà lecteurs », les « stagneurs », les « démarreurs ») en leur donnant, en miroir, leur caractère d'être en difficulté par rapport au niveau d'activité attendu.

Informations

On peut distinguer différents domaines de difficultés scolaires :

– le domaine « traditionnel » de l'enfance en difficulté, auquel on réserve parfois l'expression de « grande difficulté » ;

– la difficulté d'être et d'aller à l'école ;

– le rapport difficile à l'apprendre et les différents états conséquents, par exemple, les *« ratages cognitifs »* au début du collège (Bauthier, 2003) ;

– les publics « difficiles »...

Une logique positive de la difficulté suppose le traitement pédagogique des difficultés. Certaines concernent les interactions entre savoirs et formes scolaires écrites. D'autres concernent les rapports entre les compétences et les difficultés repérables : des outils, constitués par exemple pour l'apprentissage de l'écrit, repèrent les principales difficultés rencontrées par les élèves et les activités permettant d'y répondre (la prise en compte des difficultés pouvant intervenir dans le cours de l'apprentissage). D'autres sont à traiter dans le déroulement des activités scolaires en les intégrant à la démarche pédagogique comme autant d'obstacles.

Un autre aspect du traitement des difficultés est celui de l'accompagnement. Pour Broccolichi (1999), une corrélation existe entre le fait d'avoir pu (ou non) surmonter les difficultés rencontrées et le fait d'avoir (ou non) bénéficié, dans la famille ou l'entourage proche, de l'aide d'une personne ressource. La prise en compte de difficultés a ainsi des conséquences sur la représentation que les élèves ont d'eux-mêmes. L'histoire scolaire n'est pas jouée d'avance.

Analyse

Alors que l'échec scolaire est une conséquence, le décrochage un effet, le retard scolaire un état, la difficulté s'intègre dans le cours des apprentissages en construction et dans l'action éducative. Elle n'est pas un manquement à l'acquisition du savoir, mais un « problème » dans le processus dynamique de la construction des connaissances.

L'identification et la prise en compte des difficultés liées aux apprentissages deviennent une dimension méthodologique : reconnaissance des difficultés qui peuvent être rencontrées, attribuées non à l'élève mais à l'élève par rapport à la tâche, liée à la logique cognitive de celle-ci ou aux conditions d'apprentissage. La difficulté « scolaire » problématise non un état statique, mais une relation (le rapport au savoir), ouvrant sur des perspectives, des modes d'actions.

Citation

« *Quand échec scolaire et difficulté scolaire sont confondus, c'est le destin de la difficulté scolaire qui s'arrête.* » Charlot, *Du rapport au savoir*, 1997.

Liens

Accompagnement pédagogique, Décrochage scolaire

Enseignant, maître, professeur

Définitions

L'enseignant désigne le principe d'une activité centralisée sur celui qui enseigne ; enseigner, c'est indiquer, signaler, mettre en signes, condition nécessaire à la transmission des savoirs et, par extension, instruire. « Enseigner » devient synonyme de transmettre à un élève de façon qu'il comprenne et assimile certaines connaissances. Il se distingue d'« éduquer » qui englobe connaissances et pratiques utiles pour s'intégrer en société et d'« apprendre » qui inclut l'activité propre de l'élève.

Informations

Professer, c'est enseigner un savoir autant que « mettre en avant sa foi ». Le terme de « professeur » (*profiteri*, enseigner en public) était avant le XVIIIe siècle réservé à ceux qui enseignaient à l'université. Ceux qui enseignaient dans les collèges étaient plutôt appelés régents.

Le « maître », figure d'origine latine (*magister*), a, comme le terme l'exige, son ou ses disciples (de *discere*, apprendre). Le terme de « **professeur** » a un statut hiérarchique que n'a pas le pédagogue. Il est à rapprocher de « professionnalisation » (organisation raisonnée, décision de l'action). L'activité du professeur s'inscrit dans la fonction, le statut et les missions de l'enseignement scolaire. Depuis 1991, le terme de professeur désigne désormais en France les maîtres de tous les ordres d'enseignement.

La figure du « **maître d'école** » est attachée au statut fonctionnel et historique de l'enseignement scolaire en France : maîtres de l'organisation pédagogique, ils deviennent, par la loi Guizot (1833), des fonctionnaires chargés d'une mission, d'un enseignement institué, figure renforcée par l'instauration de l'obligation scolaire et de l'enseignement public (Jules Ferry, 1889). Les programmes actuels (2002) en font encore un « maître de lecture », définissant son travail comme celui de la mise en place des conditions de réalisation des enseignements, de la mise en œuvre pédagogique des programmes et des compétences tenant compte des objectifs majeurs de l'école et de ses enjeux (tel celui de la maîtrise de la langue). On est professeur, on enseigne, mais la pratique est celle du **maître**. La fonction de « maître » est encore aujourd'hui attachée à la conduite des élèves et de la classe (en référence aux Instituts universitaires de formation des maîtres, les IUFM).

L'**instituteur** est une figure historique associée à l'**instruction**. Pour Condorcet, c'est « *l'instruction qui institue le citoyen* » et c'est à l'instituteur qu'est confiée cette tâche d'élaboration de la vie publique. Le terme de professeur marque un statut, associé à un travail de caractère intellectuel, à des compétences de haut niveau (liées à des études supérieures), ainsi qu'une continuité de fonction (écoles, collèges, lycées, par opposition à celui d'instituteur). On est donc passé d'un terme culturel à un terme fonctionnel.

Analyse

Les figures du maître ou du « prof » sont mises en tension entre un « déjà-là » culturel, une vision dynamique de l'école, et un mode de réalisation au cœur d'une profession : il faut « faire » la classe dans les contextes d'aujourd'hui. On est maître et professeur, mais cela relève aujourd'hui d'un statut, et ne se conçoit pas séparément de la société, de l'école et des missions qu'elles réalisent.

La transformation des « instituteurs » en « professeurs des écoles » est inscrite historiquement dans l'évolution du système éducatif, des modes de recrutements et des compétences du professorat. Les maîtres d'aujourd'hui sont issus d'un système récent : préparation au concours avec un niveau licence suivie d'une année de formation.

Citation

« *Le maître ne se contente pas de donner des informations* [...] *En ce sens on dit parfois qu'il dirige un apprentissage intellectuel, et le terme de maître s'inscrit en effet dans le champ de l'apprentissage aussi bien que dans celui de l'école.* »
Prost, *Histoire de l'enseignement en France*, 1968.

Liens *Formation des enseignants, Instruction, Programmes*

Définitions

La formation est la transformation de l'individu (acquisition de connaissances, adoption de nouveaux contenus de pensée, de nouveaux principes de jugement, de nouveaux modes d'action). La formation professionnelle est articulée sur deux mouvements : l'individualisation et la construction collective d'une profession.

Avec Barbier, on peut présenter la formation comme « *champ de pratiques spécialisées dans la production de nouvelles capacités ou de nouvelles dispositions transférables dans d'autres champs ; [...] en tant qu'espace spécialisé, la formation permet une production beaucoup plus rapide de nouvelles capacités* » (1996).

Informations

La formation initiale des enseignants se fait dans les Instituts universitaires de formation de maîtres (IUFM), en liaison avec les différentes universités. En France, un élément structurel majeur distingue la première année d'IUFM, consacrée à la préparation au concours, son caractère « formateur » étant essentiellement disciplinaire pour certains concours (CAPES), plus professionnel pour d'autres (CRPE).

Seule la deuxième année de formation est spécifique. Elle est organisée autour de trois principes :

– **l'expertise professionnelle :** stages, découverte des structures et des contextes, analyse des situations et des pratiques, mémoire professionnel comme confrontation d'une question professionnelle aux recherches disciplinaires et aux recherches en éducation ;

– **l'exercice du métier :** stage en responsabilité et construction des compétences professionnelles en situation ;

– **le socle des savoirs professionnels** (cultures disciplinaires, didactique et pédagogie, connaissances professionnelles : enfance, apprentissages, publics (hétérogénéité, interculturalité), école et système éducatif, éthique, valeurs...

Le projet est conçu comme formation par alternance, un rôle particulier étant donné à l'analyse des pratiques.

Pour Ferry (1983), la formation s'appuie sur quatre approches :

– l'approche fonctionnaliste (analyse des fonctions de l'école dans la société) ;

– l'approche scientifique (connaissances des faits éducatifs, démarches méthodologiques et épistémologiques, référents théoriques et modes d'analyse) ;

– l'approche technologique (utilisation et analyse des usages des TICE) ;

– l'approche situationnelle (développement personnel et professionnel en liaison avec les situations éducatives et la formation).

Analyse

La formation des enseignants est une formation « active », qui suppose l'engagement des formés à leur propre formation. Elle se fonde sur l'analyse des pratiques, l'élaboration d'une expérience, et l'accès par le détour de la théorie à de nouvelles perspectives sur leur propre action, en identifiant les *« modèles implicites de l'enseignant »*. (Tochon, 1983.)

Orienter la formation dans le sens d'une activité professionnelle, en construisant des liens forts avec le milieu et l'exercice professionnel, n'est pas professionnaliser la formation elle-même. Entre « maître savant » et « maître appliquant », le maître formé (et se formant) doit pouvoir intégrer à sa propre formation tous les éléments de connaissance sur l'éducation et l'enseignement.

Citation

« La formation des enseignants ne peut influencer leurs pratiques qu'à certaines conditions et dans certaines limites. »

Perrenoud, *Métier d'élève et sens du travail scolaire*, 1994.

Liens *Enseignant - maître - professeur, Transdisciplinarité*

Gestion de la classe

Définitions

Gestion vient du latin *gestio* et *gerere* : exécuter, accomplir, au départ pour le compte d'autrui. La « gestion de classe » correspond à l'analyse réfléchie du savoir pratique mis en œuvre quotidiennement pour « faire » la classe. Elle recoupe « *tous les énoncés qui se rapportent au maintien d'un ordre général de la classe afin que les apprentissages puissent se dérouler sans heurt* [...] *elle inclut la rencontre avec les parents* ». (Gauthier, 1997.) Nault en précise le concept « *comme l'ensemble des actes réfléchis et séquentiels que pose un enseignant pour produire des apprentissages* ». (1994.) C'est autour des idées d'« *agir professionnel* » (Schön, 1994) et de « *geste professionnel* » que se constitue le principe d'une réflexion sur et dans la pratique.

Informations

Le mouvement de gestion de classe, issu des courants professionnalisants nord-américains et francophones (principalement au Canada), considère l'ensemble des pratiques utilisées par l'enseignant, ses actions concrètes : dispositifs pédagogiques, vie en groupe, difficultés rencontrées... Il s'agit de rendre compte des procédures et des comportements représentatifs liés au fonctionnement d'une classe. Deux courants sont observés : technique (d'efficacité à la tâche) et cognitif (d'engagement à la tâche). Le premier est prescriptif de méthodes et d'outils pour prévenir, maintenir et restaurer les comportements attendus des élèves. Le second s'attache à l'**analyse des pratiques**, aux différents styles d'enseignement, considérant la pratique comme système et comme compétence à développer. L'analyse repose sur une réflexion individuelle et collective (selon un principe d'autodirection des **apprentissages professionnels**).

Dans la gestion de classe, le contexte et la complexité de la classe ne sont pas des sources de désordre, mais des **variables d'action** telles que le style personnel (ses modes d'intervention, les représentations qu'a le professeur des élèves), les dimensions didactique et sociale. On peut considérer aussi la dimension pédagogique et les **variables organisationnelles** de la gestion de la classe : plan de cours, gestion des contenus, organisation physique de la classe, intégration des nouvelles technologies, choix du matériel didactique, régulation des apprentissages, prise en considération des différences entre élèves, modalités d'évaluation…

Doyle (cité par Gauthier, 1997) décrit six caractéristiques du processus d'enseignement :

1) la multidimentionnalité liée à la quantité d'événements et des tâches à accomplir ;
2) la simultanéité de ces dimensions ;
3) l'immédiateté en rapport au rythme des activités ;
4) l'imprévisibilité, les événements ne relevant pas d'une causalité attendue ;
5) la visibilité soulignant la dimension publique du geste de l'enseignant ;
6) l'historicité, au sens de l'impact du geste sur le déroulement de la classe.

Analyse

La gestion de classe, l'analyse des pratiques, maintenant intégrées à la formation initiale et continue des enseignants, supposent d'aller au-delà du sens commun, du premier mouvement (comment « faire-face » à la classe), qui ne résout pas un problème d'autorité. Mettre à jour les appuis semble nécessaire, par mutualisation, analyse des pratiques, modélisation, agrégation d'éléments théoriques, pour une **autonomie professionnelle.** L'action doit s'approprier personnellement, comme **engagement** et développement professionnel. Il s'agit de donner au professeur à la fois les moyens et l'assurance de sa compétence.

Citation

« La gestion de classe s'appuie sur un ensemble de valeurs visant à mettre en place un environnement propice à l'apprentissage et […] ces valeurs affectent la nature des interventions au regard du groupe, des règles de disciplines, du système de motivation, des louanges, des réprimandes, des critiques… »
Gauthier, *Pour une théorie de la pédagogie*, 1997.

Liens *Classe, Formation des enseignants, Planification*

Illettrisme

Définitions

Le **littérisme** (*literacy* en anglais), terme proposé en 2005 par la Commission générale de terminologie et de néologie, désigne « *la capacité à lire un texte simple en le comprenant, à utiliser et communiquer une information dans la vie courante* ». L'**illettrisme** caractérise la situation face à l'écrit d'une personne incapable de comprendre efficacement un texte portant sur des situations de la vie quotidienne, et/ou à les transmettre efficacement par écrit. C'est également un défaut d'utilisation de la langue dans des contextes pratiques. L'illettrisme « malgré » l'école remplace aujourd'hui l'analphabétisme « faute d'école ». Le terme est dû au mouvement ATD Quart-monde (1978) pour désigner une difficulté endémique à nos sociétés, source d'exclusion : le faible niveau de lecture lié à l'ensemble des difficultés scolaires et culturelles, aux précarités économiques et sociales et à une culture de la pauvreté.

Informations

Selon le GPLI (Groupe permanent de lutte contre l'illettrisme), en France :

– 1 % des jeunes adultes sont analphabètes (difficultés majeures pour lire ou écrire des mots simples et fréquents) ;

– 3 % ne dépassent pas la lecture d'un mot simple isolé ;

– 4 % sont limités à la lecture de phrases simples isolées ;

– 12 % ne peuvent retirer que quelques informations d'un document ;

– 80 % ont la capacité de lire un texte de façon approfondie.

Le **« couloir de l'illettrisme »** concernerait les premiers 8 %, la catégorie suivante étant celle des faibles lecteurs.

Une **langue réduite** induit pour Bentolila un défaut d'information et de jugement. L'illettré utilise la langue orale pour évoquer une expérience par avance supposée connue de son interlocuteur ; il ne prélève dans un texte à lire que quelques indices lui permettant d'identifier vaguement un thème et parfois un lieu, mais peu de chose sur ce que dit le récit à propos des personnages ou des objets. Ces indices, pris au hasard, servent de caution à une histoire qu'il invente mais qui n'a pas de rapport avec le texte lu. « *C'est toute une conception de la communication* *qui est engagée : le message illettré en appelle à la connivence, la proximité, la familiarité. Il ne vise pas à informer son destinataire.* » (1996.)

Dans ***L'Illettrisme en question***, Lahire décrit les effets rhétoriques (« lutte contre » l'illettrisme, déplacement du « pauvre » à l'« inculte » et à l'« exclu ») qui stigmatisent, sous l'influence des modèles scolaire (la dictée de Bernard Pivot) et universitaire (lire beaucoup et vite, engager une relation herméneutique avec les textes et savoir construire sa pensée et son action à travers l'écrit). La notion d'illettrisme décrit plus un phénomène vaste et complexe lié aux fonctions de l'écrit dans notre société, et une intention, qu'une réalité préétablie contre laquelle il s'agit de lutter.

Analyse

L'illettrisme est un phénomène complexe, où la scolarité n'intervient que pour partie. La nécessité de l'écrit pour toute activité en fait une des conditions de l'autonomie sociale. Mais, aujourd'hui, les illettrés sont « dans » l'école : on considère qu'à l'entrée au collège, 12 à 15 % des élèves sont en difficulté sérieuse de lecture (Haut conseil de l'éducation, 2002).

Il est donc déterminant de repérer les difficultés de lecture, de mettre en place les dispositifs de soutien et les réseaux d'aide (RASED notamment), et d'assurer les conditions de réalisation des compétences linguistiques dans toutes les activités scolaires dès l'école maternelle. Le lien entre écrit et apprentissages scolaires souligne l'implication de l'école, les mots étant les premiers outils intellectuels.

Citation

« *L'illettrisme constitue une sorte d'autisme social.* »
Bentolila, *De l'illettrisme en général et de l'école en particulier*, 1996.

Liens

Difficulté scolaire, Lecture

Lecture (Apprentissage de la)

Définitions

Lire, « *en termes cognitifs, c'est transformer la représentation visuelle d'une séquence de lettres en une représentation de sa prononciation ou de sa signification éventuelle* » (Morais, 2004). Cet « *apprentissage fondamental* » (cycle 2) met en scène les choix liant les méthodes du maître et les conceptions de l'acte de lire. Le débat actuel sur les « méthodes » de lecture interroge le rôle des activités de connaissance de la langue, notamment des modes de liaison des sons (des unités phonémiques) avec les lettres (code alphabétique).

Informations

Les « méthodes d'apprentissage » de la lecture sont des méthodes d'enseignement et/ou des exercices d'entraînement à la reconnaissance des mots : en ce sens-là, elles ne sont qu'un aspect de la pédagogie de la lecture. Les repères traditionnels en sont la **méthode synthétique** ou « **syllabique** » (ou graphophonétique, procédant par décodage du simple au complexe dans l'ordre lettres - mots - phrases, par mécanismes associatifs, puis synthèse et sens) ; la **méthode globale** ou **analytique**, qui privilégie le sens, partant des mots reconnus permettant, par comparaisons, de découvrir la combinatoire (initiée par Decroly), parfois confondue avec la **méthode naturelle** (Freinet) ; la **méthode mixte**, la plus utilisée, intègre ces différents aspects dans des activités visant à faire travailler les différents niveaux de structuration de la lecture : identification des mots ; maîtrise du système alphabétique ; compréhension (à l'aide du vocabulaire et de la syntaxe), production de texte (dictée à l'adulte pour débuter) ; entrée dans la culture de l'écrit (autour du livre exemple), en fonction des situations et des besoins des élèves.

La lecture repose sur une double activité :

1. **L'identification des mots écrits (voie indirecte)** soit par assemblage graphophonétique ou repérage morphologique, soit de manière automatique par adressage lexical (en référence au « dictionnaire » des mots déjà connus). Une hypothèse suggère que les deux procédures seraient automatiquement activées et que c'est la plus rapide qui est choisie ; on pense aujourd'hui que la médiation phonologique est systématique.

2. **La compréhension de la signification dans un contexte (voie directe)**, qui suppose de produire du sens, à l'aide de la mémoire, pour intègrer les informations perçues au niveau de la phrase et du texte. « *L'apprenti lecteur doit apprendre à se servir efficacement de l'une et de l'autre.* » (Programmes, 2006).

Une modification des textes officiels, tout en affirmant le principe de cette complémentarité, propose un recentrage sur la voie indirecte (associée en partie au déchiffrage), insistant sur l'attention à porter sur « *les sonorités de la langue* », la liaison systématique entre graphèmes et phonèmes, une autonomisation de la reconnaissance des mots qui « *doit être assurée afin de permettre à l'élève de déchiffrer, de relier le mot écrit à son image auditive et à sa signification possible* ».

Analyse

Un élément du débat sur les méthodes porte sur les défauts supposés de la méthode globale, de fait confondue avec les méthodes idéovisuelles (de type « *look and say* ») procédant par simple mémorisation et excluant le travail systématique sur le code. Le déchiffrage ne constitue pas un obstacle mais un appui à la compréhension et à la conscience phonologique nécessaires ; les compétences doivent aussi être construites (la méthode « syllabique » les considérant comme des prérequis). Lire est lié à de nombreuses activités : compréhension orale, production d'écrits, observation réfléchie de la langue, lecture à haute voix ou lecture autonome, pratiques culturelles, compétences transversales associées à la maîtrise de la langue…

L'approche en termes de « bonne méthode » peut fausser l'analyse : apprendre à lire ne se décrète pas mais relève d'un acte complexe qui s'inscrit sur toute la scolarité. Il suppose également un étayage, une médiation forte mise en œuvre par le maître lui-même. Plus que de méthodes mixtes, on peut parler de méthodes « intégratives » ou « intégrales » (Bentolila, 2006).

Liens

Freinet, Maîtrise de la langue

Maîtrise de la langue

Définitions

La maîtrise du langage et de la langue se définit comme un « *ensemble des capacités qui permettent à un élève de bénéficier pleinement des échanges oraux qui ont lieu dans la classe à propos de tous les aspects du programme, de lire en les comprenant les textes supports des activités pédagogiques, de se servir de l'écriture pour organiser les connaissances* [...] *pour les mémoriser, pour manifester par écrit ce qui en a été acquis et compris* ». La maîtrise de la langue française est devenue « *mission prioritaire de l'institution scolaire* » (Socle commun, 2006).

La « *maîtrise du langage et de la langue* » désigne une série de compétences transversales concernant le rôle que joue la langue française dans les apprentissages scolaires. À la maîtrise progressive de ces compétences, qui se construisent et s'exercent dans les activités de classe, est liée la possibilité des élèves d'accéder aux outils de compréhension nécessaire pour apprendre dans tous les domaines.

Informations

Le couple langage/langue donne sens au caractère « transversal » de l'activité langagière en associant deux niveaux complémentaires de l'activité symbolique et représentative. La **langue** orale comme écrite possèdent des caractéristiques propres, objets d'apprentissage. Mais l'utilisation d'une langue renvoie expressément aux **fonctions** que celle-ci accomplit dans la pluralité des usages, des « mises en mot » effectives, qui constituent des instruments de communication et de représentation du monde pour apprendre (d'où sa **transversalité**) : ces fonctions sont celles du **langage**, comme outil d'apprentissage.

On parle d'une manière différente (mais complémentaire) de **maîtrise des langages**. Pour l'école maternelle, les **langages** associent oral et écrit, langues étrangères, langage des images, langage du corps. Au collège, le terme de **discours** évoque toute mise en pratique du langage dans un acte de communication à l'écrit ou à l'oral.

Le socle commun fait de la **maîtrise de la langue française** la première des compétences à acquérir au terme de la scolarité obligatoire, plaçant celle-ci au carrefour de différents enjeux éducatifs : « *savoir* *lire, écrire et parler le français conditionne l'accès à tous les domaines du savoir et l'acquisition de toutes les compétences. La langue française est l'outil premier de l'égalité des chances, de la liberté du citoyen et de la civilité : elle permet de communiquer à l'oral comme à l'écrit, dans diverses situations ; elle permet de comprendre et d'exprimer ses droits et ses devoirs ».*

Analyse

L'expression « maîtrise de la langue » a été dissociée du « français ». Si les activités d'étude de la langue française et de la littérature restent le cœur de maîtrise, tout une série de compétences transversales a été distinguée accompagnant l'usage scolaire et l'usage personnel de la langue, une langue (et donc un langage) pour apprendre. Pour chacun, *sa* langue est le vecteur de sa pensée.

Le terme de maîtrise ne suppose pas l'acquisition d'instruments séparés de leurs usages, mais, au contraire, le principe d'un travail intégré à tous les apprentissages. Ce principe est celui de la spirale : parler et écrire pour apprendre, c'est apprendre à parler et à écrire ; les activités relevant de tous les champs disciplinaires doivent permettre à l'élève de construire les outils de la compréhension et du savoir (savoir lire, utiliser un texte pour y trouver une information, lire et comprendre les consignes, produire des écrits...). Par exemple, le passage de l'oral à l'écrit (écrits personnels), l'utilisation de schémas et de graphiques, participent au langage scientifique : à l'école élémentaire, le **carnet d'expérience**, comme d'autres formes de production d'écrits, est un outil pour apprendre dans ces deux sens.

Citation

« La langue est la véritable colonne vertébrale des apprentissages, le savoir des savoirs, la porte qui ouvre aux autres disciplines. » Programmes, 2006.

Liens

École élémentaire, École maternelle, Socle commun

Manuels scolaires

Définitions

Le manuel (du latin *manus*) est un ouvrage que l'on peut avoir en main (à portée de main et maniable), de format réduit, qui renferme l'essentiel des connaissances et des ressources relatives à une domaine d'enseignement (la plupart du temps disciplinaire).

Le manuel scolaire met en œuvre un programme d'enseignement pour un niveau donné (mais le manuel n'est pas le programme). Depuis Jules Ferry, les enseignants peuvent choisir librement leurs manuels, le ministère de l'Éducation nationale pouvant interdire un ouvrage qui ne serait pas conforme à la constitution, à la morale ou aux lois.

Informations

Le manuel (*enchiridion*) était pour les grecs un ouvrage portable contenant l'abrégé d'une science : le Manuel d'Épictète résumait sa philosophie. Comenius (1638) fut le premier à proposer un manuel d'enseignement gradué destiné aux maîtres comme aux élèves. Il inventa un manuel pour apprendre le latin avec une méthode fondée sur l'image : *Le Monde sensible en images (Orbis pictus sensualis)*. La Révolution fait appel à des livres élémentaires (Condorcet, 1792). Au XIXe siècle, l'usage s'étend, essentiellement sous la forme d'un précis destinés aux instituteurs. Son développement sera également associé à celui de l'enseignement simultané qui suppose la disposition d'outils identiques pour que les élèves puissent avoir la même activité. Son histoire est celle des pratiques pédagogiques, des contenus enseignés, des représentations dont il est porteur. *Le Tour de la France par deux enfants* (1877), sorte de « roman scolaire », fut l'un des plus diffusés.

Le manuel n'est pas un livre, au sens d'une lecture cursive, mais un outil scolaire. De nombreuses formes sont proposées et varient selon les disciplines : anthologie de textes, manuel « progressif » (méthodique), ou outil de travail ouvert proposant plusieurs dimensions de ressources. Le manuel suppose le couplage entre méthode d'enseignement pour le maître et outil de travail individuel et personnel pour l'élève (lien présenté sous la forme : livre du maître - manuel de l'élève). Sa fonction « illustrative » est autant un élément d'attrait qu'un élément d'organisation de l'information pour apprendre. La part des situations, des documents de travail, l'emporte, dans la plupart des manuels d'aujourd'hui, sur l'énoncé de connaissances.

Analyse

Le rapport Borne (1998) souligne le risque que « *développant la pédagogie au détriment de l'exposé des connaissances* », le manuel ne soit plus une référence, mais un puzzle dont seul le maître a les clés d'assemblage. Ils risquent, dans certains cas, de priver les professeurs de réflexion pédagogique. On peut rappeler que Freinet et les pédagogies actives renonçaient aux manuels, « tuant tout sens critique ». D'où la nécessité pour le manuel de « *redevenir un outil de travail pour l'élève* ». Quel qu'en soit l'usage, le manuel suppose un projet pédagogique et, pour l'élève, se servir d'un manuel s'apprend.

Une enquête de l'INRP (2001) observe que le manuel scolaire apparaît pour l'élève, au collège notamment, comme un recours dans lequel il a confiance et qu'il trouve facile à utiliser. Organisateur du travail, référence pour l'élève et les parents, le manuel est un outil stratégique, notamment pour l'apprentissage premier de la lecture.

Les « livres scolaires » (manuels et leur mode d'emploi, cahiers d'exercices et de travaux pratiques, fiches...) ne sont plus la seule voie pour l'enseignement : les ressources numériques (CD et Internet), les ouvrages documentaires ou la littérature de jeunesse étendent le registre et le rôle des supports du travail de l'élève et de la lecture. La « crise du manuel » suppose la redéfinition de son rôle, par rapport à ces nouveaux médias et aux scénarios pédagogiques.

Liens

Comenius, Freinet, Lecture, Parents d'élèves, Programmes

Métier d'élève

Définitions

Le concept de « métier d'élève » implique qu'être élève ne soit pas une activité « naturelle », mais un mode culturel et social élaboré supposant des techniques, des manières de faire (implicites ou explicites) figurant comme pratiques « ordinaires » (faire le métier), mais aussi des stratégies (avoir du métier) et des conditions (classe et école) pour s'y accomplir (être du métier).

Obligation statutaire d'« être élève », le métier renvoie à la réalité des usages que l'élève fait de l'école, des problèmes qu'il doit régler pour participer au circuit pédagogique. Il renvoie également aux aspects de vie de groupe, de classe, d'interactions scolaires entre école et famille.

Informations

La Borderie (1991), propose d'observer « **le premier métier du monde** ». L'idée de métier s'applique à l'activité d'élève par sa dimension économique et de production sociale de compétences, par l'aspect du corps social des élèves et des institutions, et par l'importance de la qualité de l'espace de travail (l'école est un lieu de vie essentiel). Ses spécificités et la difficulté de l'emploi (charge affective, cognitive, sociale…) et, enfin, sa fonction, qui est de réussir, correspondent à son expérience. L'idée est de considérer l'élève comme un sujet social, de considérer son action, et de lui apprendre son métier. Le parallèle s'arrête là où on risque d'y projeter des significations d'un travail vecteur de clivage social.

C'est un *« drôle de métier »* (Perrenoud, 1994), où il s'agit de faire *« comme tout le monde »*, et qui, *« exercé sous la pression formidable du credo "c'est pour ton bien"* […] *conduit à la course à la réussite (l'élève est sans arrêt menacé de "rater sa vie"). Cette course à la réussite induit un rapport stratégique ou tactique à la scolarisation, donc un rapport utilitariste aux savoirs. »* Le **mode de travail de l'élève** est souvent lié à un manque de temps et de souplesse, des difficultés à négocier, des tâches fermées et départies, le poids de contraintes et de contrôles, la place immense de l'évaluation, des relations bureaucratiques entre maîtres et élèves…

Le **travail pour soi** peut désigner deux dimensions données par l'élève à son métier : celle de l'intérêt trouvé à l'école pour grandir (école primaire) puis celle de l'intérêt intellectuel et de l'engagement de l'élève dans ses études. Apprendre le métier d'élève suppose, au-delà de son travail scolaire, la mise en place d'une stratégie pour réussir ses études, pour gérer son propre travail, sa « rentabilité » scolaire, avec différents « compromis » possibles (Rayou, 1992). Les stratégies de réussite (Durut-Bellat) ne sont pas forcément des stratégies heureuses et l'efficacité n'est pas la satisfaction ou une valorisation de soi (les élèves deviennent eux-mêmes *« consommateurs d'école »*, selon la formule de Ballion).

Analyse

Le concept de « métier d'élève » a une fonction critique en soulignant la question du sens du travail de l'élève : sens qu'il lui donne ou sens qu'on lui prête. La considération de la tâche propre à l'élève prend un sens nouveau, en termes d'équité devant le travail, de moyens à mettre à disposition, de stratégie des acteurs que sont les élèves. Elles font de l'élève un usager sujet de droit de l'espace de travail scolaire.

Loin d'être le lieu de repos originel (*skholê*), le lieu de travail qu'est l'école contraint l'élève aux enjeux, aux conflits et à la charge d'un travail à la fois intellectuel et physique. Le temps employé par l'élève n'est pas le sien, n'est pas conçu selon sa logique, c'est celui de l'école ou de ses professeurs. Parler des conditions de travail de l'élève apparaît aussi anachronique que nécessaire : l'ergonomie du travail de l'élève reste à inventer (du poids du cartable à celui des études).

Citation

« Un métier, ça s'apprend : la condition ultime à la pertinence du concept de métier d'élève est bien entendu que les élèves soient capables d'apprendre ce métier, et par suite d'y réussir. » La Borderie, *Le Métier d'élève*, 1991.

Liens

Autonomie de l'élève, Apprendre, Difficultés scolaires

Méthodes pour apprendre

Définitions

Les « méthodes », terme générique donné à un ensemble de procédures à maîtriser dans le travail scolaire, désignent à la fois l'appropriation de modes de travail, une médiation qui permet à l'élève d'être informé sur sa manière d'apprendre, et une série d'outils « intellectuels » disponibles pour apprendre. Cousinet soulignait la nécessaire distinction entre les méthodes pour enseigner et les méthodes pour apprendre, l'orientation nécessaire vers une *Pédagogie de l'apprentissage* (1959). Les appuis méthodiques sont considérés aujourd'hui comme une condition nécessaire d'accès au savoir et à la réussite scolaire.

Informations

Les dispositifs pédagogiques traditionnels disent peu ou rien sur la base cognitive et le fonctionnement réel de la mise en œuvre des savoirs. Un modèle de méthode apparaît derrière les évidences (écouter un professeur, apprendre sa leçon, bien travailler à l'école…), sorte de naturalisation d'une forme d'activité.

L'attention nouvelle projetée par les sciences cognitives sur les conditions de la pensée permet de porter un regard sur l'aide procédurale à apporter au travail de l'élève. On s'efforce de mettre à sa disposition les **outils pour apprendre**, outils cognitifs nécessaires à son activité (de la compréhension de la consigne à la prise de notes, l'évaluation de son travail…), et les méthodes de travail liées aux différents champs disciplinaires. Cette exigence suppose de mieux comprendre les connaissances implicites dans les tâches disciplinaires et dans le travail personnel de l'élève.

Le « Rapport Bourdieu » (1989), soulignait la place de tout un ensemble de techniques tacitement exigées par tous les enseignements, et non transmises, par exemple l'utilisation du dictionnaire, l'usage des abréviations, la rhétorique de communication, l'établissement d'un fichier, la création d'un index, l'utilisation d'un fichier signalétique ou d'une banque de données, la préparation d'un manuscrit, la recherche documentaire, l'usage des instruments informatiques, la lecture de tableaux et de graphiques… Par ailleurs, les méthodes de travail évoluent et s'intègrent dans différents scénarios et différents environnements.

Livrer à tous les élèves cette technologie du **travail intellectuel** et, plus généralement, leur permettre d'acquérir des **méthodes** fonctionnelles **de travail** (comme l'art de choisir entre les tâches imposées ou de les distribuer dans le temps), serait une manière de contribuer à réduire les inégalités liées à l'héritage culturel.

Analyse

L'hypothèse est que la tâche à accomplir n'est accessible que si elle est associée à la compréhension de son fonctionnement, tant au niveau des objectifs poursuivis que des moyens de la réaliser. L'apprentissage méthodique des méthodes se fixe la « **clarté cognitive** » de la tâche comme objectif (Britt-Mari-Barth, 1999). Les « bons élèves » ont une méthode : il s'agit de faire en sorte que tous puissent y accéder. Ceci suppose des dispositifs d'aides méthodologiques, en même temps qu'un recentrage sur le travail personnel de l'élève.

La **pédagogie des méthodes** recentre sur les activités de mise en œuvre d'une tâche (lecture d'un énoncé, élaboration d'hypothèses, mobilisation de références…) en faisant l'objet d'une intervention pédagogique directe ou réflexive. Les méthodes de travail sont les points réinvestissables pour des démarches d'apprentissage autonome. La méthode est objet d'apprentissage. Elle appartient au circuit pédagogique dont elle constitue le moteur : loin d'être une prédisposition, elle est le résultat du travail organisé et donc appris.

Citation

« L'élève n'a pas fait son apprentissage d'apprenant. Le maître sait, avant d'enseigner, comment on enseigne, l'écolier, avant d'apprendre, ne sait pas comment on apprend. » Cousinet, *Une méthode de travail libre par groupe*, 1959.

Liens

Apprendre, Apprendre à apprendre, Cognition et Fonctionnement de l'esprit

Planification

Définitions

La planification a pour objet la mise en œuvre d'une situation d'apprentissage à partir d'un plan, à travers une action organisée. Pour cela, il s'agit de prévoir, d'anticiper, d'organiser, de contrôler, de se préparer à l'action. La planification précède l'action comme « *activité qui tend à systématiser la séquence des actions à poser en classe* » (Nault, 1994). En ce sens, la planification est synonyme pour l'enseignant de préparation, comme **geste professionnel**.

La planification est une organisation dans le temps, annuelle, trimestrielle, par période, par projet sur plusieurs semaines, par jour, par semaine ou par *unités d'enseignement* organisant les moments de réalisation d'éléments prescrits (programmes, horaires, organisation systématique des disciplines et des compétences...). Comme processus (à la différence de la programmation), la planification est à la fois intention, action et stratégie.

Informations

On peut distinguer deux approches de la **planification**. La première, **descendante**, technicienne et analytique, consiste à partir de l'objectif à atteindre à le décomposer et à procéder à l'organisation nécessaire à sa réalisation. La seconde, **ascendante**, consiste à construire le plan en même temps que l'on conduit la situation, par corrections successives.

En fait, les deux éléments ordonnateurs et régulateurs sont liés et se complètent. Pour Tochon, ils constituent un « double agenda » permettant à l'enseignant de gérer les actions déployées dans la classe (action « préactive » de gestion des contenus) et ses propres interventions (action « interactive » de gestion pédagogique) puis, à partir de leur déroulement, « postactive » et de régulation (2000).

La **séquence pédagogique** est une période qui peut être planifiée avec différentes dimensions :

1. le planning ou agenda général qui fixe l'emploi du temps ;
2. la séquence identifiée par les objectifs, le contenu, le projet pédagogique choisi, les compétences attendues, les modes d'évaluation ;
3. la séance (une séquence peut s'organiser sur plusieurs séances) et

des indicateurs possibles : objectifs intermédiaires, activités du professeur, activités des élèves, supports pédagogiques, traces des élèves…

Différents **outils de planification** sont disponibles, comme le **cahier journal** (et, dans une autre intention, le cahier dit « de textes »), ordonnateur du travail commun et de « l'emploi » du temps de la classe. Il permet une planification *a priori* et *a posteriori*, liant l'évaluation de la séance, son déroulement, les objectifs atteints par les élèves et la prévision assurant la continuité (la « progression ») du plan de travail (celui de l'élève et celui du professeur). Il est lié aux préparations du professeur et à son projet pédagogique.

Analyse

Enseigner n'est pas reproduire une forme vide. La planification est un processus cyclique et non linéaire qui suppose une prise de décision et une régulation en cours d'action qui permettent *« d'ajuster la relation pédagogique »* aux interactions avec les élèves et la tâche (Altet, 1993).

La planification est autant un élément de représentation de l'action qu'un organisateur. Plans de travail de la classe, du professeur et des élèves peuvent se différencier et s'organiser dans différents moments pédagogiques selon les modèles choisis. La planification fait de l'enseignant un concepteur, l'architecte de sa pratique. En tant que réflexion en cours d'action et sur l'action elle suppose, au-delà du projet, le *design*, le modèle de l'action (Schön, 1994).

Citation

« Planifier un cours, c'est gérer anticipativement des risques. C'est prévoir une structure de conduites d'enseignement organisée dans le temps. »
Charlier, Donnay, *Planifier un cours*, 1990.

Liens *Classe, Gestion de la classe, Relation pédagogique*

Polyvalence

Définitions

La spécificité de l'école primaire, son identité, est la polyvalence du professeur des écoles, *« un maître polyvalent, capable d'enseigner l'ensemble des disciplines dispensées à l'école primaire »*.

« Polyvalence » est un mot d'usage récent : il apparaît en 1972 dans un texte relatif au premier degré. On l'a défini comme *« la maîtrise par un maître unique des procédures d'enseignement et des techniques d'évaluation, telle qu'elle permette, conformément aux programmes de l'école primaire, la construction cohérente des compétences disciplinaires et transversales attendues des élèves »* (Arrêté du 22 février 1995).

Informations

La polyvalence « naturelle » de l'école est d'abord historique, déploiement progressif d'un enseignement à partir du savoir-lire et du savoir-compter, les identités disciplinaires n'étant pas encore fortement marquées. Elle est devenue le propre de l' « instit' », à l'opposé du « prof », spécialiste d'un domaine disciplinaire. Cette polyvalence est également structurelle par le nombre de classes uniques, les regroupements communaux, la nécessité de prendre en charge en classe des enfants de plusieurs niveaux (polyfonctionnalité). La polyvalence est devenue progressivement une culture des savoirs, un mode de contextualisation scolaire.

Le terme de polyvalence est lui-même polysémique, il recoupe plusieurs aspects :

– l'**aspect pluridisciplinaire,** qui suppose une expertise et la conduite de situations d'apprentissages dans plusieurs disciplines différentes, contrairement à la spécialisation du second degré ;

– la mise en cohérence d'apprentissages communs à plusieurs disciplines, et peuvent être réunis dans des **activités interdisciplinaires** ;

– la **transdisciplinarité,** qui peut être attachée aux compétences transversales ou à la mise en œuvre de compétences à travers différentes activités, par exemple : recherche d'informations, organisation de ses écrits personnels, analyse des contenus d'une illustration, d'un graphique, d'un schéma, argumentation à l'oral et à l'écrit…

– la **polyfonctionnalité**, celle de la classe à plusieurs niveaux, comme unité de fonctionnement du travail et de la vie scolaire au-delà de l'homogénéité d'un programme et d'un âge ;

– la **polyintervention** pour le maître, lorsqu'il s'agit de travailler dans un cadre polyfonctionnel (classe à deux niveaux, regroupement pédagogique, classe unique...) qui a pour répondant l'autonomie de travail des élèves.

Analyse

La polyvalence réelle est à considérer comme registre d'action et non comme principe formel d'accumulation de tâches. Une **polyvalence extensive** est attachée à « l'instituteur traditionnel » (seul dans sa classe, chargé de tout faire), image d'accumulation. Une polyvalence construite et « active », est un principe dynamique d'**intégration des savoirs** comme ouverture à la différenciation et à l'articulation des savoirs, permettant de relier les domaines sociaux, sensoriels et cognitifs (dont la maîtrise de la langue) et les champs disciplinaires.

Une culture de polyvalence s'inscrit comme un capital de savoirs et de savoir-faire dans le domaine des connaissances comme dans celui des savoirs professionnels. Certains autres groupes tels les professeurs de lycée professionnel (PLP), certains regroupements disciplinaires (par exemple histoire et géographie), différents projets polydisciplinaires ou transdisciplinaires s'inscrivent dans des formes de polyvalence.

Citation

« La polyvalence des maîtres donne sa spécificité à l'école primaire. Loin d'impliquer une simple juxtaposition d'enseignements disciplinaires, elle favorise la mise en œuvre de démarches faisant appel à plusieurs disciplines pour construire ou conforter un apprentissage. » Arrêté du 22 février 1995.

Liens

Compétences professionnelles, Professeurs des écoles, Transdisciplinarité

Professionnalisation

Définitions

On entend par professionnalisation la spécification des missions de l'exercice professionnel, ainsi que la connaissance et la reconnaissance des compétences qui lui sont liées. La professionnalisation lie l'exercice et l'identification professionnelle de *« l'individu qui exerce cette activité, qui se professionnaliserait en quelque sorte en adoptant progressivement les manières de faire, les manières de voir et d'être du groupe professionnel auquel il aspire d'appartenir. En fait c'est ce que les sociologues appellent la socialisation professionnelle. »* (Bourdoncle, 1993.)

Le mot « professionnalisation » concerne trois niveaux :

1. la professionnalisation des **activités**, des métiers, au sens de l'organisation et de la reconnaissance sociale de leur utilité ;
2. celle des **acteurs**, au sens à la fois de la transmission de savoirs et de compétences considérés comme nécessaires pour exercer la profession ;
3. celle des **organisations**, au sens de la formalisation d'un système d'expertise par et dans l'organisation (Wittorski, 2001).

Informations

Métier et profession : le métier lie les dimensions personnelles d'habileté dans la pratique, des techniques, un travail accompli et un lien social. Pour Dubar, le métier est lié *« à la maîtrise et à la reconnaissance d'une spécialité apprise en formation initiale et exercée au sein d'une communauté culturelle »* (1992). La profession inclut d'autres dimensions : statut social, lien avec les missions de l'école (incluant des normes), compétences et autonomies professionnelles.

Le **mouvement de professionnalisation** : Gauthier analyse le passage du **« maître artisan »**, issu des écoles normales, qui recourait à une méthode préétablie et ordonnée – *« dans sa classe, il contrôlait le temps, les déplacements, la posture, les récompenses et les punitions, les présences, le groupe. Au cours de sa formation, il avait appris les matières de base, plus une série de trucs et recettes recensés dans les premiers traités de pédagogie »* – au **« maître scientifique »**, centré sur les besoins et le développement de l'enfant : *« la formation des maîtres mariait alors* *la connaissance des matières à enseigner et celle d'une pédagogie qui se transposait difficilement dans la salle de classe* », puis à un « **enseignant professionnel** », « *un expert autonome, responsable, qui apprend en continu et devrait bénéficier d'une reconnaissance sociale. L'expertise de ce professionnel est alors constituée d'une compétence dans la discipline qu'il enseigne, mais aussi de sa capacité de mettre en œuvre les meilleurs moyens possibles d'apprentissage* » (1997).

Analyse

L'enseignant professionnel constitue une figure majeure de l'enseignement et de la formation. La professionnalisation concerne l'activité elle-même au sein du groupe professionnel, les savoirs à enseigner, et enfin les personnes. Elle constitue un mouvement de clarification des actions et des formes du travail enseignant, tout autant que de leur formation (professionnalisme).

Les enseignants sont-ils des « professionnels » ? Peut-on réduire la pédagogie à une activité fonctionnelle ? Vers quel type de professionnalité se dirige-t-on ? Rationnelle ? Experte ? Éducative ? La question de la profession souligne la réalité des pratiques des enseignants, entre autonomie et identité sociale participant à « *un espace socialement reconnu comme spécifique, contrôlé, mettant en jeu la responsabilité intellectuelle et éthique de ses membres* » (Lang, 1998).

Citation

« *D'un côté, les professeurs organisent leurs discours et leur expérience autour de leur statut* [...]. *De l'autre, ils se définissent par leur métier* [...]. »
Dubet, *Les Lycéens*, 1991.

Lien *Compétences professionnelles, Formation des enseignants*

Travail à la maison

Définitions

Le travail à la maison s'inscrit dans le cadre plus large du travail des élèves pour l'école hors de l'école. Se construire un espace de travail, entre le travail en classe et le travail seul (ou accompagné) à la maison, est un des axes propres au métier d'élève ; c'est aussi un lieu de transaction sociale entre famille et école.

Cette zone, de plus en plus stratégique, parfois dès l'école primaire, recoupe différents modes de travail « après l'école » : travail explicite (leçons, devoirs), travail « en plus » choisi par les élèves et/ou leurs parents, travail prescrit ou travail libre. Ce domaine recouvre les cours particuliers et le « *coaching* scolaire », les devoirs de vacances et les jeux éducatifs, ainsi que l'aide fournie au travail accompli pour l'école sous forme d'« accompagnement scolaire ».

Informations

Le travail à la maison a sa fonction pédagogique (au regard de l'inégalité des ressources) et sa fonction sociale (demande des parents). Il constitue autant un objet de débat avec les familles qu'une zone de transaction avec les exigences scolaires (du devoir au bachotage). Il en est ainsi des devoirs (le terme marquant une obligation) : on peut rappeler l'interdiction des devoirs écrits à l'école primaire – et non des exercices – (circulaire du 28 janvier 1971), malgré la demande des parents.

Le travail scolaire à la maison relève de logiques différentes selon qu'il est un prolongement du « cours » (exercices, leçon), ou bien un approfondissement, une recherche individuelle. Il met en jeu les « *gestes de l'étude* » (Lahire, 1997), qui définissent le travail : la différence entre élèves se fait sur la **mémoire didactique**, ceux-ci ne retirant pas de la classe les mêmes informations et les mêmes manières de faire. Ils ne font donc pas le même travail. Il faut apprendre à gérer le **double espace** du travail scolaire à la maison, la mesure du temps passé n'étant pas la mesure du travail réel. Dans tous les cas, l'élève devient une sorte de « messager » entre l'école et la famille.

Analyse

Pour Laisne, l'efficacité des devoirs est perçue dans la perspective de développer une culture de l'école chez les élèves, en terme d'organisation et d'habitudes de travail (2004). Mais le fait de donner des devoirs se justifie chez les enseignants surtout parce qu'il leur est essentiel d'entretenir de bonnes relations avec les parents car *« pour beaucoup, donner des devoirs est un gage de réussite »*.

À l'école élémentaire, un rôle particulier est donné à l'étude d'une durée quotidienne de trente minutes, à la suite des séquences d'enseignement proprement dites : *« Dans les écoles élémentaires, les élèves n'ont pas de devoirs écrits en dehors du temps scolaire. À la sortie de l'école, le travail donné par les maîtres aux élèves se limite à un travail oral ou des leçons à apprendre. »* (*BO*, 1994.)

L'**accompagnement scolaire**, « en marge de l'école » (Glasman, 2001), désigne les actions faites hors de l'école, notamment dans le domaine associatif, pour aider les élèves « après l'école ». Pour cela, il propose d'*« apprendre l'école pour apprendre à l'école »* (Chartier, 1994), en maîtrisant les routines matérielles : l'exactitude, la préparation du cartable, le regard systématique sur le cahier de textes, l'organisation de son propre travail. Par accoutumance, *« ces élèves prennent l'habitude de faire leur travail, et apprécient d'être "dans la norme", de recevoir les éloges des enseignants, pouvoir comprendre les cours suivants »* (Glasman, 2001). Rochex souligne que « faire ses devoirs », être en règle avec l'école ne suffit pas : *« Les enfants (se mettent ainsi) en règle avec l'école sans pour autant s'imprégner de ses valeurs et de ses schémas cognitifs. »* (1996.)

Citation

« L'institution scolaire ne peut ignorer plus longtemps ce qui se joue à ses portes et qui est de nature à contrarier ses efforts qu'elle consent en matière d'équité. »
Jarousse, cité par Glasman, *L'Accompagnement scolaire*, 2001.

Liens

Accompagnement pédagogique, Métier d'élève, Travail personnel et Pratiques accompagnées

Travail personnel et Pratiques

Définitions

Le travail personnel n'est pas le travail autodidactique, séparé du système d'enseignement. Il en est une disposition, liée à une organisation collective et à différentes formes d'accompagnement : autoformation « assistée », encadrement, suivi... ; il peut être associé à un travail partagé entre élèves ou par groupes.

On distinguera le travail individuel, qui est une part de travail en classe exécuté individuellement (exercice, interrogation...) du travail individualisé et/ou personnalisé qui s'adapte à l'apprenant et inclut une dimension d'autonomie.

Informations

Réorganiser le travail de la classe autour de l'activité propre à l'élève a été l'objet de nombreuses tentatives. La classe, nous dit Freinet, est un chantier ; c'est un ensemble organisé qui permet à chaque élève de se constituer un plan de **travail individuel**.

L'enseignement individualisé (Dottrens, 1938) ou **le travail sur mesure** (Ferrière, 1920) ont pour rôle d'établir des rapports concrets entre les ressources « auto-éducatives » de chacun et un ensemble rationnellement réglé de travail individualisé, une double individualisation des moyens et du travail. Pour Dottrens, il est nécessaire à la formation intellectuelle et morale de l'individu : *« Il acquiert par lui la méthode qui lui est propre, il devient responsable de sa culture*, [...] *il est mieux préparé à la vie. »*

Le travail personnel encadré (TPE) constitue une forme de travail, supposant la démarche personnelle de l'élève et son investissement. Le dispositif mis en œuvre dans les lycées depuis 2000 prévoit un accompagnement professoral, un carnet de bord, le suivi d'un travail long et une évaluation terminale sous forme de soutenance orale. Le principe en est la découverte, la recherche, la construction de savoirs à partir de thèmes interdisciplinaires sur programme national (l'homme et la nature pour 2006-2008) et par section (par exemple, pour la section L : l'image ; pour la section ES : la presse écrite et pour la section S : modèles, modélisation...).

accompagnées

Analyse

Le travail personnel (qui peut être également proposé sous forme de contrat) est devenu un point de ralliement de différents dispositifs et répond à un besoin de différenciation et d'individualisation. Il devient une alternative à l'enseignement magistral, ou son complément. Il suppose la valorisation de l'élève et son implication dans la production de savoirs. Les TPE proposent en un moment organisé de donner à l'élève un sens à son travail et à l'expression « faire des études » jusque-là réservée à l'enseignement supérieur.

C'est aussi une autre forme de travail pour le professeur, un changement coordonné de pratiques supposant l'unité pédagogique du système autour du travail personnel de l'élève, sur le principe des **pratiques accompagnées** liant autonomie, accompagnement et suivi, ressources pédagogiques, co-évaluation… la stratégie de l'élève en est le moteur de la réalisation. Ce principe est partagé avec d'autres dispositifs (IDD, PPCP, classe à PAC…).

Citation

« L'enseignement individualisé permet de développer chez l'enfant un pouvoir de concentration, un désir de bien faire, une volonté dans l'effort qui se manifeste rarement dans l'enseignement collectif et qui agissent immédiatement sur l'atmosphère et la discipline de la classe. »
Dottrens, *L'Enseignement individualisé*, 1938.

Liens

Accompagnement pédagogique, Autonomie de l'élève, Différenciation, Freinet, Travail à la maison

Tutorat

Définitions

Legrand définit le tutorat comme une *« relation d'aide pédagogique et éducative à l'élève »* (1981). Le processus de tutelle est décrit par Bruner comme un ensemble de moyens *« grâce auquel un adulte ou un spécialiste vient en aide à quelqu'un qui est moins adulte ou spécialiste que lui »* (1996).

Deux sens apparaissent :

– le rôle de tutorat tenu par un adulte **(tuteur adulte)** pour assurer un suivi, assurer le lien entre projet individuel et projet scolaire, l'accompagnement d'alternance en stage, l'aide au travail personnel ;

– le **tutorat entre pairs** comme mode complémentaire de guidance permettant de diversifier les relations à l'intérieur de l'école, en s'appuyant sur la proximité cognitive et l'entraide entre élèves.

Informations

Le **tutorat adulte** suppose à la fois une dissymétrie permettant au tuteur de prendre en charge les éléments de la tâche qui excèdent les capacités du débutant, et une proximité rapprochant le novice du détenteur d'une compétence de façon non hiérarchique (parité sociale). Cette proximité (chercher ensemble : interaction de tutelle, échange sociocognitif...) est un gage d'efficacité, car, pour que le « tutoré » profite du travail collectif, le tuteur doit être en même temps chercheur.

Le **tutorat entre élèves** suppose une faible asymétrie plus profitable, que les dyades très hétérogènes ou trop homogènes : *« Il faut que le tuteur ne soit pas trop avancé par rapport au tutoré pour que ce dernier profite du travail collectif. »* (Perret-Clermont cité par Baudrit, 1999.) Le tutorat entre élèves constitue un mode d'engagement réciproque, de responsabilisation pour le tuteur, et d'assurance pour le tutoré : il peut y avoir également rapprochement, inversion des rôles. Un des écueils serait que le tuteur trouve plus de bénéfices à la coopération que le tutoré.

L'**effet-tuteur** (observation faite par les tenants de l'enseignement mutuel) : les élèves qui remplissent les fonctions de maître peuvent apprendre eux-mêmes ; le moniteur devient un élève actif, comble ses lacunes et ses connaissances se trouvent renforcées. *« En somme, il* *bénéficie de tous les avantages du réapprentissage.* » Les sujets tuteurs, ne pouvant agir directement sur la situation, sont conduits à faire un travail métacognitif sur leur propre procédure de résolution pour pouvoir expliquer aux autres comment s'y prendre (Baudrit, 2002). Mettre en situation de tuteur des élèves ayant quelques difficultés (figure du « cas inversé ») peut avoir un effet sur leur compréhension de la tâche.

Analyse

Dans le tutorat entre pairs, il semble que l'on tire meilleur parti de l'hétérogénéité que de l'homogénéité (tutorat asymétrique, un élève étant un peu plus avancé qu'un autre) : la proximité (pas trop d'écart d'âge et de niveau entre aidant et aidé) est une condition de l'interaction.

Winnikanem compare les résultats obtenus entre groupes assistés ou non par un tuteur : la formule du tutorat asymétrique semble avoir l'avantage en terme de progrès des élèves (1996). Si l'on distingue le tutorat avec équivalence d'âge et le tutorat avec écart d'âge, les tuteurs adultes sont reconnus plus efficaces que les tuteurs enfants pour l'aide apportée aux novices (tutorat d'adulte chez Vygotski).

La formule du tutorat est ouverte : tutorat individualisé, de groupe, réciproque, alterné, imposé, volontaire. Elle intervient également dans les formations professionnelles, les formations à distance... À ce tutorat formel s'ajoute ce que Bruner dénomme le « collège invisible » de l'entraide.

Citation

« Celui qui enseigne peut apprendre. » Comenius, *La Grande Didactique*, 1627.

Liens

Accompagnement pédagogique, Apprendre à apprendre, Travail personnel et Pratiques accompagnées

Pratiques professionnelles : bibliographie

Baudrit, A., *Tuteur : une place, des fonctions, un métier*, PUF, « L'Éducateur », 1999

Bentolila, A., *De l'illettrisme en général et de l'école en particulier*, Plon, 1996

Chabanne, J.-L., *Les Difficultés d'Apprentissage*, Nathan, « Éducation en poche », 2005

Charlot, B., Bauthier, E., Rochex, J-Y., *École et savoir dans les banlieues et... ailleurs*, Armand Colin, 1991

Clot, Y., *Le Travail sans l'homme ?*, La Découverte, « Poche », 1998

Dubar, C., *La Socialisation, construction des identités sociales et professionnelles*, Armand Colin, « U-sociologie », 2002

Dubet, F., *Le Déclin de l'institution*, Seuil, « L'Épreuve des faits », 2002

Gauthier, C., *Pour une théorie de la pédagogie*, De Boeck, « Perspectives en éducation », 1997

Glasman, D., *L'Accompagnement scolaire*, PUF, « L'Éducateur », 2001

Guigue, M., *Les Lycéens décrocheurs, chronique sociale*, « Pédagogie, formation », 1998

Lahire, B., *Les Manières d'étudier*, La Documentation française, « Les documents de l'OVE », 1997

Lang, V., *La Professionnalisation des enseignants*, PUF, « Formation permanente », 1999

Loriol, M., *Le Temps de la fatigue*, Anthropos, « Sociologiques », 2000

Morandi, F., *Pratiques et logiques en pédagogie*, Nathan, « Éducation en poche », 2005

Perrenoud, P., *Métier d'élève et sens du travail scolaire*, ESF, « Pédagogies », 1994

Tochon, F.V., *L'Enseignant expert*, Nathan, « Les Repères pédagogiques », 1993

Vincent, G. (dir.), *L'Éducation prisonnière de la forme scolaire*, PUL, 1994

5

MÉDIAS ET TECHNOLOGIES

Introduction

L'évolution des technologies de l'information et de la communication (TIC), la banalisation d'un environnement numérique de travail dans les domaines économiques et sociaux engendrent des transformations dans la manière d'enseigner et celle d'apprendre. Leur intégration dans les pratiques et dans les situations d'apprentissage devient une dimension « normale » de la pédagogie autant qu'une priorité éducative.

Les TIC ne sont pas des objets, mais bien des **médias** et des **technologies cognitives** qui transforment nos modes de pensée. Pour Lévy (1997), « *toute réflexion sur le devenir des systèmes d'éducation et de formation dans la cyberculture doit se fonder sur une analyse préalable de la mutation contemporaine du rapport au savoir* ». L'intégration des tâches informationnelles interroge les modes de construction de connaissance. Les scénarios pédagogiques sont modifiés : informer, c'est transmettre ; s'informer, c'est construire.

Les nouvelles **pratiques informationnelles** (qui incluent des médias plus anciens comme la télévision) sont devenus des éléments incontournables des situations d'apprentissages : peut-on apprendre sans chercher, *rechercher*, traiter une information au sens technique comme au sens intellectuel et cognitif ? Le principe d'information est au cœur des apprentissages comme usage de l'information et travail informationnel, prenant une part stratégique dans une « *société de la connaissance* » (Michel Serres, 1914).

La dimension éducative des TICE (TIC pour l'Enseignement) est liée à l'impact des médias et des techniques sur la vie quotidienne, les méthodes de travail, la vie sociale et politique. Les thèmes de l'**éducation à (et par) l'information**, de la **maîtrise de l'information**, de l'**infolettrisme** deviennent ceux du partage de ressources et de compétences. L'enjeu éducatif des TIC est aussi le développement d'une attitude critique et réfléchie vis-à-vis de l'information disponible et d'une attitude de responsabilité dans l'utilisation des outils interactifs.

La **maîtrise des technologies de l'information et de la communication** est devenue un volet du socle commun de connaissances et de compétences (2005) : « *la culture numérique implique l'usage sûr et critique des techniques de la société de l'information.*[…] *Les connaissances et les capacités exigibles pour le B2i collège (Brevet informatique et internet) correspondent au niveau requis pour le socle commun. Elles sont acquises dans le cadre d'activités relevant des différents champs disciplinaires.*[...] *Il appartient néanmoins* [à l'école] *de faire acquérir à chaque élève un ensemble de compétences lui permettant de les utiliser de façon réfléchie et plus efficace* ».

SOMMAIRE

Bibliothèque centre documentaire (BCD)

Centre de documentation et d'information (CDI)

Éducation à l'image

Éducation aux médias

Éducation par les médias

Espace numérique de travail (ENT)

Information et Cognition

Information et Savoir

Maîtrise de l'information (infolettrisme)

Pédagogie documentaire

Technologies de l'information et de la communication (TIC)

Bibliothèque centre

Définitions

À l'école élémentaire, la BCD est un lieu de lecture et d'activités. Elle est associée au développement de toutes les compétences de l'écrit à l'école élémentaire. Sa fonction, centrée sur la diversité des formes de lecture, concerne aussi l'ensemble des apprentissages scolaires et des apprentissages méthodologiques liés à la recherche de documents. La BCD se différencie de la bibliothèque de classe et s'inspire en partie du CDI en réunissant une fonction de bibliothèque et une fonction de consultation de ressources documentaires et d'espace de médiation et de travail. La BCD est animée par les enseignants dans le cadre du projet d'école.

Informations

Généralisées en 1984, les BCD ont pour objectif un renouvellement de **la pédagogie de la lecture** s'appuyant sur une médiation culturelle, l'accès aux écrits et le développement d'activités diversifiées pour des pratiques renforcées de lectures. Un de leurs principes est de contribuer à la maîtrise de la langue pour tous.

Les différents **espaces de la BCD** sont le plus fréquemment : lecture individuelle (rayonnages de livres, bacs pour albums, coussins et banquettes) ; espace regroupement dissocié : espace TIC (magnétophone, télévision, ordinateur…) ; espace d'ouvrages documentaires (encyclopédies, documentaires…) ; espace de communication (panneaux d'affichage pour expositions, informations sur la vie de la BCD, boîtes à idées…) ; espace de prêts (fichiers…) ; espace de presse (revues, journaux…).

Le cadre des activités est lié à l'écrit : « *La BCD est le lieu de l'école* […] *où est disponible l'écrit sous toutes ses formes* […] *La BCD est le lieu privilégié pour accueillir les animations, avec la participation d'intervenants.* » (Circulaire n° 84-360.) Pour Butlen *et al.* (1996), **quatre types d'activités** doivent permettre de :

– s'approprier les lieux et se repérer (découvertes des écrits, de l'organisation des codes spécifiques de la BCD) ;

– s'approprier les outils documentaires (pour développer des activités progressivement autonomes) ;

– s'approprier des objets de lecture (structure et circuit du livre) ;
– développer une pratique réflexive de lecture (sur les situations et les performances de lecture).

Le **fonds documentaire** tient compte de la diversité des écrits : textes littéraires, classiques et contemporains, littérature de jeunesse, textes documentaires, dictionnaires, encyclopédies, atlas, écrits de la vie quotidienne, et de tous les supports audiovisuels et numériques. Différentes références sont disponibles, telles celles des « mille et un livres » (SCEREN-CNDP).

Analyse

La littérature de jeunesse qui s'est imposée dans les BCD a joué un rôle particulier dans le développement d'une lecture personnelle à l'école. Les BCD, grâce aux logiciels documentaires et aux nouveaux supports d'information et de lecture, ont rendu possibles (malgré des disparités) de nouvelles pratiques pédagogiques, donnant à l'élève une nouvelle autonomie.

Le lien BCD-CDI constitue un élément de liaison école-collège, mais les BCD peuvent également fonctionner en réseau avec les bibliothèques municipales. Un des objectifs est d'apprendre à l'élève à se servir d'un centre de documentation, tel qu'il sera au collège. Mais le fondement des BCD reste la mise en place pour tous les élèves des objets culturels et des pratiques nécessaires à l'acquisition de la lecture-écriture.

Citation

« En liaison avec la pédagogie mise en œuvre dans les trois cycles, la BCD contribue à former des enfants-lecteurs polyvalents, capables de s'informer, de lire et de rédiger les différents types de textes. » Butlen et *al.*, *Savoir lire avec les BCD*, 1996.

Liens

CDI, Dispositifs pédagogiques, Maîtrise de la langue, Pédagogie documentaire, Projet d'école

Centre de documentation et

Définitions

Au collège, le CDI se définit comme un **espace documentaire** et un dispositif d'**éducation à l'information**. Le principe d'une information pédagogique, de l'intégration de ressources documentaires et de services dans un environnement de travail unifié définit le **système d'information** qu'est devenu le CDI.

Le CDI est également un **outil d'enseignement** permettant de développer des démarches individuelles et de groupes, des méthodologies de travail personnel de l'élève, son autonomie… Il est un lieu de formation (apprentissages info-documentaires, recherche documentaire, formation aux TIC…), d'éducation, (médias, presse…) et un lieu de vie culturelle pour l'établissement. Il reste en cela un **dispositif de médiation**, humaine, culturelle et technique.

Informations

Un CDI fonctionne selon trois logiques :
– **patrimoniale** (les bibliothécaires parlent de logique de collections, les documentalistes de logique du document, qui relèvent du fonds documentaire et de la logique des usages) ;

– **de service** ayant trait à la diffusion de l'information, ou à l'usage du document, liée à une documentation spécialisée relative à l'enseignement et à la communauté scolaire en général ;

– **pédagogique :** tout ce qui a trait à la formation documentaire de l'élève : visite, initiation, recherche documentaire, aide individualisée, travail de groupe…

Le CDI se présente comme une série d'espaces et de fonctions emboîtés :

– **un lieu pour le travail de l'élève :** c'est un des objectifs de la mise en place de CDI comme cadre différent pour apprendre, complémentaire de celui de la classe ;

– **un lieu documentaire** géré selon un **système documentaire** lié à un projet (fonds documentaire, espace de lectures, supports, outils et accès numériques…) ;

– **un lieu du livre** (bibliothèque) mais aussi **de lecture** : espaces pour lire, accès aisé aux journaux, romans, projets associant les élèves et relais de dispositifs nationaux (défi lecture, semaine de la presse…) ;

– **la recherche d'informations,** comme espace ressource et nécessairement en réseau intégrant les ressources dans un système d'information ;
– **la culture,** comme point d'ouverture d'un champ culturel au sein de l'établissement en liaison avec les professeurs et les partenaires culturels ;
– **la communication,** sous forme d'exposition, de lieu de médiation permettant de mettre en valeur des projets, des clubs, et une vie propre de l'établissement ;
– **un espace d'information professionnelle** (en liaison avec l'ONISEP), lié au projet d'orientation de l'élève ;
– **un lieu d'enseignement,** en collaboration avec les professeurs de discipline, en liaison avec les dispositifs pédagogiques ;
– **un encadrement** et un accompagnement par le professeur-documentaliste pour l'ensemble des activités.

Analyse

Sire, fondateur des CDI, leur prêtait en 1975 la fonction de « *laboratoire pédagogique* ». Pour Mesmin, l'espace est une « *forme silencieuse d'enseignement* » (1973). Les CDI sont aussi les relais des nouvelles activités informationnelles. Ils constituent un lieu pour des démarches formelles et informelles d'accès au livre, à la documentation, à l'information et aux outils de recherche, donnant à l'élève les possibilités de conduire son travail personnel.

L'évolution des CDI, des bibliothèques au système d'information, est associée à l'évolution des espaces numériques et du développement des usages des TICE ; mais le CDI reste originalement un lieu d'auto-instruction et de lien direct avec le livre ou avec l'information.

Citation

« *La fin pour l'enseignement, c'est l'acquisition d'une culture, d'une formation à la pensée et d'une méthode. La documentation est le point de départ de la réflexion et de la recherche.* » Circulaire 13-10-52.

Liens *BCD, Culture, Orientation des élèves, Pédagogie documentaire*

Éducation à l'image

Définitions

Une image est une représentation à la fois matérielle et mentale d'un objet absent ou irréel. Comme élément visuel, elle est la ressemblance d'une chose à laquelle elle se réfère. Elle est autant l'expression figurée d'une présence, d'une signification, qu'une information : l'image est attachée aux trois référents que sont le langage, le réel, le sujet et ses représentations.

L'histoire de l'image est liée dans notre culture à une **fabrique du regard** : l'image que nous regardons est notre manière de nous représenter le monde, elle a les traits culturels, sociaux et cognitifs que nous lui donnons. Dans le contexte des médias et des TIC, la modification de l'expression (de l'art à la photographie et à l'infographie) est aussi celle de ses significations : Debray parle de « **vidéosphère** » pour décrire l'émergence de l'image-information (1990).

Informations

Par son pouvoir représentatif, l'image est à la fois un espace et un écran pour la pensée. À la fois à l'extérieur et à l'intérieur de nous, toute image a ce double objectif du dedans (représentation) et du devant (son expression figurée). La « machine » fonctionne sur le principe d'une analogie possible entre le « dedans » et le « dehors ».

Les images ont des valeurs différentes : la télévision procède du visuel, son contenu « nomade » cherche son spectateur, guidé par le discours ; les images interactives permettent la transformation de l'image-espace en temps, et ont une fonction de « réalisation », au sens du virtuel.

L'image a été longtemps considérée comme un obstacle à la connaissance, illusion et moindre savoir, selon le principe de la *mimesis* platonicienne. À travers les médias, les nouvelles fonctionnalités du multimédia, le virtuel et la simulation, l'image est devenue un « *outil cognitif* » (Denis, 1989).

L'éducation à l'image doit prendre en compte la réalité culturelle des élèves et les connaissances qu'ils élaborent hors de l'école par les images et les écrans de leur environnement familier. Il faut développer les compétences de repérages des divers types d'images et leurs fonctions dans différents types de textes, travailler l'articulation écrit/oral/image tant en lecture qu'en production ; installer des démarches de compréhension et de maîtrise propre aux différents types de discours (cinéma, télévision, affiches, publicité, textes scientifiques…) ; conduire les élèves vers la notion d'œuvre et d'auteur. Censée former des lecteurs mais aussi former des citoyens capables de discernement et d'esprit critique, l'éducation à l'image est **éducation par l'image,** l'image ne pouvant être dissociée du sens qu'elle porte.

Analyse

Plusieurs directions possibles pour une éducation à l'image sont données. Meirieu (2003) dégage quatre orientations :

1. l'intelligence de l'intentionnalité du regard ;
2. l'intelligence de la dialectique entre le sujet et l'objet ;
3. la construction du symbolique ;
4. la construction de la pensée critique.

Pour Masselot-Girard (2003), le **traitement didactique de l'image** passe par l'insertion d'images dans une situation pédagogique fondatrice d'apprentissages sur la schématisation, sur la construction d'une représentation symbolique, sur les références culturelles et la construction d'un « objet » de connaissance.

Pour Tisseron, il s'agit d'apprendre à distinguer l'image comme réalité objective et impression subjective ; de développer les compétences verbales ; de donner du sens aux « vécus d'images » en travaillant sur « les images en soi » et « les images pour soi ».

Citation

« L'image n'est ni une illustration, ni un support de la pensée mais […] *elle est elle-même pensée. »* Sartre, *L'Imaginaire*, 1966.

Lien *Culture, Platon, Représentations et Apprentissages*

Éducation aux médias

Définitions

Les **médias** sont des supports de transmission et de diffusion de l'information (radio, presse, télévision...) mais également des moyens d'expression. Un média est un intermédiaire (*medium* signifiant milieu) et une intention : transmettre ou mettre à disposition un message à l'attention d'un individu, d'un groupe, d'un public... Les **mass media** sont les moyens de communication et de diffusion destinés au public. Les **self media**, médias individualisés, sont la forme actuelle la plus développée (messagerie, forum, blog, procast...). Ils supposent l'interaction et la démarche propre du récepteur. Les **nouveaux médias** et **hypermédias** (réseaux numériques, Internet) produisent un décloisonnement des médias classiques et de leurs formes d'expression et de diffusion.

Par éducation aux médias, il convient d'entendre « *toutes les manières d'étudier, d'apprendre et d'enseigner à tous les niveaux* [...] *et en toutes circonstances l'histoire, la création, l'utilisation et l'évaluation des médias en tant qu'arts plastiques et techniques, ainsi que la place qu'occupent les médias dans la société.* » (Unesco, 1984). Éduquer aux médias, c'est aussi comprendre la situation dans laquelle se trouve le destinataire de messages médiatiques. C'est rendre un lecteur, un auditeur, un usager actif avec tous les médias, capable de s'approprier un maximum d'informations originales à partir de n'importe quel type de document médiatique (audiovisuel, hypermédia...) et de comprendre le caractère médiatique de l'actualité.

Informations

Pour La Borderie (1997) doivent être prises en compte une éducation aux médias et aux messages et à leur mode de production et de diffusion ; une éducation à la communication qui consiste à apprendre à vivre des situations dans des contextes incluant ou non les médias ; une éducation à la signification et aux processus par lesquels les sujets produisent du sens.

Gonnet (2001) propose quant à lui deux voies d'éducation aux médias :

1. apprendre à décrypter les médias, et à les utiliser, sorte d'alphabétisme social (équipements culturels, techniques, langages audiovisuels, études de genres, histoire des médias...) ;

2. l'apprentissage de la citoyenneté, les médias étant les enjeux de relation aux autres et de pratiques démocratiques, la production de médias, l'appropriation de modes d'expression devenant une responsabilité active au sein de l'école.

La **formation du (télé) spectateur actif** est l'objectif premier : il s'agit surtout de permettre aux élèves d'être actifs (et créatifs) vis-à-vis des médias, de rechercher et de trouver des éléments de connaissance, de s'approprier un maximum d'informations à partir de n'importe quel type de document médiatique. Cette **compétence médiatique** s'étend aux nouveaux médias en se modifiant et aux pratiques médiatiques liées à Internet.

Analyse

L'idée première en pédagogie a été que les médias imposent un point de vue, que les messages sont fabriqués et qu'il faut apprendre à voir « derrière » les médias afin de développer une pensée critique en relation avec l'usage des **mass media**.

À ce temps d'appropriation critique succède celui d'une prise en compte de la dimension citoyenne d'un espace public de communication (Wolton, 1997), et celui d'**apprendre avec les médias,** ceux-ci étant devenus des relais de connaissance collectifs et individuels. L'éducation aux médias devient un enjeu éducatif.

Citation

« Les médias auraient à remplir un rôle éducatif assez nouveau : le développement d'autres modes de perception du monde. »
Salomon, *La Fonction crée l'organe*, 1981.

Liens *Citoyenneté - Civisme, Éducation par les médias, Socialisation, TIC*

Éducation par les médias

Définitions

Les médias sont à la fois milieu et médiation. Debray (1991) parle d'« **hommedium** » pour situer le comportement humain consistant à maintenir toujours le contact, la relation optimale en participant aux formes de la pensée communicationnelle (une **idéosphère** et son infrastructure médiatique cachée). Le rôle de l'école est donc de permettre à l'usager des médias d'y trouver les moyens de connaissance et de reconnaissance.

McLuhan (1969) soulignait le rôle cognitif d'un médium comme la télévision, constituant une forme de pensée (« *Le médium est le message.* »), essentiellement orale et donc différente de l'écrit. Ces médias constituent une nouvelle échelle de communication et de représentation du monde, celle du « *village planétaire* » où sont diffusées les informations (ce qui représente une première forme de la mondialisation).

Information, influence, travail d'interprétation des messages, « effets » de la violence à la télévision, dimensions politique et culturelle du « paysage » médiatique, les médias sont au centre de sujets d'études autant qu'objets de cette étude : une éducation aux médias sera donc nécessairement une éducation par les médias (La Borderie, 1997).

Informations

Différentes **approches des médias** sont possibles : comme contenus d'enseignement (la connaissance des médias et de leurs effets) ; comme moyens d'enseignement (l'analyse des questions, des éléments de savoirs portés par les médias), comme forme de communication dans l'école (journaux scolaires). Dans tous les cas, il s'agit de s'interroger sur la façon dont les médias construisent le monde et servent de médiation entre lui et nous en maîtrisant interprétation et compréhension des messages qu'ils véhiculent.

L'étude de la **presse** est un instrument de formation autant aux langages qu'à la citoyenneté. La médiatisation est le support de l'« événement » qu'elle crée, ce qui suppose une responsabilité. La presse peut être associée aux apprentissages du lire et de l'écrire (journaux scolaires, papiers et en ligne). Le CLEMI (Centre de liaison de l'enseignement et des moyens d'information) propose des ressources à tous les enseignants, en organisant notamment la Semaine de la Presse annuellement.

Pour **apprendre avec la télévision :** une piste est celle de la **didactisation de la télévision**, qui considère des savoirs « situés » dans un média (et non donnés d'abord comme objets d'enseignement formel). Ils peuvent y être relevés et « didactisés » de manière disciplinaire ou interdisciplinaire (de l'actualité télévisée à la météo ou aux émissions éducatives).

Analyse

L'objectif est de permettre à l'élève de travailler avec les médias, de faire le lien entre les savoirs scolaires et le monde de la communication sociale, et, en faisant l'expérience de cette « *boucle de sens* », d'être capable de mieux comprendre le monde. L'information, comme flux, constitue un lien social, culturel et public. Porcher (1994) souligne que les médias constituent désormais une « *école parallèle* ». Les médias sont indispensables pour connaître le monde comme agents sociaux « intelligents ». L'école parallèle, par définition, ne rejoint pas l'école « traditionnelle », à la fois par les formes de communication, par la nature des informations proposées et par les objectifs poursuivis. Mais médias et école, par intégrations successives, contribuent à l'éducation au monde.

Citation

« *La culture individuelle est l'écran de connaissances sur lequel l'individu projette les messages qu'il reçoit du monde extérieur.* »
Moles, *Sociodynamique de la culture*, 1967.

Liens *Citoyenneté - Civisme, Didactique, Éducation aux médias, TIC*

Espace numérique de travail (EN

Définitions

Un espace numérique de travail désigne un dispositif TIC global fournissant à un usager, à travers Internet et les réseaux, un point d'accès unifié à l'ensemble des outils, contenus et services numériques en rapport avec son activité. Il est aussi un point d'entrée pour accéder au système d'information de l'établissement.

En éducation, il s'agit à la fois de construire cet espace **(ENT)**, d'intégrer les usages **(ENS)**, d'y former les élèves **(B2i)**. Le schéma directeur des espaces numériques de travail est inscrit dans le Schéma stratégique des systèmes d'information et de télécommunication **(S3IT)** du ministère.

Informations

Différents éléments participent à cet espace d'éducation (références *educnet.fr*) et, parmi ceux-ci :

– Les **espaces numériques de travail** (ENT) désignent l'environnement informatique de travail des enseignants, élèves, étudiants et autres personnels. Ils sont représentés par les « bureaux virtuels », ensembles de services en ligne qui permettent à l'élève d'accéder, dans ou hors de l'établissement, à son emploi du temps, son cahier de textes, ses notes mais aussi de consulter des ressources documentaires ou des éléments de cours mis à disposition par les professeurs et de travailler en collaboration avec ses camarades. En 2007, tous les élèves et tous les enseignants, de la maternelle à la terminale, devraient pouvoir disposer d'un bureau virtuel.

– Le **cartable numérique** est un « espace » numérique personnel et nomade destiné à l'enseignant et à l'élève (ainsi qu'à sa famille). Il met à disposition un ensemble de ressources et d'outils (contenus pédagogiques, logiciels, espaces de stockage, outils de communication et de travail collectif…), à la fois au sein de l'établissement scolaire et en dehors.

– L'**espace numérique des savoirs** (ENS) constitue un **portail** (défini comme un ensemble de documents et d'applications placés sous une même autorité et accessibles par la Toile à partir d'une même adresse universelle et la page d'accueil d'un site) offrant des ressources numériques d'usages pédagogiques libres de droits.

Analyse

L'ENT propose un nouveau rapport au cœur de la connaissance. L'activité dans un espace de travail ne se conçoit pas comme une simple application de techniques, mais au contraire comme une activité ouverte de découverte articulant **information et savoir**. Le savoir par enquête est un travail ouvert : il suppose un parcours organisateur, des compétences, des scénarios d'apprentissages intégrant le principe d'information et de ressource.

L'usage des TIC déborde le cadre de l'éducation par leurs fonctions technologiques et sociales (elles ne sont pas d'abord un outil « scolaire »). Ces usages « décloisonnent » les liens traditionnels entre espace de travail et espace ludique, les deux recouvrant les mêmes fonctionnalités. C'est pourquoi les ENT figurent à la fois une fenêtre nécessaire en liant l'apprentissage, l'enseignement à l'environnement technique informationnel, et une limite, celle de l'accès de tous et de leur maîtrise. L'enjeu éducatif est de former de véritables usagers des TIC, pouvant régler leur projet sur les ressources de l'espace de communication et les richesses des réseaux.

Citation

« [Les technologies nouvelles] *bouleversent trois choses : objectivement, les stocks de savoir, moins concentrés désormais que distribués ; subjectivement, les facultés humaines, puisque la mémoire, par exemple, descend dans les ordinateurs, comme, jadis et naguère, elle descendit dans les tablettes ou les livres ; enfin collectivement, puisque apparaît* [...] *la société pédagogique.* »
Michel Serres, *La Société pédagogique*, 1998.

Liens *Information et Cognition, Information et Savoir, TIC*

Information et Cognition

Définitions

L'information est à reporter au niveau de l'activité intellectuelle de l'élève, à la mise en acte d'un savoir, en rapport avec un environnement technique et selon des fonctions cognitives organisées. Le courant théorique d'une **cognition distribuée** et de **connaissances situées** considère que les compétences et les connaissances ne sont pas localisées « dans la tête », mais dans les liens que le cerveau humain entretient avec un environnement façonné par des *« artefacts cognitifs »*, une expansion des ressources cognitives individuelles et du cadre de l'expérience (Goffmman, 1991).

Informations

L'avènement de l'ordinateur a donné naissance à **l'intelligence artificielle** qui a essayé d'utiliser comme métaphore le traitement cognitif humain **(hypertexte).** L'intérêt s'est progressivement porté sur les stratégies des usagers de l'information et, d'autre part, les systèmes d'informations.

Le **traitement de l'information** est une figure clé qui a deux sens :

1. le traitement de données, de type linguistique et classificatoire (on désigne et répertorie les faits par genres, par classes...) ;

2. les fonctionnalités cognitives de base comme le raisonnement, l'apprentissage, la mémoire... ou encore l'émergence de connaissances, par exemple l'utilisation cognitive d'une information par un sujet pour répondre à une question qu'il s'est posée. L'usage de l'information – rechercher, explorer, sélectionner... – suppose une activité autonome du sujet.

L'**espace de travail cognitif** ne se trouve donc pas dans « l'esprit » de chacun mais est associé à un environnement mettant à disposition de nouveaux outils possibles d'énonciation de la pensée. Des opérations réglées de traitement de l'information sont devenues des instances ordinaires du traitement intellectuel (cognition située). Une **pensée en contextes** met en jeu les stratégies du sujet et l'environnement informationnel selon le paradigme de l'action réciproque et située (Goodmann, 1971). Pour les **théories écologiques**, le traitement de l'information ne se résout pas à la mesure d'un déploiement de fonctions cognitives

(Fodor) ou métacognitives, mais est une contextualisation générale des apprentissages liée à une intelligence collective (Lévy, 2001).

Rouet et Tricot (1998) considèrent la **représentation de la tâche** que l'élève élabore sans avoir la réponse au problème selon le modèle **EST** (Évaluation-Sélection-Traitement). La recherche de la réponse passe par l'organisation de sa démarche :

E, évaluation : construire ou mettre à jour une représentation du but à atteindre ;

S, sélection : l'utilisateur attribue une valeur d'intérêt à chaque catégorie d'information ;

T, traitement du contenu de chaque information ou document, sa lecture et sa compréhension interprétative.

Si l'information ne répond pas encore à la question, l'utilisateur retourne à l'exploration, la démarche fonctionnant en boucle.

Analyse

Au cœur de la connaissance, la procédure « s'informer », figure un espace d'activité entre la part instrumentée, la représentation de l'usager (son principe cognitif étant l'activité) et la dynamique d'une rencontre avec un environnement ressource. La capacité à apprendre relèverait ainsi d'une position tacite : articuler la connaissance, au niveau du contenu, et la recherche pertinente d'informations (accessibilité, validité, pertinence), au niveau des savoirs informationnels.

Citation

« Il y a une grande différence entre considérer l'acquisition des informations comme une fin en elle-même et, d'autre part, la traiter comme devant être devancée dans l'éducation de la fonction de penser. »

Dewey, *Expérience et Éducation*, 1938.

Liens *Cognition et Fonctionnement de l'esprit, Information et Savoir*

Information et Savoir

Définitions

L'information est un « objet », doué d'une forme, constituant un terme isolable, un ensemble de données distinct, quantifiable, lié à l'intention de savoir. Legroux (1981) considère le savoir comme *« système interfaciel entre l'information et la connaissance : il est constitué par des informations mises en relation entre elles* […], *organisées par l'activité intellectuelle du sujet »* : le savoir est personnel, il n'est pas un objet, mais il est informé.

Informations

De l'information au savoir : l'accessibilité de l'information grâce aux TIC et Internet ne constitue pas une relation automatique ou facilitatrice en elle-même. Différentes procédures (recherche, problématisation, traitement de l'information…) mettent en scène l'articulation entre information et savoir et constituent un scénario devenu ordinaire : si l'information permet le savoir, elle n'est pas le savoir.

S'informer : c'est chercher une information par rapport à un domaine possible de savoir. Dans le langage juridique, on « ouvre une information », on l'instruit, comme une investigation. S'informer devient une démarche dont les opérations (sélectionner, trier, échanger, interpréter…) supposent une activité dans le domaine de la trame informative, mobilisant des « technologies de l'intelligence », selon l'expression de Lévy, et des habiletés d'information. Ce **travail informatif** suppose une pédagogie de l'information.

Le **problème d'information** correspond à la question que l'individu doit se poser et doit résoudre et qui requiert de trouver des documents, de chercher des informations. « Trouver » une information implique que l'on réponde à une question (l'information-réponse), et non que l'on accumule des informations redondantes : selon l'expression de Joël de Rosnay, le savoir est une diététique. Le **besoin d'information** correspond à la représentation que se fait l'individu du problème qu'il doit résoudre.

La **recherche d'information** serait le moteur de la résolution du problème. Différents scénarios pédagogiques en présentent les étapes, par exemple la démarche de recherche associée aux TPE : délimiter le sujet ; formuler la problématique ; chercher l'information ; trier les documents ; traiter l'information ; mettre en forme la production ; préparer la présentation orale. Un autre scénario l'associe à la maîtrise de la langue elle-même, à l'école élémentaire (domaines tranversaux), dans des activités de **lecture informative** : *« souligner (ou surligner dans un texte) les informations qu'on recherche, puis pouvoir les organiser… »* ; et de **réécriture** : (« rédiger ») *« partir d'une liste ordonnée d'informations, organiser un document… »*. On peut considérer la référence à l'« information » autant sous l'aspect de l'évolution d'un environnement technique, d'une orientation vers les usages des systèmes d'information, que comme scénario pour apprendre, lié à l'activité de recherche. Savoir, c'est avoir appris en cherchant comme **pratique informationnelle.**

Analyse

La « modification » pédagogique essentielle concerne le lien organisateur entre l'étude et la construction de savoirs dans des contextes informationnels (ENT) et l'exercice de ce travail.

La thématique de l'information devient alors un espace de réflexivité sur la posture « s'informer » pour apprendre, au-delà de la *« fonction d'exécution »* (Perkins, 1995), des pratiques qui lient l'élève au cadre d'accès à l'information. Informer devient s'informer pour apprendre et savoir s'informer.

Citation

« L'information est ce qui, pour un observateur ou récepteur placé dans une situation où il y a au moins deux occurrences possibles, dénoue une incertitude ou résout une alternative, c'est-à-dire substitue du connu à l'inconnu, du certain à de l'incertain. » Morin, *Introduction à la pensée complexe*, 2005.

Liens *Information et Cognition, Représentations et Apprentissages, TIC*

Maîtrise de l'information

Définitions

Le concept d'infolettrisme (et d'infolettré) a été adapté de celui d'*information literacy* (*American Library Association*) qui a été traduit également par « maîtrise de l'information » ou « culture de l'information » : *« Une personne doit être capable de reconnaître son besoin d'information, de localiser cette information, de l'évaluer et de l'utiliser efficacement. »*

La maîtrise de l'information peut être définie comme l'ensemble d'habiletés permettant d'identifier quelle information est nécessaire, ainsi que de localiser, d'évaluer et d'utiliser l'information trouvée dans une démarche de résolution de problème aboutissant à une communication de l'information retenue et traitée. Elle figure comme un des sept éléments du socle commun des connaissances et des compétences.

Informations

L'infolettrisme souligne une préoccupation : donner accès à tous, par l'éducation, à l'usage d'un espace public informationnel. Dans la profusion de l'information, l'écart se creuse entre les « *sur-informés* » qui savent et les « *non-informés* » ou les « *sous-informés* » ; l'enjeu est celui des compétences et des usages : l'offre d'information ne manque pas, mais les capacités cognitives et culturelles à accéder à ces informations et à les traiter sont inégales. Par infolecture, en référence à une position d'infolettré, on peut parler de la situation (et de la fracture) culturelle qui est le véritable enjeu des TIC.

Le modèle des septs « piliers » en décrit les étapes principales, objets de maîtrise, pour reconnaître un besoin d'information :

1. analyser les manques d'information ; 2. construire des stratégies pour localiser l'information ; 3. localiser et accéder à l'information ; 4. comparer et évaluer l'information ; 5. utiliser et communiquer l'information ; 6. synthétiser ; 7. créer l'information.

Le **B2i** (Brevet informatique et Internet), pour la formation des élèves – B2i école et collège, B2i lycée et CFA –, a pour prolongement le **C2i** au niveau universitaire et le C2i niveau 2 professionnel pour les enseignants. Pour l'ensemble de ces attestations, huit grands domaines de compétences ont été identifiés :

1. utiliser un micro-ordinateur ; 2. communiquer au moyen d'une messagerie ; 3. s'informer, se documenter ; 4. présentation en présentiel et à distance ; 5. organiser des traitements numériques à l'aide d'un tableur ; 6. créer et exploiter un document ; 7. gestion de l'information ; 8. droit, éthique et citoyenneté.

Analyse

Le concept d'*infolettrisme* considère deux grands domaines : celui des compétences (capacités informationnelles comme moyen d'intégration dans la société de l'information) ; celui d'un accès critique (capacité non seulement à manier mais aussi à maîtriser sur le plan critique l'information omniprésente), moyen de participation à la vie collective, les pratiques d'information étant sources de savoir et de pouvoir.

En pédagogie, la question est d'apprendre à maîtriser l'accès et à évaluer la pertinence et la validité d'une information, de pouvoir « s'informer ». L'éducation n'est ni indépendante, ni concurrente de l'information : le scénario « s'informer » devient un organisateur majeur des situations d'enseignement-apprentissage. Ainsi, le *« travail informateur »* suppose une pédagogie intégrative de l'information.

Citation

« Enseigner la "culture" ou la "maîtrise" de l'information implique de communiquer le pouvoir et l'étendue de l'information et d'expliquer comment l'information est organisée, comment elle est repêchée par une variété de sources d'accès et d'outils, comment l'évaluer, l'organiser et l'appliquer à une variété de problèmes et de situations. » Information literacy, *Ocotilo Reports*, 1995.

Liens *ENT, Socle commun, TIC*

Pédagogie documentaire

Définitions

La **pédagogie documentaire** accompagne l'extension des pratiques de recherche et des modes de travail sur ou avec document-information, associée dans les collèges et les lycées au CDI et dans les écoles élémentaires à la BCD. Le paradigme information-documentation marque le lien entre le rôle traditionnel du document et les nouveaux modes de travail informationnels liés à l'extension de systèmes documentaires automatisés.

Informations

Le **document** est une unité d'information, accessible et/ou structurée selon un principe de stockage sur un support et de traitement (mot-clé, auteur, table des matières, index...) relayés par des systèmes informatisés de traitement de ces métadonnées.

Au Moyen Âge, le document (de *docere*, instruire, qui renseigne ou sert à enseigner) est un texte manuscrit utilisé pour faire apprendre. Ce qui est nouveau, c'est son rôle initiateur, conducteur... Préalablement constitué (document *a priori*) ou résultat d'une interrogation (document *a posteriori*), il devient l'objet et le principe d'une recherche.

Le **travail sur document** suppose différentes opérations de **lecture documentaire :** décrire le document (quelles informations contient-il ?) ; situer et exploiter le document dans son contexte ; identifier la nature du document, sa source, ses limites de validité ; mobiliser ses savoirs (liens avec d'autres documents, questions, savoirs préalables...) ; l'exploiter, construire un savoir nouveau en liant des informations recueillies ; communiquer, valider les résultats. Le document, objet d'un travail de lecture et d'interprétation, est à la fois un support et un outil. Ce travail n'est pas l'équivalent du travail informationnel : il peut en être un développement.

Recherche documentaire et apprentissage : pour Marcillet (2000), la recherche documentaire est à la fois une méthode et un mode d'apprentissage sous le modèle de problème (Dewey : pédagogie du problème). Le problème, pour une recherche documentaire, est autant celui de l'information à chercher et à trouver que celui de sa pertinence pour répondre aux questions posées. La recherche documentaire est mobilisée par différents dispositifs d'enseignement – IDD, TPE, PPCP, dans les disciplines… – Elle fait des **apprentissages documentaires** un palier stratégique de tout apprentissage.

Analyse

La recherche documentaire renouvelle le cadre didactique. Les ressources documentaires sont mobilisées dans de nombreux enseignements comme disposition informative d'une pédagogie « documentée ». Parler de pédagogie documentaire ne conduit pas à considérer un objet nouveau à enseigner, une méthode préétablie pour la pédagogie, mais un cadre de travail, un carrefour de pratiques.

L'action des professeurs documentalistes (qui ne sont pas des professeurs de documentation) s'inscrit pour une part de plus en plus importante dans la logique de ce cadre de travail. La pédagogie documentaire articule documentation et logique documentaire de la pédagogie.

Citations

« L'accès à l'information et aux documents, sous l'impulsion des modifications de nos sociétés actuelles, est certainement l'activité qui représente l'enjeu actuel le plus important. Aussi, la recherche d'informations et la recherche documentaire sont les premières activités réalisées par les élèves et enseignants à l'école primaire à l'aide des nouvelles technologies. » BO n° 34 du 22 septembre 2005.

« La pédagogie documentaire s'est constituée sur ce modèle d'une pédagogie centrée sur l'activité personnelle de l'élève, sur le choix d'un sujet d'étude, sur la recherche d'information et sur la restitution d'une réflexion sous forme d'une production aboutie. » Durpaire, *Les Politiques documentaires des établissements scolaires*, Rapport IGEN 2004-037, 2004.

Liens *BCD, CDI*

Technologies de l'information et

Définitions

On entend par TIC un ensemble ouvert de techniques, d'usages et de configurations sociotechniques, qui permettent de produire et de transporter des informations sur des supports, formant un monde immatériel d'expression et d'information (le virtuel). Sont élaborés des réseaux d'échanges (aujourd'hui principalement Internet), et des environnements virtuels qui constituent, au-delà du monde physique et du monde mental, un monde virtuel, « *troisième monde* », selon l'expression de Popper.

Dans le contexte actuel de l'enseignement, le sigle TICE, auquel on a associé le E de « enseignement », rassemble le développement de pratiques sociales et l'évolution des formes de travail scolaires, ainsi que les significations pédagogiques et didactiques de l'information. Les TICE figurent l'usage éducatif des technologies, des médias traditionnels et des environnements ou espaces numériques de travail (ENT).

Informations

À la différence du savoir limité associé à une technique, une technologie constitue un monde complexe, *« l'ensemble des discours, des valeurs et des effets sociaux liés à une technique particulière »* (Linard, 1990). Les technologies actuelles permettent de concevoir des situations de cogestion d'une tâche et d'une machine « intelligente ». Elles incorporent un mode d'organisation de l'intelligence humaine (hypertexte, moteurs de recherche) : *« Les outils sont le prolongement de la raison, qui, à son tour, devient prolongement d'outils. »* (Debray, 1990.)

« Une information est le résultat d'un processus de mise en forme et de matérialisation visant à communiquer un fait ou un ensemble de faits à un public donné. » (Brouste, Coste, 1977.) Le terme désigne à la fois l'élément matériel (le support), un processus (participation à des systèmes de transmission du savoir) et un produit (le message), élément codifié prenant place dans des banques de données, des sites, des réseaux. Dans tous les cas, l'information est la consignation d'une connaissance et l'intention de la communiquer. Mais le terme *« caméléon intellectuel »* (Bougnoux, 1995) renvoie également aux médias, à la communication, aux évolutions des fonctions et des usages des TIC…

Les TIC sont des technologies de la relation : communiquer, c'est transmettre une information, *communication fonctionnelle* pour constituer un monde commun, un lien *(comunitas)*, *communication culturelle*, permettant de se représenter, d'agir sur le monde, communication sociale *(communication de masse)* mettant en scène les rapports individuels et sociaux autant que l'extension des transactions de la connaissance.

Analyse

Les TIC constituent un ensemble de techniques liées à la société et un mode de pratiques sociales liées à ces techniques. Elles sont les outils immatériels d'une construction sociale, intégrant médias traditionnels (télévision, presse…) et nouveaux médias dans un « réseau de réseau » (Internet). Elles créent un monde immatériel où il s'agit de naviguer, mais aussi de comprendre et d'agir. Les TIC, en ligne ou sur support numérique, constituent non un outil, mais un « milieu » où de nouvelles relations peuvent s'instituer. Une forme d'*« intelligence cognitive »* (Lévy, 1997), une culture, différents usages s'en sont progressivement saisis.

Les TIC constituent des moyens d'accéder à la connaissance, de nouveaux outils « intelligents ». L'ensemble des pratiques pédagogiques est à resituer dans un monde où la transmission n'est plus la transitivité de l'information, mais son partage et son utilisation dans de nouveaux modes de travail : recherche d'informations, réseaux…

Citation

« Par communication, il faut entendre l'ensemble des techniques, de la télévision aux nouveaux médias, et leur implication, économique, sociale et culturelle. »
Wolton, *Penser la communication*, 1998.

Liens

Éducation aux médias, Éducation par les médias, Information et Cognition

Médias et technologies : bibliographie

Debray, R., *Cours de médiologie générale*, Gallimard, « Bibliothèque des idées », 1999

Gonnet, J., *Éducation aux médias*, Hachette, « Resources formation », 2001

La Borderie, R., *L'Éducation à l'image et aux médias*, Nathan, « Les Repères pédagogiques », 1997

Lévy, P., *Cyberculture*, Odile Jacob, 1997

Linard, M., *Des Machines et des hommes*, L'Harmattan, « Savoir et formation », 1996

McLuhan, M., *Pour comprendre les médias*, Seuil, « Points/Essais », 1977

Marcillet, F., *Recherche documentaire et apprentissage*, ESF, « Pratiques et enjeux pédagogiques », 2000

Serres, M., *Atlas*, Julliard, 1994

Tisseron, S., *Enfants sous influence*, 10/18, « Fait et cause », 2003

6

QUELQUES GRANDS PÉDAGOGUES

Cette partie est empruntée à l'ouvrage *Les Grands Noms de l'éducation* de René La Borderie, paru dans la même collection, que nous invitons le lecteur à consulter pour un plus large panorama des hommes et des femmes qui ont tissé de façon durable notre système éducatif.

Alain (Émile-Auguste Chartier, dit) (1868-195

Émile Chartier, né à Mortagne-au-Perche en 1868 ; élève de l'École normale supérieure ; agrégé de philosophie en 1892 ; professeur de khâgne au lycée Henri-IV ; connu essentiellement par ses *Propos*, qui paraissent d'abord dans la presse, avant d'être réunis de façon thématique et édités : Propos sur le christianisme, sur l'esthétique, sur le bonheur, sur l'éducation, sur la littérature… Le recueil sur l'éducation a été publié la première fois en 1932. Souvent critiqué (*« À l'enseigne du Pense-Petit, le professeur Alain tient boutique de philosophie »*), il deviendra la référence obligée de la formation des enseignants dans les Écoles normales de la IIIe et de la IVe République. Grand prix national des Lettres en 1951. Mort la même année, le 2 juin, au Vésinet.

Informations

Émule de Montaigne et de Hegel, Alain est un partisan convaincu de la liberté de la pensée ; il accorde plus de prix à la manière de penser qu'à l'objet de la pensée ; il faut conduire l'homme à la maîtrise de soi par la puissance de l'esprit ; l'éducation relève de l'école et non de la famille, car elle distingue bien entre l'affectif et l'éducatif ; la fréquentation des œuvres de l'esprit développe l'esprit critique. Alain parle volontiers d'« écolier » et non d'« élève » pour insister sur le rôle institutionnel – et instituant – de l'école.

On retient généralement d'Alain qu'il préconise une « pédagogie de la volonté ». En réalité, la pensée d'Alain est dirigée par plusieurs grands principes : une école pour tous (antisélective) ; une pédagogie de la réussite ; une condition première : l'ordre et la discipline ; le « métier d'écolier » est exigeant ; l'école ne doit pas être un reflet du monde, mais un lieu de réflexion sur le monde (École sanctuaire dit-on parfois). Alain insiste sur la difficulté du « métier d'écolier » : comprendre est difficile, c'est un exercice qui doit mobiliser l'attention et la volonté, et qui commence vraiment quand sont dépassées les illusions nées du désir. Alain oppose ainsi dialectiquement désir et volonté ; la volonté commande l'action et l'action est le ferment de tout apprentissage.

Citations

« Le projet de n'instruire que ceux qui en sont dignes est laid. […]
Si l'on se mettait à instruire des ignorants, nous verrions du nouveau. »

« Donner [le plaisir] *comme fin de la difficulté vaincue. »*

« En parlant on use sa pensée, alors qu'en écrivant on la renouvelle. »

« Savoir lire est tout. »

« Il n'y a de progrès, pour nul écolier au monde, en ce qu'il entend, ni en ce qu'il voit, mais en ce qu'il fait. »

« Si l'on travaille sans maître, les essais prennent fin au moment où le travail devrait commencer. »

« À s'informer de tout, on ne sait jamais rien. »

« Le travail a des exigences étonnantes, et que l'on ne comprend jamais assez […] *il veut toute l'attention. Le faucheur ne regarde pas au bout du champ. »*

« En tout travail, le désir de bien faire doit être usé d'abord ; dont tout métier se charge, et le métier d'écolier comme les autres. Car le désir vise trop loin, et gâte l'action présente en y mêlant celle qui suivra. »

« L'école est un lieu admirable. J'aime que les bruits extérieurs n'y pénètrent point. »

Propos sur l'éducation

« Une idée que j'ai, il faut que je la nie ; c'est ma manière de l'essayer. »
Histoire de mes pensées, L'école

Bachelard (1884-1962)

Gaston Bachelard, né à Bar-sur-Aube en 1884 ; après des études secondaires, employé des Postes de 1903 à 1905 ; simultanément étudiant auprès de la Faculté des sciences de Paris ; licencié en mathématiques en 1912 ; 1919, professeur de physique à Bar-sur Aube ; études de philosophie ; 1922, agrégé de philosophie ; 1927, thèse d'État à la Sorbonne : *Essai sur la connaissance approchée* ; 1930-1940, professeur à l'université de Dijon, puis 1940-1954 professeur à la Sorbonne ; parcours universitaire marqué par de nombreuses publications qui restent comme des références fondamentales dans le domaine de la construction des connaissances : *Le Nouvel Esprit scientifique* (1934), *La Formation de l'esprit scientifique* (1938), *La Philosophie du non* (1940), *La Terre et les Rêveries de la volonté* (1948), *Le Matérialisme rationnel* (1953), *La Poétique de la rêverie* (1961). Mort à Paris en 1962.

Informations

L'observation du monde fait apparaître, selon Bachelard, trois types d'âme :

– *l'âme puérile* (mondaine), qui se satisfait de l'étonnement devant le monde ;

– *l'âme professorale*, qui se définit par le dogmatisme et les certitudes ;

– *l'âme en mal d'abstrait et de quintessence*, qui est propre aux questionnements et à la raison.

L'accès à la connaissance implique donc une critique, un dépassement de toute approche immédiate et naïve du monde (en cela Bachelard s'éloigne diamétralement de Locke) ; il en découle un certain nombre de préceptes pédagogiques :

– l'expérience première des enfants constitue un obstacle (épistémologique) à la connaissance ; cependant, c'est sur cette expérience que la connaissance peut être constituée ; l'obstacle devient donc une réalité pédagogique ;

– les erreurs ne constituent pas des fautes, mais des moments d'accès à la connaissance ;

– le plaisir d'apprendre ne constitue pas un moteur suffisant pour les acquisitions (à ce sujet, voir Alain) ;

– le dépassement de l'expérience première fait appel à des qualités d'imagination et d'invention : l'imaginaire et le rêve sont au cœur de tout enseignement.

Nombre d'expressions tirées des textes de Bachelard font aujourd'hui partie du vocabulaire habituel des pédagogues : obstacle épistémologique (culturel, pédagogique, méthodologique...), pédagogie de l'erreur, pédagogie de la redécouverte... La didactique (des sciences notamment) s'inspire fortement de ses analyses.

Citations

« Dans l'éducation, la notion d'obstacle pédagogique est [...] méconnue. J'ai souvent été frappé du fait que les professeurs de sciences, plus encore que les autres, ne comprennent pas qu'on ne comprenne pas. Peu nombreux sont ceux qui ont creusé la psychologie de l'erreur, de l'ignorance, et de l'irréflexion. [...] Ils n'ont pas réfléchi que l'adolescent arrive dans la classe de physique avec des connaissances empiriques déjà constituées : il s'agit alors, non pas d'acquérir une culture expérimentale, mais bien de changer de culture expérimentale, de renverser les obstacles déjà amoncelés par la vie quotidienne. »

« L'esprit scientifique doit se former en se réformant. »

« On ne saurait trop conseiller au professeur d'aller sans cesse de la table d'expérience au tableau noir pour extraire aussi vite que possible l'abstrait du concret. »

« Pour apprendre aux élèves à inventer, il est bon de leur donner le sentiment qu'ils auraient pu découvrir. »

La Formation de l'esprit scientifique

« Il n'y a pas que des vérités premières, il n'y a que des erreurs premières. »

La Matérialisme rationnel

Comenius (1592-1670)

Jan Amos Komensky, né à Nivnice (Moravie) en 1592 ; commence des études chez les Frères moraves (secte protestante à l'origine de la Réforme) ; les poursuit à l'école latine de Prérov ; il gardera un souvenir horrifié de ses études et s'élèvera contre ces écoles, *« chambres de torture pour l'intelligence, d'où ne sortaient que des ânes sauvages, des mulets sans frein et dissolus »* ; études supérieures à Herborn (Nassau) ; retour à Prérov où on lui confie la direction d'une école, pour laquelle il compose ses *Règles pour une grammaire plus facile* ; en 1631, il publie *La Porte ouverte des langues*, méthode pour une étude rapide et facile des langues ; sa renommée de pédagogue est désormais affirmée, il est appelé en Angleterre, en France (par Richelieu), en Suède ; en Suède il travaille à la réforme des écoles du royaume jusqu'en juin 1648 ; il développe alors l'idée majeure de la « Pansophie » : enseignement de tout à tous, application de la doctrine de Luther en éducation : il publie ensuite de nouveaux traités : *Règlements d'une école bien organisée* (1653), et *Monde visible représenté* (1654) ; enfin, il réunit des œuvres pédagogiques sous le titre général *Opera didactica omnia*, en tête duquel il place sa *Didactica magna* (*La Grande Didactique*), à laquelle on se réfère encore aujourd'hui. Mort à Amsterdam en 1670.

Informations

Convaincu de la nécessité d'une réforme pédagogique comme accompagnement de la Réforme, Comenius, qui connaissait bien les idées de Luther sur l'éducation, développe dans ses écrits les grandes lignes de réflexion et d'action qui font de lui le fondateur d'une nouvelle pensée philosophique et politique en éducation, en même temps que l'inventeur de méthodes d'instruction adaptées aux objectifs d'éducation pour tous, et l'initiateur de la pédagogie intuitive et réaliste.

Le système de Comenius a d'abord comme visée l'égalité de résultat : tous les enfants peuvent réussir ; il met en œuvre des méthodes conçues selon les principes de développement des intelligences (éducabilité), de respect des élèves (évaluation formative), d'utilisation des images (technologies de l'éducation), de formation générale (enseigner tout), d'enseignement mutuel (travaux de groupe), de prise en compte de chaque enfant dans ses différences et selon son expérience (pédagogie différenciée). Comenius considère aussi que chaque individu doit poursuivre son éducation au long de sa vie (formation continue) et que l'éducation doit se développer dans un contexte international.

Citations

« *Lorsque l'éducation générale de la jeunesse commencera par la bonne méthode, il ne manquera plus à personne ce qui lui est nécessaire pour bien penser et bien agir.* »

« *Tous les enfants, les garçons, les filles, ceux des riches et ceux des pauvres* […] *doivent être admis dans les écoles sur un pied d'égalité.* »

« *Il n'est au pouvoir de personne de faire naître ses enfants dans tel ou tel état* [Comenius se réfère ici à une typologie qu'il établit de "différences qui caractérisent les esprits"] *mais il est en notre pouvoir de les rendre bons en les instruisant et en les éduquant bien.* »

« *L'homme a besoin d'être formé pour devenir homme.* »

« *Il faut diviser la classe en groupes de dix élèves, placer à la tête de chaque groupe un moniteur.* »

« *Le maître s'efforcera de présenter toujours aux élèves un enseignement intéressant et utile, car alors ils seront attirés par l'école.* »

« [Le maître] *aidera les élèves à rester attentifs en leur mettant autant que possible toutes choses sous les sens* […] *car l'intuition sensible ne sert pas seulement à faciliter l'enseignement mais aussi à rendre attentif.* »

« *Si un élève commet une faute, le maître corrigera mais s'appliquera à découvrir et à supprimer la cause de la faute.* »

La Grande Didactique

Durkheim (1858-1917)

Émile Durkheim, né à Épinal en 1858 ; agrégé de philosophie en 1882 ; professeur de philosophie à Sens, Saint-Quentin et Troyes ; thèse de doctorat en 1884 : *De la division du travail social* ; émule d'Auguste Comte, Durkheim cherche à instituer une sociologie positiviste ; voyage en Allemagne en 1885 ; publie dans la *Revue philosophique* un article sur la science positive de la morale ; au cours d'un séjour à Leipzig, il étudie Marx ; chargé à Bordeaux du premier cours créé dans les universités françaises de sciences sociales et pédagogie ; 1902, chargé de remplacer Ferdinand Buisson à la chaire de science de l'éducation à la Sorbonne ; publie de nombreux articles dans la *Revue philosophique* ; fondateur de *L'Année sociologique* ; une œuvre considérable vient ponctuer sa vie professionnelle : *Leçons de sociologie*, *L'Éducation morale*, *Éducation et Sociologie*, *Les Règles de la méthode sociologique* ; sa leçon d'ouverture en 1913 (Pragmatisme et sociologie) tendait à démontrer que la sociologie devait servir de base à la philosophie ; mort à Paris en 1917. Après sa mort un certain nombre de ses cours seront édités : *Le Suicide*, *La Famille*, *La Religion*, *L'Éducation civique et professionnelle*.

Informations

Le devoir social est, pour Émile Durkheim, la référence de toute activité humaine ; ainsi l'éducation a-t-elle pour finalité l'adaptation de l'individu au groupe social ; la division du travail détermine donc la nécessaire répartition dans la formation (et le niveau de formation) des élèves. La socialisation de l'enfant est l'objectif premier de l'institution éducative ; car la socialisation constitue la condition du déroulement de toute activité d'enseignement (Durkheim prend ici une position diamétralement opposée à celle des Lumières, et particulièrement de Condorcet, pour qui l'instruction était la condition de l'éducation sociale). Le programme de socialisation se compose de trois facettes : les deux premières impliquent une distinction entre école et société, il s'agit de la « discipline » et de l'« attachement au groupe », la troisième, qui correspond à l'intériorisation des normes, implique une fusion entre l'individuel et le social, il s'agit de l'« autonomie de la volonté ». Le respect du maître (non en tant qu'individu, mais comme représentant objectif et symbole de l'autorité sociale) est un devoir pour l'élève. Ce travail éducatif se déroule avec patience et continuité.

Citations

« L'éducation est l'action exercée par les générations adultes sur celles qui ne sont pas encore mûres pour la vie sociale. »

« L'éducation a pour but de superposer, à l'être individuel et social que nous sommes en naissant, un être entièrement nouveau. Elle doit nous amener à dépasser notre nature initiale : c'est à cette condition que l'enfant deviendra un homme. »

« L'éducation assure la persistance de la diversité [sociale] nécessaire en se diversifiant elle-même. […] Si le travail est plus divisé, elle provoquera chez les enfants, sur un premier fonds d'idées et de sentiments communs, une plus grande diversité d'aptitudes professionnelles. »

« Le sentiment du devoir, voilà quel est pour l'enfant et même pour l'adulte, le stimulant par excellence de l'effort. L'amour-propre lui-même le suppose. Car, pour être sensible, comme il convient, aux punitions et récompenses, il faut déjà avoir conscience de sa dignité et, par conséquent, de son devoir. »

« Il faut […] que la morale soit assez souple pour pouvoir se transformer au fur et à mesure que cela est nécessaire, il ne s'ensuit pas qu'elle doive être aveugle et asservissante. »

Éducation et Sociologie

Ferrière (1879-1960)

Adolphe Ferrière, né à Genève en 1879 ; études classiques puis études de zoologie à l'université ; attiré par la pédagogie – probablement à la lecture, en 1897, du livre de Demolins sur les écoles nouvelles anglaises : *À quoi tient la supériorité des Anglo-Saxons* ; poursuit des études de sociologie et de psychologie ; en 1899 il fonde le Bureau international des écoles nouvelles ; 1921, congrès de Calais, Ferrière contribue à la création de la Ligue internationale de l'éducation nouvelle ; publie successivement : *Transformons l'école* (1920), *L'Autonomie des écoliers* (1921), *L'École active* (1922), *La Pratique de l'école active* (1924), *La Liberté de l'enfant à l'école active* (1928), *L'Avenir de la psychologie génétique* (1931) ; entre-temps, il fonde en 1925 le BIE (Bureau international d'éducation) ; en 1947 paraît une édition refondue de *L'École active* intégrant des fragments d'autres ouvrages ; atteint de surdité, il se consacrera bientôt à des réflexions et à des publications philosophiques et religieuses. Mort à Genève en 1960.

Informations

Fondateur de « l'école active », Adolphe Ferrière préconise la prise en compte de l'« élan vital spirituel » (on reconnaîtra l'influence de Bergson), qui caractérise la vie biologique et qui se manifeste chez l'enfant par des successions d'intérêts, selon les stades de son développement. L'école doit dès lors lui offrir matière à satisfaire sa curiosité et son intérêt, de façon à provoquer chez lui des occasions d'activités formatrices ; le maître accompagnera l'élève tout au long du parcours qui va de l'observation du monde à l'organisation des représentations qu'il en a. Le programme d'instruction n'obéit donc pas à la logique des disciplines, mais à la manifestation des besoins et des intérêts des élèves. On retrouvera cette inspiration dans les « thèmes de travail », les « centres d'intérêt », les « travaux personnels » du discours pédagogique contemporain. Au Portugal, une discipline transversale : « Éducation visuelle » constitue, au niveau de l'école moyenne, une application à la lettre des propositions d'Adolphe Ferrière. En France, les CEMEA (Centre d'entraînement aux méthodes d'éducation active) assurent, dans le cadre associatif, la formation des enseignants à cette méthode de travail scolaire. Les positions de Ferrière, jugées parfois trop « libertaires », seront controversées, notamment par le pédagogue allemand Friedrich Forster (1869-1966), qui souligne la valeur éducative de l'obéissance (position qui s'inscrit dans la ligne de pensée de Durkheim).

Citations

« *Si la vie ne peut pas venir de l'école, qu'à cela ne tienne : il faut que par la méthode qu'elle met en jeu, l'école aille à la vie et y transporte ses élèves en leur présentant ce qui est à leur portée.* »

« *Recueillir des documents* [...], *en second lieu on classe ces documents,* [...] *(enfin) on va procéder à la mise au net finale, à la rédaction de la page qui va figurer dans le cahier de vie, dans le classeur qui est le grand livre des conquêtes spirituelles de l'enfant* ».

« [Grâce à cette méthode] *l'observation, l'association des idées, l'invention, la réflexion, l'expression orale et écrite, même par-ci par-là le calcul, toutes ces facultés ont été exercées, toutes ont servi à quelque chose d'attrayant et d'utile. Et je ne parle pas ici des constructions des plus jeunes, ou des expériences de laboratoires des plus grands qui, elles aussi mettent l'esprit en contact avec la matière et satisfont à leur façon à ce double rythme : observation et expression, où le monde ambiant vient impressionner la pensée et où la pensée à son tour met son empreinte sur le monde ambiant.* »

L'École active

Freinet (1896-1966)

Célestin Freinet, né en 1896 à Gars, dans les Alpes-Maritimes ; études au cours complémentaire de Grasse puis à l'École normale de Nice ; blessé au Chemin des Dames en 1915, médaille militaire et légion d'honneur ; 1920, instituteur à Bar-sur-Loup ; lit Rabelais, Montaigne, Rousseau, Pestalozzi, Ferrière (*L'École active*) ; en 1923 participe au Congrès national d'éducation nouvelle aux côtés de Ferrière, Claparède, Cousinet ; 1924, première initiative de correspondance interscolaire (à l'instar des initiatives de Janusz Korckzak) ; 1926, l'imprimerie à l'école ; 1928, dans la ligne des initiatives de l'inspecteur Bernard Profil qui ouvre en 1924 une centaine de coopératives scolaires dans sa circonscription, Freinet crée, dans le cadre de l'OCCS (Office central de la coopération scolaire), fondé en 1923, la Coopérative de l'enseignement laïc (CEL) ; fichier coopératif scolaire en 1929 ; BT (Bibliothèque de travail) en 1930 ; déplacé d'office en 1934, il ouvre l'année suivante une école privée à Vence ; suspecté de sympathies communistes, interné en 1940 puis en liberté surveillée ; entre dans la Résistance puis reprend son poste d'instituteur à Vence en 1947 ; 1948, Congrès de Dijon, la CEL se transforme en Institut coopératif de l'école moderne (ICEM), qui devient un centre d'action et d'édition pédagogiques ; mort à Cannes en 1966. En 1981 l'école Freinet devient, par décision du ministre, école publique d'État.

Informations

On parle plus fréquemment de *techniques* Freinet que de méthodes ou de pédagogie ; c'est que le principe de base que constitue chez lui le *tâtonnement* expérimental exclut *a priori* toute idée, tout corps de doctrine préalable ; Freinet est en position d'observation, de régulation, d'invention ; Freinet est un inventeur. L'expérience est non seulement première, mais elle est la méthode ; ainsi l'expérience qu'il aura de son école, de ses maîtres constitue-t-elle une référence fondamentale (d'où le principe de pédagogie coopérative) ; de même les techniques (journal interscolaire, texte libre, imprimerie à l'école, bandes enseignantes...) permettront aux enfants, par un travail « imité » du travail social, de se préparer à leur vie d'adulte responsable, tout comme l'enracinement des expériences dans le milieu naturel et social.

Freinet se rapproche des théories de Makarenko ; il reprend et valorise ses idées dans le domaine du cadre de vie, de l'utilisation des techniques appropriées, de l'attention portée aux enfants. Il est intéressé d'abord par le développement, à l'école, de l'intelligence.

Freinet a suscité un mouvement important et durable chez les instituteurs et professeurs des écoles ; il a permis, par le biais précisément des techniques, de faire avancer la pratique des pédagogies actives ; on peut parler de « système Freinet » dans la mesure où – et ce n'est pas la moindre des innovations qu'il propose par l'exemple – il met en œuvre un ensemble coordonné pour obtenir le résultat escompté ; il est l'un des initiateurs des approches systémiques en éducation.

Citations

« C'est à la rapidité et à la sûreté avec lesquelles l'individu bénéficie intuitivement des leçons de ses tâtonnements que nous mesurons son degré d'intelligence. »

« Il n'y a pas à la base [...] *une pure question d'intelligence, mais bien d'abord les normes de la vie plus ou moins favorables au tâtonnement expérimental. Et c'est sur ces normes de vie, intérieures et extérieures, qu'il faut agir si on veut développer et exalter l'intelligence. »*

« Il n'y a pas chez l'enfant de besoin naturel du jeu ; il n'y a que le besoin du travail, c'est-à-dire la nécessité organique d'user le potentiel de vie à une activité tout à la fois individuelle et sociale [...] *à la mesure des possibilités enfantines. »*

Essai de psychologie sensible appliquée à l'éducation

Kergomard (1838-1925)

Pauline Kergomard-Reclus, née à Bordeaux en 1838 d'une famille de négociants en vins ; à l'âge de 13 ans, à la suite du remariage de son père, Jean Reclus, elle est envoyée chez son oncle à Orthez, dont l'épouse tient une école et une pension de jeunes filles ; là naîtra son intérêt pour l'enseignement ; entrée au cours privé de préparation des institutrices à Bordeaux, elle réussit brillamment son certificat de capacité ; mariée en 1863 avec Jules Kergomard, poète anarchiste révolutionnaire ; Ferdinand Buisson et Jules Ferry vont la solliciter pour définir la pédagogie des « établissements de première éducation » (ex « salles d'asile », futures « écoles maternelles ») ; inspectrice générale de 1881 à 1910, elle oriente son action vers la formation des directrices d'école et la formation des futurs maîtres ; publie *L'Éducation maternelle dans l'école* en 1886, et *L'Enfant de deux à six ans* en 1910 ; vice-présidente de la Société libre de psychologie en 1901 (présidents successifs F. Buisson et A. Binet). Prend sa retraite en 1917. Morte en 1925.

Informations

Pauline Kergomard est considérée comme la fondatrice de l'école maternelle française ; militant pour des établissements d'éducation et non d'instruction, elle préconise une prise en compte de la spécificité de la petite enfance et propose une éducation ouverte (langages, dessin, récits, lecture, écriture, calcul, activités manuelles…) réalisée sous forme d'activités ludiques et graduées, qui constitue encore la trame des activités à l'école maternelle. De nombreuses écoles maternelles portent aujourd'hui son nom. On retiendra d'elle sa conception d'une école du développement de l'intelligence (apprendre à penser). L'« *école de tous les possibles* » (Claude Allègre, 2000) ne se situe pas dans une perspective différente.

Citations

« L'école maternelle n'est pas une école : c'est un établissement d'éducation et non d'instruction. »

« L'école maternelle est une famille agrandie (dans laquelle l'enseignante devra se comporter en mère dévouée et intelligente). »

« Des jeux, des mouvements gradués accompagnés de chants ; des exercices manuels ; des principes d'éducation morale ; des connaissances les plus usuelles ; des exercices de langage ; des récits ou des contes ; des premiers éléments du dessin, de la lecture, de l'écriture et du calcul. »

« Ce n'est pas la description du paysage qui intéresse l'enfant, c'est tout ce qui vit dans le paysage. »

Lettre aux directrices d'écoles maternelles

« Si nous voulons apprendre à penser à l'enfant, il faut […] *le mettre dans un milieu favorable au développement de son être tout entier, il faut le mettre en état de penser* […]. *On ne donnera pas plus à l'école maternelle de leçon de pensée que de leçon de vie ; mais on aidera l'enfant à penser, comme on l'aide à vivre, et cela durera toute la journée, tous les jours. »*

L'École maternelle dans l'école

Montaigne (1533-1592)

Michel Eyquem de Montaigne, né en 1533 au château de Montaigne près de Bordeaux ; son père, Pierre Eyquem, avait guerroyé en Italie, il élève son fils selon ses principes personnels : le latin comme langue quotidienne et la familiarité avec les « petites gens » ; à six ans Michel entre, à Bordeaux, au Collège de Guyenne, où il reste sept ans et acquiert la connaissance des cultures latine et grecque ; il en déplorera plus tard les méthodes livresques ; études de droit à Toulouse ; exercice de diverses responsabilités parlementaires ; en 1558, rencontre avec Étienne de La Boétie, qui influence de façon déterminante sa vie intellectuelle (l'ouvrage de La Boétie sur *La Servitude volontaire* aura une forte influence sur ses idées en matière de formation du jugement) ; 1569, publication de sa traduction du traité de Raymond Sebon : *Le Livre des créatures* ; 1570, il se démet de sa charge au parlement et se « retire » à Montaigne ; 1571, nommé gentilhomme ordinaire de la Chambre du Roi ; 1572, lectures de Plutarque et des Sceptiques grecs qui l'accompagneront pendant la rédaction des *Essais* dont il donne une première édition en mars 1580, à Bordeaux ; nombreux voyages à travers l'Europe ; maire de Bordeaux de 1582 à 1585 ; 1588, quatrième édition des *Essais*. Mort en 1592, au moment où il prépare une nouvelle édition des *Essais*.

Informations

Dans les *Essais*, réflexion sur lui-même et sur sa vie, Montaigne nous livre de fréquentes notations sur l'éducation ; dans le chapitre XXVI du premier livre (« De l'institution des enfants ») autour de l'aphorisme fameux : choisir un précepteur qui « *eust plutost la teste bien faicte que bien pleine* » ; mais aussi çà et là au détour de considérations sur l'expérience, sur le pédantisme, sur l'affection des parents.

En réaction contre le dogmatisme, Montaigne, comme Rabelais, propose une conception de l'honnête homme fondée sur la maîtrise du jugement et la formation du caractère. Il dénonce à la fois la scolastique et le pédantisme, mais propose aussi de nouvelles manières d'enseigner. C'est donc à la fois, pour employer la terminologie actuelle, aux programmes et aux méthodes qu'il s'intéresse.

Au fil des *Essais*, on rencontre une théorie de l'éducation d'une grande modernité, que l'on peut sommairement résumer ainsi :

Le désir d'apprendre est naturel ; la connaissance est dans la manière tout autant que dans la matière ; savoir par cœur n'est pas savoir ; il convient avant tout de former le jugement des enfants ; le travail du maître doit se réguler sur celui de l'élève ; il convient avant tout de créer des situations motivantes ; il n'est pas bon de vouloir enseigner par la contrainte ; l'expérience est le creuset de l'intelligence ; c'est sur la pluralité d'opinions et d'observations que peut se former le jugement ; la formation citoyenne (les mœurs) est aussi importante que la formation scientifique.

Avec Rabelais, mais dans le registre du scepticisme qui lui est propre, Montaigne exprime à la fois une nouvelle conception de l'homme (l'homme de la Renaissance) et une nouvelle façon de l'éduquer. Il faudra attendre les Lumières pour connaître, en matière d'éducation, un aussi fort mouvement de la pensée.

Citations

« Il n'est plus naturel que le désir de connaissance. »
Essais, III, XIII

« Je voudrais aussi qu'on fut soigneux de luy choisir un conducteur qui eust plutost la teste bien faicte que bien pleine, et qu'on y requit tous les deux, mais plus les meurs et l'entendement que la science ; et qu'il se conduise en sa charge d'une nouvelle manière. »

« Qu'on luy mette en fantaisie une honeste curiosité de s'enquérir de toutes choses… »
Essais, I, XXVI

Montessori (1870-1952)

Maria Montessori, née à Chiaravalle (près d'Ancône) en 1870 ; études de médecine à l'université de Rome (1896) ; première femme médecin d'Italie ; assistante à la clinique psychiatrique du professeur Montesano ; commence ses recherches sur les enfants « intellectuellement déficients » ; met en pratique les principes de Rousseau concernant la nature et le développement de l'enfant ; chargée par le ministre Baccelli d'un cours d'orthophrénie ; en 1904 chargée d'un cours d'anthropologie pédagogique, où elle formule ses grands principes pédagogiques : refus de l'oppression de l'enfant par les abus d'autorité ; nécessité de permettre à l'enfant de se développer lui-même ; en 1907 elle ouvre à Rome la première Casa dei bambini, dont le succès est retentissant au plan mondial ; parmi ses publications les plus remarquables : *La Méthode de la pédagogie scientifique* (1909), *Anthropologie pédagogique* (1910), *L'Auto-éducation dans les écoles élémentaires* (1916), *L'Enfant* (1936), *Le Secret de l'enfance* (1938), *Formation de l'homme* (1949), *L'Éducation et la paix* (1949), *La Découverte de l'enfant* (1951). Morte en Hollande, à Noordwijk, en 1952.

Informations

Les travaux de Maria Montessori portent pour une part sur la connaissance de l'enfant et de l'adolescent, pour une autre sur la façon de gérer leur éducation. Elle découvre, avant Piaget, les stades qui marquent, par saccades, le développement (de la naissance à 24 ans : petite enfance, grande enfance, adolescence, jeune maturité) ; cette évolution connaît aussi des périodes sensibles au cours desquelles l'enfant se centre intensément sur un objectif (marcher, parler, lire, écrire, trier…). L'art d'éduquer consiste dès lors à proposer aux enfants des tâches présentant une difficulté surmontable ; après Locke, et comme Dewey, elle estime que l'intelligence se construit par l'action, et elle reconnaît notamment à la main un rôle primordial. Les conditions extérieures de l'éducation sont de quatre ordres :

– l'environnement éducatif (l'*ambiente*),

– la (re)connaissance des potentialités des enfants,
– l'aide utile,
– le matériel éducatif.

Les conditions intérieures relèvent de trois principes :
– apprendre sans effort (*imparare senza fatica*),
– être aidé et non servi,
– donner à sa propre liberté la limite de l'intérêt collectif.

On retrouve là les idées essentielles de Rousseau, que Maria Montessori valide par sa méthode scientifique : observer et recueillir les données dans un contexte de liberté d'expression de l'enfant.

L'influence de Maria Montessori reste très grande, notamment dans le monde de la petite enfance et des premières étapes de l'éducation. Une association internationale Maria Montessori, dont le siège est sur les rives du lac de Garde, organise régulièrement des rencontres scientifiques sur ses travaux.

Citations

« Le petit est l'ouvrier de sa propre chair mentale, se servant de ce qu'il trouve dans son milieu. »
L'Enfant

« Celui qui est servi au lieu d'être aidé est d'une certaine façon lésé dans son indépendance. C'est là le concept fondamental de la dignité de l'homme. »

« Si la discipline est fondée sur la liberté, elle doit […] *nécessairement être active. »*

« La liberté de l'enfant doit avoir comme limite l'intérêt collectif, et comme forme ce que nous appelons éducation des manières et des actes. »

« Je commençai à faire construire un mobilier scolaire qui fût proportionné à l'enfant, et qui répondît à son besoin d'agir intelligemment… »

« Il faut aussi préparer, d'autre part les conditions qui rendent possible la manifestation des caractères naturels des enfants. »

La Méthode de la pédagogie scientifique appliqué à l'éducation dans les Case dei bambini

Neill (1883-1973)

Alexander Sutherland Neill, né en Écosse en 1883 ; éduqué dans une famille calviniste ; devient instituteur de campagne ; fréquente l'américain Homer Lane dans son centre de rééducation pour jeunes délinquants ; il découvre là le principe qui guidera ses orientations pédagogiques : l'enfant suit la mauvaise voie parce qu'il est privé d'affection et de reconnaissance (idée qui sera reprise, notamment, à la fin du XXe siècle, par le psychologue américain M. Basch et formalisée dans sa « spirale du développement ») ; fonde une école pour enfants « difficiles » appelée Summerhill ; il y met en œuvre une pédagogie fondée sur le principe de la « reconnaissance » de l'enfant, exempte de tout interdit et orientée vers l'autonomie ; publie en 1948 *The Problem of family*, en 1953 *The Free Child* ; un condensé de plusieurs de ses ouvrages est publié en France en 1970, sous le titre *Libres enfants de Summerhill* ; mort en 1973 à Adelburgh.

Informations

Neill a connu en France un immense succès dans le mouvement social issu de mai 1968 (« *Il est interdit d'interdire* ») ; sa position extrême sur l'éducation va dans le sens de celle d'Illich (une société sans école), mais alors que ce dernier prend une position systémique sur l'éducation, Neill se réfère aux théories psychanalytiques, et notamment à Wilhelm Reich et à Freud. Son école est dirigée par l'exigence absolue de liberté (une sorte d'Abbaye de Thélème du XXe siècle). Le principe auquel il se réfère est celui de l'anarchisme éducatif (courant qui va de Socrate à Rousseau et à Tolstoï) ; cependant Neill ne refuse pas la prise en compte des règles sociales à condition que ce ne soit pas de façon répressive : chacun doit accepter les règles du jeu, mais il n'est pas obligé de choisir le jeu. Ces règles doivent aussi obéir au principe de réciprocité (si c'est interdit aux enfants, ce doit aussi l'être aux adultes), principe qui sera repris dans les instructions actuelles concernant les règlements intérieurs des établissements, et qui correspond à la notion de « droit », pour les enfants comme pour les adultes.

À l'école, il n'y a pas d'emploi du temps obligatoire, mais un panel offert de leçons, d'activités diverses, d'occasions de culture ; l'enfant est aidé à grandir seul, il doit pour cela pouvoir trouver dans l'éducateur un ami disposé à éclairer ses problèmes, sans jamais dramatiser, à lui faire trouver sa propre voie.

La réputation de Neill est restée au plan idéologique ; les exagérations polémiques de ses détracteurs, mêlées à quelques excès utopistes dans une attitude propagandiste, ont fait que ses idées n'ont pas vraiment eu d'application hors de son école, qui reste cependant le témoin d'un éducateur généreux et enthousiaste.

Citations

« Il faut aujourd'hui expliquer ce qu'on entend par liberté pour l'enfant. L'argument habituel contre la liberté pour les enfants est de ce type : la vie est difficile, il faut donc former les enfants de sorte qu'ils soient plus tard armés pour la vie. Il faut donc leur donner une discipline. Si nous leur permettons de faire ce qu'ils veulent, comment un jour pourront-ils travailler avec un patron ? Comment pourront-ils être en compétition avec d'autres qui connaissent la discipline ? […] *La liberté est nécessaire à l'enfant parce que ce n'est que dans un climat de liberté qu'il peut se développer dans sa direction naturelle.* […] *Quand un enfant est, depuis son jeune âge, éduqué dans un climat de liberté, il ne passe pas par le stade de la fausseté et de l'insincérité.*

[Tout le monde ne saisit pas] *la distinction entre liberté et licence. Dans la maison où règne une discipline rigide, les enfants n'ont aucun droit ; dans une maison "pervertie" ils ont tous les droits. Une bonne famille est celle où enfants et adultes ont les mêmes droits. On peut faire la même chose de l'école. »*

Libres enfants de Summerhill

Pestalozzi (1746-1827)

Johann Heinrich Pestalozzi, né à Zurich en 1746 ; père chirurgien d'origine italienne ; première instruction dans le cercle familial par son grand-père, pasteur dans les environs de Zurich ; études d'humanités classiques au collège ; membre de la Société helvétique, il reçoit l'influence du philanthropisme et de la physiocratie, lit l'*Émile* et le *Contrat social* ; fonde une entreprise agricole « moderne » dans une propriété qu'il achète près de Birr ; c'est un échec : il la transforme en institution pour orphelins, alternant instruction et travail ; 1779, nouvel échec ; ruiné, il se consacre à la composition d'œuvres littéraires (*Soirées d'un solitaire*, *Leonard et Gertrud*, *Des principes fondamentaux de ma pensée*…). Diverses expériences, toutes soldées par l'insuccès, lui permettent de mûrir sa méthode et son principe d'éducation élémentaire ; 1801 : publication de *Comment Gertrude instruit ses enfants*, 1803 : le *Livre des mères* ; accepte, en 1804, l'offre du Château d'Yverdon d'ouvrir une institution qui, progressivement, comprendra tous les niveaux d'enseignement jusqu'au seuil de l'université, et qui lui vaut, cette fois, une renommée mondiale ; publie *Méthode théorique et pratique*, puis *Le Chant du cygne* (1926). Mort à Brugg en 1827.

Informations

L'œuvre de Pestalozzi est loin de constituer un corps de doctrine cohérent et achevé ; émule de Rousseau, il reste un expérimentateur attentif qui exprime avec ferveur ses convictions, ses intuitions, ses observations ; il tâtonne (comme le recommandera plus tard Freinet), il régule son action, il la met au service de sa double conviction : l'homme est bon par nature, l'éducation a pour objectif « *le salut de ce peuple que j'aime, dont je ressens la misère comme peu d'hommes la ressentent* ». Sa « méthode » se réalise dans une triple dimension (inspirée de la distinction hellénique : *nous*, *thumos*, *épithumia*) : la tête (éducation de l'intelligence), le cœur (éducation morale et spirituelle), la main (éducation au et par le travail). Il promeut une éducation mutuelle (alternative à l'enseignement frontal) fondée sur l'idée que « *toute forme d'instruction doit naître des élèves eux-mêmes et se produire en eux* », sur l'observation de la nature, et sur l'intuition (sensualisme) associée à la réflexion formelle. C'est d'ailleurs l'intuition qui guide le plus souvent Pestalozzi, comme par exemple lorsqu'il « invente » la méthode globale de lecture, ou la pédagogie documentaire, ou la zone proche de développement (Vygotski).

Par l'ampleur de ses investigations et la pratique de l'observation et du recueil de données, il est aux yeux de certains le « fondateur » de la recherche pédagogique.

Citations

« *Il ne faut pas du tout raisonner avec les enfants, mais il convient* [de se placer] *dans les limites de possibilités de développement de leur esprit…* »

« *Fonction des livres :*
– nécessité des livres pour la première enfance ;
– exigence de préciser sûrement et clairement l'utilisation de ces livres ;
– obligation de conduire, à partir de ces livres, à la connaissance des noms et des mots dont les enfants doivent pouvoir se servir couramment, avant même qu'ils apprennent à lire et à épeler. »

« *Toutes nos connaissances dérivent :*
– des impressions sensibles reçues au hasard. Ce sont des intuitions désordonnées, confuses […],
– des impressions sensibles reçues selon une organisation du milieu, familial ou scolaire. Ce sont des intuitions plus étendues, plus complexes, et psychologiquement plus ou moins adhérentes en fonction de l'habileté didactique des maîtres […],
– de la volonté d'apprendre et de l'application à se conformer aux méthodes propres à accroître nos intuitions […],
– des résultats de l'application et du travail […].
Enfin, nos connaissances intuitives sont analogiques, parce que les objets que nous connaissons réellement nous font connaître d'autres objets qui ont avec eux une certaine ressemblance, sans les avoir directement perçus par les sens. »

Comment Gertrude instruit ses enfants

Piaget (1896-1980)

Jean Piaget, né à Neuchâtel (Suisse) en 1896 ; premiers travaux de zoologie (publie un premier article à l'âge de onze ans !) ; thèse en zoologie en 1921 ; découvre Bergson (*L'Évolution créatrice*) ; devient, à l'Institut Jean-Jacques Rousseau de Genève, le principal collaborateur de Claparède ; en même temps que la psychopédagogie, il étudie la logique et l'histoire des sciences ; en 1923 publication de *Le Langage et la Pensée chez l'enfant*, puis, en 1925, dans *Archives de psychologie*, un article : « Psychologie et critique de la connaissance » qui annonce son programme de travail pour les cinquante années à venir ; enseigne à Neuchâtel, à Genève, à Lausanne, à la Sorbonne ; assure de 1929 à 1939 la direction du BIE (Bureau international d'éducation) à Genève : l'observation quotidienne de ses trois enfants lui apporte la matière de *La Naissance de l'intelligence* (1936) et *La Constitution du réel chez l'enfant* (1937) ; en 1940, il succède à Claparède ; c'est alors l'époque des grandes expérimentations sur les différents domaines opératoires chez les enfants ; 1947, publication de *La Psychologie de l'intelligence* ; 1950, *Introduction à l'épistémologie génétique* (3 vol.) ; 1955, avec l'appui de la Fondation Rockefeller, il inaugure à Genève le Centre international d'épistémologie génétique ; ses travaux sur le développement l'ont conduit naturellement à s'intéresser à la pédagogie : en 1939 il a publié dans l'*Encyclopédie française*, vol. XV, « Les méthodes nouvelles, leurs bases psychologiques », en 1969 *Psychologie et Pédagogie* (ouvrage reprenant des textes de 1935 et 1965), en 1972 *Où va l'éducation ?* et *La Représentation du monde chez l'enfant*, en 1974 *Réussir et Comprendre*. Jean Piaget est mort en 1980.

Informations

La recherche de Piaget est de nature épistémologique : sa constante préoccupation est de rechercher comment se construit le sens (il se situe donc dans la sphère intellectuelle du structuralisme et de la sémiologie). Privilégiant une approche génétique de la construction de la connaissance, il s'intéresse directement à l'éducation. Piaget s'oppose à la « théorie de la table rase » (ou du moins à ce que les détracteurs de Locke en ont dit...). Selon sa théorie (s'il n'est pas trop présomptueux de vouloir la dire en peu de mots), l'accès à la connaissance s'inscrit dans le prolongement du développement biologique ; il identifie une succession de stades et de périodes parfois brutales de transition (Montessori) ; l'acquisition de connaissances se produit par assimilation (comme processus de généralisation) et accommodation (comme processus d'ajustement à des environnements et intérêts divers) ; c'est à partir de l'action (*cf.* encore M. Montessori) que se met en œuvre ce processus : « *on n'accède pas à l'autonomie par l'hétéronomie* ». Les programmes et les méthodes devraient s'appuyer sur des données « objectives » et non sur « une inflation sémantique ». Très critique vis-à-vis des nouvelles technologies, et notamment de l'audiovisuel – qui représente pour lui une dimension appauvrie du monde –, plus nuancé au sujet de l'enseignement programmé (Skinner, 1904-1990, théorie du « *conditionnement opérant* »).

Citations

« *Les connaissances dérivent de l'action, non dans le sens de simples réponses associatives, mais en un sens beaucoup plus profond qui est celui de l'assimilation du réel aux coordinations nécessaires et générales de l'action.* »
« Éducation et instruction » (1935) *in Psychologie et Pédagogie*

« *Contrairement à l'école traditionnelle* [...] *ces méthodes* [les méthodes nouvelles] *tiennent compte des stades de développement mais, contrairement aux théories fondées sur la notion d'une maturation purement héréditaire, elles croient à la possibilité d'agir sur cette évolution.* »

« *Sans que l'on puisse actuellement fixer avec certitude la limite entre ce qui provient de la maturation structurale de l'esprit et ce qui émane de l'expérience de l'enfant ou des influences de son milieu physique et social, on peut, semble-t-il, admettre que les deux facteurs interviennent sans cesse et que le développement est dû à leur interaction continue.* »
« Les Méthodes nouvelles, leurs bases psychologiques », *in Psychologie et Pédagogie* (1965)

Platon (427-348 av. J.-C.)

Platon, né à Athènes vers 427 av. J.-C., peu après la mort de Périclès ; fils d'Ariston, de famille aristocratique, reçoit une excellente éducation et se distingue dans tous les arts ; acquiert une culture scientifique et philosophique auprès de Cratyle, disciple d'Héraclite ; en 407 av. J.-C., sa rencontre avec Socrate le tourne exclusivement vers la philosophie ; après la mort de celui-ci, en 399 av. J.-C., il rejoint à Mégare Euclide ; il voyage en Égypte, rencontre à Cyrène le mathématicien Théodore, se rend en Italie du Sud, puis à Syracuse où il se lie avec Dion, beau-frère de Denis l'Ancien qui le vend comme esclave ; racheté par un de ses amis de Cyrène, il est libéré ; rentré à Athènes vers 387 av. J.-C., il fonde l'*Académie* (du nom du jardin où elle est installée), premier établissement d'enseignement supérieur, où on poursuit des recherches scientifiques et on enseigne les sciences et la philosophie (Aristote y passa vingt ans, s'en détacha et revint à Athènes fonder une école rivale : le *Lycée*). L'œuvre de Platon est immense ; elle se présente sous forme de dialogues où fréquemment l'interlocuteur est Socrate ; ses idées sur l'éducation apparaissent essentiellement dans *La République*, *Ménon*, *Protagoras*, *Les Lois*. Meurt octogénaire, vers 347 av. J.-C., alors qu'il travaillait à son dernier ouvrage : *Les Lois*.

Socrate, né à Athènes vers 470 av. J.-C. ; fils du statuaire Sophronisque et de la sage-femme Phénarète ; apprend le métier de son père (il deviendra sculpteur des âmes et accoucheur des idées) ; aurait sculpté un groupe de Grâces sur l'Acropole ; initié aux recherches des sophistes, il s'en éloigne et fait sienne la maxime delphique : « *Connais-toi toi-même* » *(Gnôti seauton)* : chaque homme pouvant retrouver en lui les idées que la divinité a mises en lui. Philosophe, Socrate pratiqua un enseignement oral ; on ne sait de sa philosophie que ce que Platon (qui le met en œuvre dans la plupart de ses dialogues), Xénophon et Aristote en ont dit ; la personnalité de Socrate faisait l'objet d'une grande admiration. Outre son prestige de philosophe, il se distinguait par son courage sur les champs de bataille, et sa détermination dans la vie politique (il fut président de l'Assemblée) ; en 399, victime d'un procès de tendance (on l'accusa d'inventer de nouveaux dieux et de corrompre la jeunesse), respectueux des lois, il se donne la mort en buvant la ciguë.

Informations

Il est malaisé de distinguer la pensée de Platon et celle de Socrate, dans la mesure où Socrate, qui ne professait qu'un enseignement oral, est mis en scène dans la majorité des dialogues de Platon. On peut cependant attribuer à Platon les idées fondamentales sur le rôle de l'éducation (réservée aux hommes libres) qui est ordonnée à la connaissance, elle-même distribuée en trois facettes inséparables : le vrai, le beau, le bien (le mot grec *kaloskaghatos* fond en un seul terme beau et bien) ; mais cette sagesse est elle-même segmentée en trois domaines, selon des critères fonctionnels correspondant à trois catégories de citoyens : les Sages, les Guerriers, les Artisans.

Sa conception de la forme de l'enseignement nous est donnée essentiellement par les positions de Socrate : approche critique et relativité de la connaissance : « *Tu es* [lui dit l'oracle de Delphes] *le plus savant des hommes parce que tu sais que tu ne sais rien » (Apologie de Socrate)* ; préexistence des idées et la nécessité de l'introspection : *« Connais-toi toi-même »* ; réminiscence (se souvenir de ce qu'on sait déjà et qu'on croyait ne pas savoir) et maïeutique (art du maître de faire « accoucher » des idées) *(Ménon)* ; nécessaire relation de confiance – voire de complicité – entre le maître et son élève (Protagoras) ; enseignement par le dialogue oral.

Rabelais (1483-1553)

François Rabelais, né à La Devinière, près de Chinon, en 1483 (ou 1484), d'un père avocat ; apprend le latin, puis la scolastique – ce dont il gardera un mauvais souvenir – ; moine chez les Cordeliers (Franciscains) en 1520, puis chez les Bénédictins ; en 1530 il prend ses grades en médecine et devient médecin à l'Hôtel-Dieu à Lyon ; publie alors des œuvres médicales ; fréquente Jean du Bellay et Clément Marot ; voyage à Rome et à Turin ; en 1532, il publie sous un pseudonyme les *Horribles faits et prouesses du très renommé Pantagruel* qui est censuré à la Sorbonne en 1533 pour obscénité ; en 1534 c'est *La Vie estimable du grand Gargantua* (condamné également) ; en 1546 *Tiers livre des faicts et dicts héroïques du noble Pantagruel* (condamné pour hérétisme) ; le *Quart livre de Pantagruel* paraîtra en 1548 et en 1552, frappé de censure lui aussi par les théologiens ; Rabelais cependant garde le soutien du Roi ; les idées de Rabelais sur l'éducation s'expriment essentiellement dans le *Gargantua*, dont c'est le sujet principal. Mort en 1553.

Informations

Rabelais n'est ni un pédagogue, ni un théoricien de l'éducation, mais son Abbaye de Thélème constitue la métaphore longuement filée de toute l'éducation scolastique de l'époque ; elle reste aussi la référence, toujours truculente, d'une éducation où la contrainte et l'ennui cèdent la place à la liberté et à la joie. Comme le fera Montaigne, Rabelais revendique une tête bien faite plutôt que bien pleine ; les textes latins et grecs ne sont certes pas inutiles, mais les contenus d'enseignement doivent aussi aborder les nouvelles connaissances (très clairement, les sciences de la vie et de la Terre) ; ces connaissances ne sauraient aller sans « conscience » ; la nature humaine est fondamentalement bonne (comme le dira plus tard Rousseau) et l'éducation doit lui permettre de s'épanouir.

Pédagogie de l'épanouissement, enseignement et apprentissages dans la joie, Rabelais nous donne de l'école une vision libérée et libératrice. Rabelais s'exprime dans une langue truculente, qui nous amène à chercher le sens au-delà des mots, dans une rhétorique enjouée, où tout s'exprime par des images. Le texte de Rabelais est, en lui-même, une profession pédagogique.

Citations

« Mieux est de ris que de larmes écrire, pour ce que rire est le propre de l'homme. »

« Toute leur vie était employée non par lois, statuts ou règles, mais selon leur vouloir-franc et arbitre [...]. *Ainsi l'avait établi Gargantua. En leur règle n'était que cette clause : FAIS CE QUE VOUDRAS, parce que gens libres, biens nés, bien instruits, conversant en compagnies honnêtes, ont par nature un instinct et un aiguillon, qui toujours les pousse à faits vertueux et retire de vice, lequel ils nommaient honneur. »*
Gargantua, chap. 57

« Vous convient être sages, pour fleurer, sentir et estimer ces beaux livres de haute graisse, légers au pourchas (à la poursuite) et hardis à la rencontre ; puis par curieuse leçon (lecture attentive) et méditation fréquente, rompre l'os et sucer la substantifique moelle. »
Gargantua, Prologue

« Sapience n'entre point en âme malivole, et science sans conscience n'est que ruine de l'âme. »
Pantagruel, chap. 8

« Ignorance est mère de tous les maux. »
Cinquième Livre, VII

« Comment pourrais-je gouverner autrui, qui moi-même gouverner ne saurais. »

« Je ne bâtis que pierres vives, ce sont hommes. »
Tiers Livre, chap. 6

« Chacun abonde en son sens. »
Tiers Livre, chap. 7

« Les langages sont par institution arbitraires et convenances des peuples ; les voix (mots) ne signifient pas naturellement mais à plaisir. »
Tiers Livre, chap. 19

Rousseau (1712-1778)

Jean-Jacques Rousseau, né à Genève en 1712 ; adolescence vagabonde au cours de laquelle il passe d'un lieu et d'un emploi à l'autre sans guère de succès ; de retour à Genève en 1754, il écrit le *Discours sur l'origine de l'inégalité parmi les hommes*, puis en 1761 *Julie ou la Nouvelle Héloïse, Lettre de deux amants* (inspirée du *Werther* de Goethe) et, en 1762, le *Contrat social* et *Émile ou De l'éducation* ; il voyage à nouveau en Angleterre puis en France ; ses dernières œuvres autobiographiques, *Les Confessions* et *Les Rêveries d'un promeneur solitaire*, seront publiées à titre posthume en 1782 et en 1789. Mort à Ermenonville en 1778 ; inhumé au Panthéon en 1794.

Informations

Le *Contrat social* fut le livre le plus lu en France à la fin du XVIIIe siècle ; il a très nettement défini les références dont s'inspirèrent les futurs républicains ; on y trouve les fondements des idées exprimées dans *Émile*, notamment celle du contrat qui lie l'individuel et le social, dans le cadre du respect des personnes et de l'égalité des droits. Dans *Émile*, Rousseau nous donne une synthèse de ses idées sur la société, sur l'enfance et sur l'éducation : les hommes naissent bons et deviennent méchants ; dès lors quelle éducation donner aux enfants pour éviter une telle dépravation ? Il convient de prendre « *le contre-pied de l'usage* » (IV, 234) : l'enfant n'est pas un adulte en devenir, il a sa spécificité ; la pédagogie doit se fonder sur la liberté mais non sur la licence, sur le sentiment et non sur la raison, sur la prise en compte de la nature et non sur les livres. Ce n'est qu'après une première phase d'éducation négative – préserver l'enfant du vice et de l'erreur – que doit se dérouler une deuxième phase d'éducation positive : acquisition de savoirs (même idée chez Descartes et Montesquieu).

Précurseur de la psychologie génétique, Rousseau distingue, avant Piaget, différentes phases du développement chez l'enfant ; précurseur de Korkzack *(Droit de l'enfant au respect)*, il préconise de connaître et de respecter l'enfant. Ce respect de l'enfant, ce souci de rester proche de la nature, ce principe que l'enfant est bon ne le conduisent pas toutefois au laxisme ou au rejet de toute forme d'éducation, loin de là. Rousseau est un épicurien et, comme Horace, il sait que le cheminement vers le bonheur ne va pas sans contraintes.

L'influence de Rousseau a été déterminante sur Pestalozzi et sur Ferrière, à qui on l'associe comme initiateur du courant de pensée de l'Éducation nouvelle en Europe. Les idées premières de Rousseau (l'homme est bon par nature) seront reprises, au plan de l'éducation, chez de nombreux penseurs ou innovateurs européens : Montessori, Neill, Tolstoï...

Citations

« Les hommes sont pervers ; ils seraient pires encore s'ils avaient eu le malheur de naître savants. »

« Commencez donc par mieux étudier vos élèves ; car très assurément vous ne les connaissez point. »
Émile, liv. II

« Savez-vous quel est le plus sûr moyen de rendre votre enfant misérable ? C'est de l'accoutumer à tout obtenir. »
Émile, Préface

« La race humaine eût péri si l'homme n'eût commencé par être enfant. »

« Vous ne parviendrez jamais à faire des sages si vous ne faites jamais des polissons. »
Émile, liv. II

« Il faut considérer l'homme dans l'homme et l'enfant dans l'enfant. »

« Je hais les livres ; ils n'apprennent qu'à parler de ce qu'on ne sait pas. »
Émile, liv. III

Vygotski (1896-1934)

Lev Semenovitch Vygotski, né en 1896 d'une famille juive ; enfance en Biélorussie ; études universitaires à Moscou ; consacre ses travaux de recherche au développement mental et aux apprentissages ; après une brillante intervention au Congrès de neuropsychologie de Moscou, travaille avec Leontiev et Luria ; marxiste convaincu, Vygotski participera après la révolution d'octobre à la mise en œuvre de la société soviétique, sans cependant jamais penser au dogmatisme ; critiqué dès 1932 pour son esprit libéral (il avait notamment préfacé des ouvrages de Piaget). Mort en 1934. En 1936 toutes ses œuvres sont interdites en Union soviétique ; sur près de deux cents textes scientifiques, on redécouvrira en 1956 le texte par lequel il est aujourd'hui le plus connu *Pensée et Langage* (écrit entre 1933 et 1934). Ses *Œuvres* – en six volumes – seront éditées en russe en 1980.

Informations

C'est sur l'étude de la pensée et du langage (comme d'ailleurs Jean Piaget, auteur de *Le Langage et la Pensée* chez l'enfant) que Vygotski fonde sa théorie pédagogique. Le langage égocentrique, qui, chez l'enfant, naît d'une intériorisation du langage social ou communicationnel, constitue non pas comme chez Piaget une étape primitive, mais un instrument de régulation de la pensée et de l'action. L'action pédagogique consistera dès lors à susciter et à guider ce langage intérieur ; ainsi, c'est sur la capacité d'intériorisation des enfants que doit se régler l'action du pédagogue, non pas en tenant compte de ce qu'il sait déjà, mais en définissant la zone proche de développement dans laquelle l'enfant peut conduire son apprentissage ; cette zone doit être gérée par l'enseignant, et c'est là que trouve son explication le fait que l'enfant apprend plus et mieux en collaboration que seul (aspect sociocognitif). Vygotski cependant découple la pensée et le langage : d'une part, il existe une pensée non verbale, notamment dans le domaine des techniques (et cela correspond bien à ce qu'on a pu appeler la « penséeimage » pour des artisans-artistes comme Léonard de Vinci) ; d'autre part, même si apprentissage et développement (de la personne) sont intrinsèquement liés, ils ont chacun leur origine interne et leurs rythmes propres.

Vygotski aujourd'hui – comme Piaget, dont il connaissait les œuvres, mais non réciproquement – appartient à la culture psychologique mondiale ; en matière d'éducation il constitue une référence fréquemment citée tant dans le domaine des rapports entre le langage et la pensée, que dans celui de l'activité du sujet dans l'apprentissage.

Citations

« Outre une fonction purement expressive et une fonction de décharge, outre son rôle de simple accompagnement de la pensée enfantine, le langage égocentrique devient très facilement pensée au sens propre du mot, c'est-à-dire qu'il assume une fonction de planification de l'action, de la résolution d'un problème nouveau survenant dans le comportement. »

« L'apprentissage scolaire et le développement représentent non pas deux processus indépendants mais un seul et même processus, et il existe entre eux des rapports complexes. »

« En collaboration, sous la direction et avec l'aide de quelqu'un, l'enfant peut toujours faire plus et résoudre des problèmes plus difficiles que lorsqu'il agit seul. »

« On sait que chez l'enfant les concepts généraux apparaissent avant les concepts plus particuliers. Ainsi l'enfant assimile ordinairement le mot fleur avant le mot rose. »

« L'expérience pédagogique nous apprend, non moins que la recherche théorique, que l'enseignement direct des concepts s'avère toujours pratiquement impossible et pédagogiquement sans profit. »

Pensée et Langage

Wittgenstein (1889-1951)

Ludwig Josef Johann Wittgenstein, né à Vienne en 1889, dans une famille d'industriels ; entre en 1906 à la Technische Hochschule de Berlin ; se spécialise en aéronautique à l'université de Manchester où il s'inscrit en 1908 ; s'intéresse dès lors au fondement des mathématiques et s'inscrit au cours de Bertrand Russell à Cambridge (1912-1913) ; engagé dans l'armée autrichienne, prisonnier des Italiens, il rentre en Autriche en août 1919 après avoir rédigé son *Tractatus logico-philosophicus*, qu'il a communiqué à Russell et à Frege ; entreprend une carrière d'instituteur rural (1919-1926) et rédige un *Dictionnaire pour les écoles élémentaires*, puis se consacre à la restauration d'une maison à Vienne ; revenu à Cambridge en 1929, il reçoit le grade de docteur pour son *Tractatus* ; rédige *The blue and brown box*, où il reconsidère l'utilité du langage commun ; enseigne à Cambridge, comme *fellow* du *Trinity College* jusqu'en 1939 ; appelé à succéder à Moore en 1939, mais la guerre éclate ; retourne à Cambridge après la guerre ; passe ses dernières années entre l'Irlande, Oxford et Cambridge. Atteint d'un cancer, il s'installe en 1951 chez son médecin pour y mourir.

Informations

Logicien de réputation mondiale, Wittgenstein s'est particulièrement, comme Locke, intéressé au langage et à sa fonction. Il considère que le langage est, à sa façon, un « jeu », c'est-à-dire une libre association, dont l'usage définit à la fois les règles et la valeur. Il introduit ainsi les travaux de la sémiologie contemporaine et l'analyse des phénomènes de sens : un mot n'a pas de sens, il n'a que des usages ; de là toute relativité, aussi bien dans la science que dans son enseignement. Parler une langue est une réelle activité, une « forme de vie ». Puisque la signification se lie aux usages, alors pour faire comprendre, il faut se référer à des usages. Ainsi Wittgenstein emploie-t-il fréquemment l'analogie, à partir de situations de la vie quotidienne, pour expliquer un phénomène abstrait. La question du référent (telle que d'ailleurs la posera le linguiste

Jakobson) devient donc primordiale : les discours ne sauraient se constituer en image du monde ; le langage ne peut donc pas « décrire » les faits, mais les discours peuvent permettre d'en élucider les règles. Lorsque Wittgenstein transpose cette représentation qu'il a du langage dans des situations éducatives (à la fois en œuvre dans ses textes, et explicitement dans son *Dictionnaire*), il en respecte les modalités : l'élève ne peut acquérir des connaissances que par son activité propre appliquée à l'objet de la connaissance, le discours de l'enseignant ne pouvant que le guider dans son activité.

Citations

« Pensez aux instruments que l'on trouve dans une boîte à outils : il y a un marteau, une tenaille, une scie, un tournevis, un mètre, un récipient pour la colle, de la colle, des clous et des vis. – Eh bien, les fonctions de la parole sont aussi différentes que les fonctions de ces objets. […] *Naturellement, ce qui nous induit en erreur, c'est l'uniformité dans la façon dont sont présentés les mots qui nous sont dits, ou que nous trouvons écrits ou imprimés. En fait, leur usage ne nous est pas nécessairement évident. »*

Recherches philosophiques

« Il est absolument nécessaire que l'élève corrige son devoir [ici, en l'occurrence, d'orthographe] *tout seul. Il doit se sentir auteur unique de son travail et il doit en être responsable seul. Il n'y a qu'une correction effectuée tout seul qui puisse mettre l'enseignant en mesure de se faire une idée exacte des connaissances et de l'intelligence de l'écolier. L'échange des cahiers et la correction réciproque donnent une idée floue de la capacité de la classe. Du travail d'un élève A je ne peux savoir ce que sait l'élève B. Ce que sait B je veux le voir à partir du travail de B. »*

Vocabulaire...

Quelques grands pédagogues : bibliographie

Alain, *Propos*, Gallimard, « La Pléiade », 2 vol., 1956 et 1973
Reboul, O., *L'Éducation selon Alain*, Vrin, 1974

Bachelard, *La Formation de l'esprit scientifique*, Vrin, « Bibliothèque des textes philosophiques », 1986
Morandi, F., « La formation de l'esprit scientifique : Gaston Bachelard », in *Philosophie de l'éducation*, Nathan, « Éducation en poche », 2005

Comenius, *La Grande Didactique, Traité universel d'enseigner tout à tous*, Klincksieck, « Philosophie de l'éducation », 2002
Prévot, J., *L'Utopie éducative - Comenius*, Belin, « Fondateur de l'éducation », 1981

Durkheim, É., *Éducation et Sociologie*, PUF,« Quadrige », 2003
Barrère, A., Sembel, N., *Sociologie de l'éducation*, Nathan, « Éducation en poche », 2005

Ferrière, A., *L'École active*, Fabert, « Pédagogues du monde entier », 2004
Meirieu, Ph., *L'École, mode d'emploi : des méthodes actives à la pédagogie différenciée*, ESF, « Pédagogies Outils », 2004

Freinet, C., *Œuvres pédagogiques*, Seuil, vol. 1 et 2, 1994
Profil, B., *La Coopération à l'école primaire*, 1924
Meirieu, Ph., *Célestin Freinet, comment susciter le désir d'apprendre ?*, PEMF, « L'Éducation en questions », 2001

Kergomard, P., *L'Éducation maternelle dans l'école*, PUF, 1996
Plaisance, É., *Pauline Kergomard et l'école maternelle*, PUF, « Pédagogues et pédagogie », 1996

Montaigne, *Œuvres complètes*, textes établis par Thibaudet, A., et Rat, M., « La Pléiade », Gallimard, 1962.
Brahami, F., *Le Travail du scepticisme : Montaigne, Bayle, Hume*, PUF, « Pratiques théoriques », 2001.

Montessori, M., *La Pédagogie scientifique*, Desclée de Brouwer, vol. 1 et 2, « Psychologie », 2004
Meirieu, Ph., *Maria Montessori, peut-on apprendre à être autonome ?*, PEMF, « L'Éducation en questions », 2001

Neill, A. S., *Libres enfants de Summerhill*, Maspero, 1970
Saffrange, J.-F., *Libres regards sur Summerhill*, Peter Lang, 1985

Pestalozzi, J. H., *Comment Gertrude instruit ses enfants*, Castella, 1985
Soëtard, M., *Pestalozzi*, PUF, « Pédagogues et pédagogies », 1995

Piaget, J., *Psychologie et Pédagogie*, Denoël, 1969
Dolle, J.-M., *Pour comprendre Jean Piaget*, Dunod, « Psycho sup », 1999

Platon, *Œuvres complètes*, Gallimard, « La Pléiade », 1977
Morandi, F., « Philosopher, apprendre : Socrate et Platon », in *Philosophie de l'éducation*, « Éducation en poche », Nathan, 2005

Rabelais, *Gargantua*, Arléa, 1999
Coutaud, A., *La Pédagogie de Rabelais*, Slatkine, 1970

Rousseau, J.-J., *Émile* ou *De l'éducation*, in *Œuvres complètes*, Gallimard, « La Pléiade », t. 4, 1969
Meirieu, Ph., Develay, M., *Émile reviens vite : ils sont devenus fous*, ESF, « Pédagogies », 1997

Vygotski, L.S., *Pensée et langage*, suivi de *Commentaires sur les remarques critiques de Vytotski*, par Piaget, J., La Dispute, 1997
Bronkart, J.P., Schneuwly, B., *Vygotski aujourd'hui*, Delachaux et Niestlé, 1985

Wittgenstein, L., *Le Cahier bleu et le Cahier brun*, Gallimard, « Bibliothèque de philosophie », préface de Imbert, C., 1996
Chauviré, Ch., *Ludwig Wittgenstein*, Seuil, « Les Contemporains », 1989

Crédits photographiques

Alain © Buffard / Roger-Viollet - Bachelard © HPP / Keystone - Comenius © Archives Nathan - Durkheim © Archives Nathan - Ferrière © D.R. - Freinet © Jean Marquis / Archives Nathan - Kant © BIS / Ph. Coll. Archives Bordas - Kergomard © Archives Nathan - Montaigne © BIS / Ph. Coll. Archives Larbor - Montessori © BIS / Ph. Coll. Archives Larbor - Neill © BIS / Ph. Coll. Archives Larbor - Pestalozzi © Roger-Viollet - Piaget © A.F.P. - Platon © Archives Nathan - Socrate © Archives Nathan - Rabelais © BIS / Ph. Coll. Archives Larbor - Rousseau © Archives Nathan - Vygotski © D.R. - Wittgenstein © BIS / Ph. Coll. Archives Larbor.

Sigles

B2i	Brevet informatique et internet
BCD	Bibliothèque-centre documentaire
BEP	Brevet d'études professionnelles
C2i	Certificat informatique et internet
CAP	Certificat d'aptitude professionnelle
CAPA-SH	Certificat d'aptitude professionnelle pour les aides spécialisées, les enseignements adaptés et la scolarisation des élèves en position de handicap
CAPES	Certificat d'aptitude au professorat de l'enseignement du second degré
CAPSAIS	Certificat d'aptitude aux actions pédagogiques spécialisées de l'adaptation et de l'intégration scolaires
CDI	Centre de documentation et d'information
CEL	Contrat éducatif local
CESC	Comité d'éducation à la santé et à la citoyenneté
CFA	Centre de formation d'apprentis
CIO	Centre d'information et d'orientation
CLAS	Contrat local d'accompagnement à la scolarité
CLEMI	Centre de liaison de l'enseignement et des moyens d'information
CLIS	Classe d'intégration scolaire
CNP	Conseil national des programmes
COP	Conseiller d'orientation psychologue
CPC	Commission professionnelle consultative
CPE	Conseiller principal d'éducation
CRPE	Concours de recrutement des professeurs des écoles
ENS	Espace numérique des savoirs
ENT	Espace numérique de travail
EPLE	Établissement public local d'enseignement
EREA	Établissement régional d'enseignement adapté
GEPS	Groupe d'experts sur les programmes scolaires
GPLI	Groupe permanent de lutte contre l'illettrisme
IDD	Itinéraire de découverte
IEN	Inspecteur de l'Éducation nationale
IUFM	Institut universitaire de formation des maîtres
OCCE	Office central de la coopération à l'école
ONISEP	Office national d'information sur les enseignements et les professions
PAC	Projet artistique et culturel
PLP	Professeur de lycées professionnels
PPCP	Projet pluridisciplinaire à caractère professionnel
PPRE	Programme personnalisé de réussite éducative
PPS	Projet personnalisé de scolarisation
RASED	Réseau d'aide spécialisé aux élèves en difficulté
REP	Réseau d'éducation prioritaire
S3IT	Schéma stratégique des systèmes d'information et de télécommunication
SEGPA	Section d'enseignement général et professionnel adaptés
TIC	Techniques d'information et de communication
TICE	Techniques d'information et de communication pour l'enseignement
TPE	Travaux pratiques encadrés
UPI	Unité pédagogique d'intégration
ZEP	Zone d'éducation prioritaire

Index

Accompagnement pédagogique 162
Accompagnement scolaire 199
Accueil dès 2 ans 60, 97
Acculturation 24
Activité de l'enfant 118
Activités culturelles 24
Adaptation et Intégration scolaire 14, 92
Alain 151, **232**
Alternance 16, 22
Antipédagogie 119, 142
Apprenant 74, 90
Apprendre à apprendre 76
Apprendre 74
Apprenti 16
Apprentissage (Théorie de l') 78
Apprentissage coopératif 98
Apprentissage documentaire 226
Apprentissage professionnel et Alternance 16, 22
Apprentissage social 78, 98
Apprentissages scolaires 80
Arendt 13, 86, 87
Association de parents d'élèves 54
Associationnisme 78
Asymétrie 148
Autodidaxie 152
Autodirection 142
Auto-évaluation 121, 122
Autonomie de l'élève 82
Autonomie des établissements et Décentralisation 18
Autonomie en pédagogie 83
Autonomie existentielle 83
Autonomie fonctionnelle 18
Autonomie 84
Autorité 86
Autostructuration 84
B2i 207, 213
Bachelard 234
Behaviorisme 78
Bibliothèque centre documentaire (BCD) 208
Bourdieu 30, 42, 43, 62, 69, 116, 117, 139, 190
Bruner 25, 72, 93, 101, 153
C2i 218, 224
CAPA-SH 14
CAPSAIS 14
Cartable numérique 218
CEL 18
Centre de documentation et d'information 52, 208, **210**
Charlot 31, 45, 99
Circuit pédagogique 156, 168, 190
Citoyen 20, 21, 47, 67, 212
Citoyenneté, Civisme 20, 27, 28, 62, 166, 215
Civilisation 24
CLAS 18
Classe multiniveaux 34
Classe unique 34
Classe 110, 167, 178, 188, 194
CLIS 14
Coéducation 38, 60
Coévaluation 121, 122
Cognition distribuée 220
Cognition et Fonctionnement de l'esprit 88
Cognition partagée 80
Cognition 78, 88, 90, 102, 220
Cognitivisme 78, 88
Collège unique 22, 116
Collège 14, **22**
Comenius 47, 118, 186, 203, **236**
Communauté éducative 18, 52, 54, 58, 66, 166
Compétences déclaratives 90
Compétences procédurales 90
Compétences professionnelles 164, 166, 176
Compétences 75, 90, 91, 156, 172
Condorcet 20, 31, 46, 48, 50, 175, 186

Conflit socio-cognitif 98
Connaissance et Compétence 90
Connaissance 220
Constructivisme 79, 92
Contrat didactique 112, 114
Contrat pédagogique 112
Cours magistral 110, 138
Cousinet 116, 136, 139, 190,191
Culture 24, 28, 164
Décentralisation 18, 42
Déconcentration 18
Décrochage scolaire 168
Decroly 118, 124
Démocratie 20, 21, 82
Démocratisation 22, 42, 57
Déscolarisation 168
Développement et Apprentissage 92
Dewey 89, 118, 119, 136, 146
Didactique 114, 151, 168, 169, 217
Didactisation 150, 216
Différenciation 116, 134
Difficulté d'enseigner 170
Difficultés scolaires 172
Discipline 25, 30, 94, **150**, 167
Dispositifs pédagogiques 26, 160, 190
Docimologie 120, 128
Documentation 52, 208, 210, 226
Droit à l'éducation 28, 44, 49
Droits et valeurs de l'enfant 94
Durkheim 12, 38, **238**
École (établissement scolaire) 32
École (sens et histoire) 30
École élémentaire 25, 27, 30, **34**, 150, 199, 208
École maternelle 36, 60, 61, 63, 96, 100, 181, 184
École moderne 118, 242
École ouverte 19
Éducabilité 76, 134, 140
Éducation à l'image 212
Éducation à la pensée 89
Éducation aux médias 214
Éducation civique 20, 34
Éducation négative 142
Éducation nouvelle 108, 116, **118**, 124, 261
Éducation par les médias 216
Éducation prioritaire 26, **40**, 43
Éducation 15, 20, 28, **38**, 46, 157, 166, 177, 225
Éduquer 30, 38 47, 55
Effet-Établissement 19
Égalité des chances 28, 41, **42**, 44, 50, 51, 53, 95, 117, 185
Échec scolaire 15, 40, 173
Élève 82, 96, 110, 188
Encadrement 41, 211, 162
Enfant et École 96
ENS 218
Enseignant, maître, professeur 174
Enseignement collectif 30, 201, 110
Enseignement individualise 200
EPLE 18, 22, 32, 116, 167
EREA 14
Espace de travail cognitif 220
Espace numérique des savoirs (ENS) 218
Espace numérique de travail (ENT) 133, **218**, 228
Espace professionnel 160
Esprit 25, 88, 105, 130, 138, 220
EST (Évaluation-Sélection-Traitement) 221
Établissement scolaire 32
Éthique et Valeurs 44, 165, 225
Études 150, 151
Évaluation certificative 121
Évaluation de régulation 120
Évaluation formative 120, **122**
Évaluation prédictive 120
Évaluation 22, 27, 52, **120**, 122, 129, 146, 108, 188, 200
Excellence 24, 40
Ferrière 118, 200, **240**
Ferry 12, 41, 49, 110, 174, 176, 186
Finalité de l'éducation 46
Fonctionnalisme 88, 92
Formation des enseignants 175, 176
Freinet 111, 118, 124, 148, 187, 200, **242**

Gestion de la classe 178
Groupes et Apprentissages 98
Handicap 14, 15, 168
Hypermédias 214
Hypertexte 220, 228
IDD 27, 123, 135, 156, 226
Idéosphère 216
Illettrisme 27, **180**
Inégalités 40, 41, 43, 49, 170, 191
Infolettrisme 224
Information et Cognition 220
Information et Savoir 222
Information 220, 222, 224, 228
Instituteur 110, 175, 195
Institution scolaire 12, 170
Instruction 21, **48**, 39, 67, 96, 175
Intégration scolaire 14
Intégration sociale 15, 68
Intelligence artificielle 220
Intelligence 79, 90, 92, 228
Interactionnisme 92, 148
Interdisciplinarité 156
IUFM 175, 176
Jeu 100
Jugement 44, 120, 128
Kant 39, 69, 82
La Borderie 188, 189, 214, 216
Laïcité 50
Langage 24, 34, 63, 88, 101, 138, 184
Lecture 182, 208, 210, 226
Littérisme 180
Maïeutique 132, 148, 257
Maître 174, 177, 196
Maîtrise de l'information (infolettrisme) 224
Maîtrise de la langue 24, 34, **184**
Manuels scolaires 186
Mass Media 138, 214
Médias 206, 212, 214, 216, 228
Meirieu 116, 131, 134, 145, 154, 213
Mémoire cognitive 89
Mémoire didactique 198
Mémoire scolaire 89
Métacognition 76
Métaconnaissances 77
Méthode de travail 77, 191
Méthode globale 182
Méthode mixte 182
Méthode syllabique 182
Méthode 126, 182, 190
Méthodes « naturelles » 124, 126, 182
Méthodes pour apprendre 190
Méthodologie 108, 145
Métier d'élève 188
Mode individuel d'enseignement 110
Mode mutuel d'enseignement 110
Mode simultané d'enseignement 110
Modèle allostérique 105
Modèles pédagogiques 80, **126**, 133
Modularisation 93
Montaigne 95, 133, **246**
Montessori 118, 124, **248**
Morin 25, 72, 89, 116, 117, 151, 153, 156, 157, 160, 223
Motivation 102
Neill 142, **250**
Néodirectivité 142, 162
Notation 128
Nouvelles technologies 224, 228, 229
Objectif-obstacle 130, 131, 144, 155
Objectifs opérationnels 144
Obstacles pédagogiques 130, 235
Orientation des élèves 18, **52**, 53
Outil cognitif 77, 104, 190, 212
Outils pour apprendre 185, 190
Parents d'élèves 54, 58
Partenariat 16, 40, 58, 167
Pédagogie : les origines 132
Pédagogie cofigurative 108
Pédagogie de groupe 136
Pédagogie de la déconstruction 105
Pédagogie de maîtrise 78, 116, **140**
Pédagogie des méthodes 191
Pédagogie différenciée 134
Pédagogie documentaire 226
Pédagogie invisible 168
Pédagogie magistrale 138
Pédagogie négative 82, 119, **142**
Pédagogie non directive 119, 142
Pédagogie par objectifs 114

Pédagogie postfigurative 108
Pédagogie préfigurative 108
Pédagogie réflexive 122, 160
Pédagogie transmissive 108, 138
Pédagogie variée 134
Pédagogies de la découverte 102
Perrenoud 129, 135, 145, 188
Pestalozzi 118, **252**
Piaget 72, 76, 79, 92, 98, 100, 137, **254**
Pilotage 18, 58, 86, 140, 144
Plan de travail 84, 134, 147, 193
Planification 122, 141, **192**
Platon 133, 149, **256**
Pluridisciplinarité 156
Politiques locales 18
Polydisciplinarité 156
Polyfonctionnalité 194, 165
Polyintervention 195
Polyvalence 165, **194**
PPCP 26, 157
PPRE 27, 29, 135
PPS 14
Presse 208, 216, 217
Professeur 164, 166, 174
Professionnalisation 160, 174, **196**
Programmes 24, 27, **56**, 64, 147, 151, 174, 186
Projet d'école, d'établissement 32, 37, 54, **58**, 165
Projet en pédagogie 36, **146**, 186
Psychologue scolaire 14
Rabelais **258**
RASED 14
Relation pédagogique 31, 112, 141, 142, **148**, 152, 153
REP 40
Représentant de parents d'élève 32
Représentations et Apprentissages **104**
Réussite scolaire 29, 36, 40, 42, 54, 57, 128, 140, 189
Rogers 82, 137, 142, 143, 149, 152, 162
Rousseau 20, 72, 82, 95, 112, 118, 124, 142, **260**
S3IT 218
Savoirs, Discipline, Étude **150**
Scolarisation précoce (en maternelle) 36, **60**, 96
Scolastique 30, 124
SEGPA 14
Self media 214
Séquence pédagogique 74, 192
Service public 28
Situations pédagogiques 74, **152**
Situations-problèmes **154**
Socialisation, Civilité 36, 60, **62**, 96
Socle commun 26, 28, 42, **64**, 151, 184
Socrate 38, 112, 132, 142, **256**
Soutien 12, 26, 29, 181
Style cognitif 76, 89
Système éducatif 33, 42, 64, 174
Système pédagogique 80, 135
Télévision 212, 217
Texte libre 124
Théorie des situations 114
Théories écologiques 93, 221
TIC 206, 208, 219, 222, 224, **228**
TICE 135, 208, 228
TPE 26, 135, 156, 200, 201
Traitement de l'information 88, 220
Transdisciplinarité **156**, 194
Travail à la maison 155, **198**
Travail de groupe 136, 200
Travail intellectuel 168, 191
Travail personnel et Pratiques accompagnées **200**
Travail pour soi 188
Travail scolaire 55, 198, 55
Travail sur mesure 200
Triangle pédagogique 152
Tutorat **202**
UPI 14
Valeurs 44, 95, 147
Vidéosphère 121
Vie scolaire 63, **66**, 195
Violence et École **68**, 112, 216
Vygotski 75, 79, 80, 93, 203, **262**
Wittgenstein 113, **264**
ZEP 40, 116
Zone proximale de développement 80

N° de projet 10127141 - Dépôt légal : novembre2006
Imprimé en France par MAME Imprimeurs à Tours (n°06102050)